U0120111
華志文化

華志文化

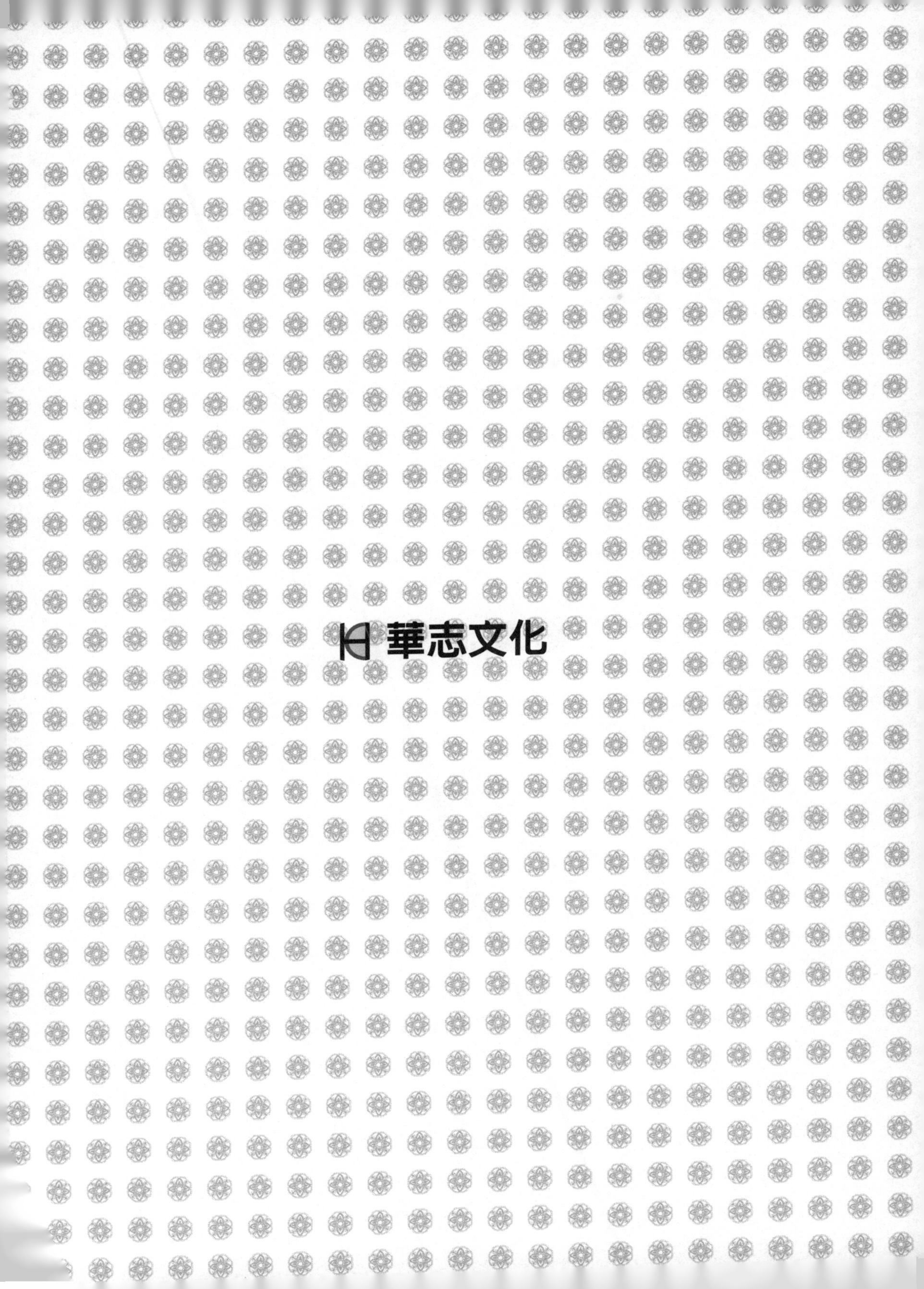
華志文化

華志文化

道德經
全書

隱士的理想國

長江、黃河孕育了璀璨的中華五千年文化，它耀眼的光芒照耀古今。曾經勤勞善良的華夏兒女在它智慧光芒的照耀下，創造了令世人矚目的物質財富與精神財富。但西元1840年的鴉片戰爭，英國人用槍炮強行敲開中國大門後，古老的中國就一直處於血與火的社會變革之中，古老的中國傳統文化也在經歷著痛苦的洗禮。

一個國家，一個民族、一個人都是需要文化來作為支撐的，文化是一個民族的脊梁。

文化的缺失導致人信仰的缺失，信仰的缺失導致了道德的淪喪。人，放棄了道德的底線，在名和利的爭鬥中汲汲營營；人，放棄了應當承擔的家庭和社會責任，在聲色場中尋求心靈的「慰藉」。

在這樣一個社會和時代背景下，就有必要從古代典籍中尋求人生的大智慧，以喚醒人內心最本質的真、善、美，重塑道德，重新扛起那被丟棄的責任。

五千年的中國傳統文化流傳下來的遺產，可謂汗牛充棟，但說到涵蓋整個人生大智慧的經典，毋庸置疑當首推老子的《道德經》。它語言簡練，文字優美，意義深刻，博大精深。它從哲學的層面對人生進行了高度的概括。「人生即無為，無所不為」，後世子孫在這一思想的指引下，創立了道教。把《道德經》的文化精髓作為一種信仰，供人信奉。

依據史料的記載，老子姓李，名耳，字聃。是春秋時期楚國苦縣厲鄉曲仁里人，和孔子同時而稍微早一點。他是周朝守藏室的史官，這個職務相當於現在的國家圖書館館長。孔子到周朝所在地洛陽去，曾經向他請教過禮。他告訴孔子說：「一個了不起的商人，深藏財貨，而外表看起來好像是一無所有，一個有修養的君子，內藏道德，而外表看起來好像是愚蠢遲鈍。你要去掉驕傲之氣和貪欲之心，這些對你都沒有益處。」

老子在周朝待了很久，看到周室日漸衰微，於是就離開周。將要出關的時候，守關的官員看到了就對他說：「先生平時不留文字，現在快要隱居了，勉強為我們寫一本書吧！」於是老子就寫了一本書，分為上下篇，內容談的都是「道」和「德」，一共五千多字。這就是被後世稱之為《老子》，道家稱之為《道德經》——一部閃耀著智慧光芒的鉅著。

《道德經》雖然是一部涵蓋了人生大智慧的經典著作，但它屬於整體思想的概括，並不是人們現實生活的規條。本書試圖對《道德經》中的文化精華加以解讀，來指導人們在具體生活中所遇到的為人處世、生活情趣、工作態度、人際交往、婚姻家庭、企業管理、養生之道等問題，幫助人們從生活與情感的困惑中走出來。

目　次

第一章　道可道，非常道

【原文】

道①可道②，非常③道。名④可名⑤，非常名。無⑥，名天地之始。有⑦，名萬物之母。故常⑧無欲，以觀其妙。常有欲，以觀其徼（ㄐㄧㄠˋ）⑨。此兩者同出而異名，同謂之玄⑩。玄之又玄，眾妙之門。

【注釋】

① 道：事物變化發展的一般規律。
② 道：說，說清。
③ 常：常規的，一般的。
④ 名：事物的變化形式。
⑤ 名：說明。
⑥ 無：沒有形的。
⑦ 有：有形的。
⑧ 常：經常、常常。
⑨ 徼：邊際，軌跡。
⑩ 玄：幽深，奧妙，高深莫測。

【名家點評】

純陽子評：

道，由也。道，言也。道本人所共由。然非常說所能盡也。名，稱也。道以名顯。故可指名。然非常稱所可泥也。

【譯文】

事物運行、發展的規律是可以用言詞來表達的，它不是一般的「道」；「名」是可以用文字來闡明的，它不是普通的「名」。「無」是天地的本源，「有」是萬物的根本。所以，經常沒有欲望，可以從無形中去體悟「道」的細微奧妙；經常抱有欲望，可以從有形中去觀察「道」的運行軌跡。這兩個方面，是同一來源的不同名稱。幽深而幽深，是洞悉萬物變化奧妙的總門戶。

【延伸閱讀】

《老子》第一章就講「道」。這個「道」，也就是天地運行的規律，有時也包括人事吉凶禍福的規律。《老子》用「道」創立了一個唯心主義的哲學體系，以此來說明宇宙、說明社會、說明人生。

宇宙是什麼？沒有人能說得清楚。宇宙就像是一部無字的天書，蘊藏著無窮無盡的奧祕；它像一個深不可測的世外高人，更像一個靦腆含蓄的閨中少女。

其實，宇宙就是宇宙，它始終存在著，永不停息地演變著。變化是絕對的，這是宇宙運行的規律；但變化的規律本身是不會變的，這就是真理。「道可道，非常道」，「道」就是規律、就是真理。

規律可以探索，但無法設定；真理也可以被人所認識、掌握，但卻是無法創造的。規律本身沒有語言，不會像人描述自己；真理本身沒有嘴巴，不會向人推銷自己。從這個意義上來說，宇宙的規律如同世外高人一樣沉默，宇宙的真理如同閨中少女一般羞澀。

人是不甘寂寞的，在發現了一些宇宙的規律後，便急急忙忙地為它設定律、立公式，以為規律不過如此。不知「管中窺豹，只見一斑」，以偏概全，是否算摸到了「道」的脈搏？

人是不甘落後的，在認識了一些宇宙的真理後，便輕輕鬆鬆地為它下定律、作詮釋，以為真理僅此而已。不知「山外有山，天外有天」，掛一漏萬，是否算了解了「道」的真諦？

事實上，迄今為止，人類對宇宙的認識還極其有限，而且這種認識永遠不會終結。老子清楚地意識到這一點，所以

【名家點評】

黃元吉評：

朱子云：「道猶路也，人之所共同也」。其實生天、生地、生人、生物之理，故謂之道。天地未判以前，此道懸於太空；天地既闢以後，此道寄諸天壤。是道也，何道也？先天地而長存，後天地而不敝。生於天地之先，混於虛無之內，無可見亦無可聞。

他才會提出「道可道，非常道；名可名，非常名」的哲學命題。如果用一種「道」去對應宇宙間的所有變化，那是徒勞無功的；用一種「名」去印證宇宙間的萬事萬物，那是無濟於事的。

從總體上來說，今人應該比古人聰明。今人的知識結構和物質文明，遠遠超乎於古人。現在人們考慮問題，強調邏輯思維，似乎這種思維方式最為嚴謹、最為科學。殊不知，邏輯思維是平面的，僅局限於一維至二維的尺度。相對來說，邏輯思維的內容是簡單的，而形式卻越來越複雜。尤其是現在的數理邏輯，完全可以借助於電腦來表述，電腦簡直能取代人腦，展示出一種絕對有序的操控運算系統，將數理邏輯表述得天衣無縫、無懈可擊。然而，一旦出現無序的現象，電腦便會束手無策，邏輯演算也只得擱淺了。

從某種角度來說，古人也許比今人聰明。古人的思維方式，當然也有邏輯思維，同時又有直觀思維、形象思維和感知思維等。所謂「感知思維」，是超越感官的一種思維方式，能夠看到四維以上的真如世界。釋迦牟尼如果不運用感知思維，便不可能悟透世間無常和緣起諸理而成佛；老子如果不運用感知思維，便不可能捕捉到無聲無息、無影無蹤的「道」。

我們生活在三度時空層次，對《老子》中的「虛」和「無」等描述很難理解。這是因為，我們不具備老子的感知思維能力，僅憑藉有限的感官要去認識「虛」和「無」，怎樣去對它定形、定量、定性呢？不能。不能，只說明我們的感官能力有限、認知水準低下、思維方式不對，並不能說明「虛」和「無」的不存在。

幾乎可以說，凡是五官健全的人，都能看到東西、聽到聲音、嗅到氣味、嚐到滋味、感覺到冷熱，等等。誰也不能否認自己感官所接觸的事物，並以此作為思考判斷的標準，

【名家點評】

李函虛評：

道也者，內以治身，外以治世，日用常行之道也。道之費隱不可道，道之發見則可道。統發見於費隱之中，至廣至微，故道為非常之道也。名在無極不可名，名在太極則可名。生太極於無極之內，能靜能動，故名為非常之名也。人所共由則曰道。可道者，可述也。非常之道，斯為大道也。欲著其狀則曰名。可名者，可擬也。非常之名，斯無定名也。

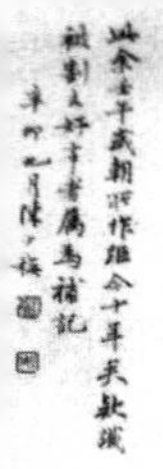

所謂「耳聽為虛，眼見為實」就是這個道理。人們無法超脫自己生活中的實物環境，去探索「虛」和「無」的更大的領域。大多數人甚至不願接受這一概念。這並不是人的保守或頑固不化，因為人的感官確實無法感知「虛」、「無」。

邏輯思維是人類的理性思維方式，其前提是人對客觀世界已有的認識。因此，對感官無法感知的東西，便懷疑甚至否定它的存在。邏輯思維又可稱是「線性思維」，它只能認識在同一個水平線上發現的相對真理，而無法認識宇宙的絕對真理。宇宙有不同的層次，人類的認識水準也有不同的層次。人可以借助於天文望遠鏡，看到一百萬光年範圍內的宇宙運動。但你要想了解一億光年乃至一百億光年的宇宙空間，地球上任何儀器都沒用了。而一個「道」字，就涵蓋了宇宙的無窮。

「道」就是「虛」，「道「即是「無」。遺憾的是，人們通常都相信「實」，相信感官，相信儀器。可笑的是，人們相信粒子的結構，因為它「實」；卻不相信粒子的訊息波，因為它「虛」。人本身就是實在的，不願超越感官的覺識。現代人很清醒地認識到自身感官能力的局限，因而熱中於從事科學分析法，試圖透過探討微觀世界的實質，去認識宇宙的真相。然而，「道可道，非常道」，微觀世界絕對不是宏觀世界的簡單縮影。宇宙的面目越來越玄，哲學亦顯得貧困，「玄之又玄，眾妙之門」，這個「門」如何進去呢？

老子所說的「道」，是萬有之本，可以衍生出一切。因此，「道」沒有一刻處於靜態，它像一張巨大的網，包羅了整個宇宙。任何事物的發展、變化，都在一定的時空範圍內進行，「道」卻超越時空，沒有開始，也沒有結束，甚至連因果都沒有。人們概念中的過去、現在和未來，只是時間的一個片段；人們印象中的物質世界，只是宇宙的一個角落。只有「道」能總括一體，因為它是永恆的。

第一章是《老子》全書的總綱，「道」則是貫串全書的靈魂。「道」究竟是什麼，很難用語言來表述。

魏晉時期的玄學家王弼認為：

可道之道，可名之名，指事造形，非其常也，故不可道、不可名也。

楊韓生教授在《試論老子的道與名》一文中卻認為：

道是可以講解、理解和傳授的，但不是當時社會上通常所謂的永恆不變的道，不是當時聖賢、侯王所宣導的傳統的道，而是更加廣泛、更加深奧的道。

對「道」的認識，見仁見智，盡可各抒己見。

要真正悟解《老子》「道」的精髓，不能光從字面上去解釋「道」的意義，而應從全章乃至全書所闡述的整體思想上，去理解、去認識「道」的確切含義。

這一點，明代高僧憨山德清做到了。他在注《老子道德經解》上篇第一章時指出：

此章總言道之體用，及入道工夫也。老子之學，盡在於此，其五千言所敷演者，唯演此一章而已。所言「道」，乃真常之道，可道之道猶言也。意謂真常之道，本無相無名，不可言說。凡可言者，則非真常之道矣，故非常道。且道本無名，今既強名曰道，是則凡可名者，皆假名耳，故非常名。此二句，言道之體也。然無相無名之道，其體至虛，天地皆從此中變化而出，故為天地之始。斯則無相無名之道體，全成有相有名之天地，而萬物盡從天地陰陽造化而生成。

人求「實」而知萬物生成於天地陰陽造化，其本源則為「虛」、「無」之「道」。「實」與「虛」及「有」與「無」，都相對立而存在。隨著人的感知範圍擴大、思維方式改變，「虛」可能變成「實」，「無」可能變成「有」，這時人們對「道」的認識，就會比現在深刻得多。

第二章　天下皆知美之為美，斯惡已

【名家點評】

河上公評：

自揚己美，使顯彰也。有危亡也。

【原文】

天下皆知美之為美，斯惡已①。皆知善之為善，斯不善已。故有無相生，難易相成，長短相形，高下②相傾③，音聲相和，前後相隨。是以聖人處無為之事④，行不言之教；萬物作焉而不辭，生而不有，為而不恃，功成而弗居。夫唯弗居，是以不去⑤。

【注釋】

①已：同矣。

②下：低。

③傾：依靠。

④處無為之事：順其自然，無為而治。

⑤去：離開。

【譯文】

天下都知道美的東西之所以為美，也就知道什麼是醜了；都知道善的東西之所以為善，也就知道說什麼是惡了。有和無的互相轉化，難和易的相反相成，長和短的互相映襯，高和低的互相充實，音和聲的互相呼應，前和後的互相隨順，對立物的相互依存是永恆的。因此，聖人治國為政以「無為」的態度行事，不用言語去實行教化。任萬物自然興起而不加宣導，萬物生成而不據為己有，培育萬物而不要其報答，萬物興旺而不居功誇耀。因為不居功誇耀，功績也不會泯滅。

【延伸閱讀】

從某種意義上說，人類社會的文明程度，與人對「美」的理解及追求成正比。文明程度越高，對「美」的理解就越深刻，對「美」的追求就越執著。當人類走出蒙昧時代，就有了追求美、創造美的欲望。

有的考古學家認為，人類製作的第一件工具，無論是石片還是骨針，都可視作是一件藝術品，上面凝聚著原始先民對美的理解。現代考古發現，從河姆渡的蝶形器、陶豬，到秦山大地灣大房子裡的地畫；從彩陶器上的紋飾，到玉器上的圖案——都是古人的藝術遺存，都是值得欣賞的「美」的化身。

當然，美不僅僅指藝術之美，還有自然風光的美、人文環境的美、人體形象的美，以及心靈思想的美等等。不同的時代對「美」有不同的標準，不同的人對「美」有不同的理解。無論怎麼說，追求「美」總是一種健康的心態，是社會進步的反映。俗話說：「愛美之心，人皆有之」，說的就是這個道理。

老子認為，當天下人都知道「美」之所以為美，這就知道什麼是醜了；知道「善」之所以為善，這就知道什麼是惡了。知道什麼是美、什麼是醜，就會崇尚美、厭惡醜；知道什麼是善、什麼是惡，就會追求善、斥責惡。於是，「美」與「善」，已不僅是審美標準，更是一種社會規範、道德修養。

既是社會規範，便會成為人際關係的準則。《孟子・離婁下》說：「西子蒙不潔，則人皆掩鼻而過之；雖有惡人，齋戒沐浴，則可以祀上帝。」意思是說：西施是公認的美女，但她如果沾上了不潔之物，路人也會捂著鼻子從她的身邊走過去。這就說明，「美」是有條件的，是會轉化的。

【名家點評】

純陽子評：

美惡質之成於天者。若不善事之成於人者。已止也。

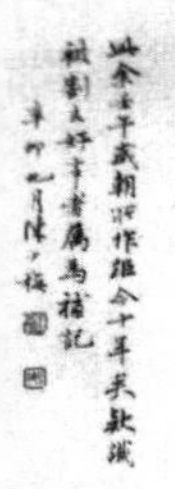

「美」的事物一旦被玷汙，人們就不再欣賞它、讚美它，反過來還會躲避它、嘲笑它。「一個面目醜陋的人，如果能潔身持戒，同樣可以祭祀上帝。」《鐘樓怪人》中的凱西莫多，你會認為他醜嗎？相信你不會。這就說明，「醜」是相對的，是能扭轉的。「醜」的事物如果能揚長避短、改過遷善，就會被人們承認、接納和尊重。

凡心智正常的人，都有求美、羞惡之心，這正是人有別於動物的地方。能將美與善發揚光大者，就是聖人。黃帝、唐堯、虞舜、夏禹，這些中華民族的祖先，都有仁、義、禮、智、信各方面的美德，所以世世代代被傳誦。人們敬仰聖人，就是人性崇尚美、追求善的反映。

美與醜、善與惡都是矛盾的兩個對立面，它們相互依存，相互轉化。所以說，任何事物，都不是靜止的，都與矛盾的對立面一起運行著。

《老子》第二章談到了一系列矛盾概念，諸如「有無」、「難易」、「長短」、「高下」、「前後」等。它們互相對立，而又不能離開對方而單獨存在，這是永恆的道理。

總之，矛盾是絕對的，矛盾的轉化是有條件的。矛盾的變化，又會產生新的矛盾。沒有人能阻止矛盾的產生和發展，同樣沒有人能阻止人類對真善美的追求。

然而，《老子》又提出「聖人處無為之事，行不言之教」的觀點，這又怎樣理解呢？所謂「無為」，並非無所作為。如早期道教，即以「無為」作為得道意、得天心、致太平的根本。《淮南子‧原道》說：「所謂『無為』者，不先物為也；所謂『無不為』者，因物之所為。」這是將「無為」的概念，作了一個時間上的界定。魏晉以後，「無為」逐漸成了道教社會觀的基礎。河上公在《老子注》中強調；「法道無為，治身則有益精神，治國則有益萬民。」所謂「治身」的「無為」，應當「無為事主、無為事師，寂若無人，至於無為」，這樣才能全身、去危、離咎。所謂「治國」的「無為」，是指應當按自然規律和社會發展規律來治理天下，這樣才能使黎民百姓得益，社會也就能長治久安。

「無為」一詞，除了道家代表人物老子喜歡使用外，儒、釋兩家

也頗多提及。儒家的「無為」，指的是以德政、仁政感化人民，不施行刑治。如《論語・衛靈公》說：「無為而治者，其舜也與。夫何為哉，恭己正南面而已矣。」佛教的「無為」，指的是非因緣和合形成、無生滅變化的絕對存在。「說一切有部」主張「三無為」，即虛空無為、擇滅無為、非擇滅無為；「大眾部」主張「九無為」，即擇滅無為、非擇滅無為、虛空、空無邊處、識無邊處、無所有處、非想非非想處、緣起支性、聖道支性；「唯識宗」主張「六無為」，即虛空無為、擇滅無為、非擇滅無為、不動無為、想受滅無為、真如無為。

儒、釋、道三家都各有對「無為」的主張，詞同而義不同。後來道教的「無為」，指的是順應自然，不求有所作為。這是道教對於社會政治和處世的基本態度。道教主要承襲了老子的思想，認為宇宙間萬物以及社會的發展，都自有其「道」。對待萬物和治理天下，都應該順乎自然和社會。

怎樣才能做到「無為」呢？古人論述頗多，如《雲笈七簽》是這樣說的：

欲求無為，先當避害。何者？遠嫌疑、遠小人、遠苟得、遠行止，慎口食、慎舌利、慎處鬧、慎力鬥。常思過失，改而從善。又能通天文、通地理、通人事、通鬼神、通時機、通術數。是則與聖齊功，與天同德矣。

從中我們可以看出，道教的「無為」，並非是指無所不為、消極避世，而是遠離不利於己的環境，謹慎處世；同時還要努力，積極進取，通曉各種知識，善於應付各種情況和處理好人際關係。所以說，追求「無為」，而是應該按「道」行事，遵循事物發展變化的客觀規律行事。處世立命，必須摒棄妄自作為，遠禍慎行，追求樸素節儉、清靜寡欲的境界。

【名家點評】

城虛子評：

當天下人都知道什麼是美的時候，這說明醜陋的東西已經遍布天下；當人們都在為美好的善行而歡呼的時候，這說明不善已經充斥整個社會。

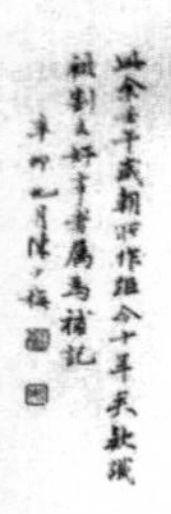

「無為」，可視作一種處世哲學，要真正領略其中的奧妙，只有在人生旅途中慢慢體會、咀嚼了。

第三章　為無為，則無不治

【原文】

不尚賢[①]，使民不爭；不貴[②]難得之貨，使民不為盜[③]；不見[④]可欲，使民心不亂。是以聖人之治，虛[⑤]其心，實[⑥]其腹，弱[⑦]其志，強[⑧]其骨。常使民無知無欲。使夫智者不敢為也。為無為，則無不治。

【名家點評】

唐玄宗李隆基評：

於為無為，人得其性，則淳化有孚矣。

【注釋】

① 尚賢：使有才能的人受到尊重。

② 貴：重視。

③ 盜：偷竊。

④ 見：通「現」，顯露。

⑤ 虛：使……空虛，淨化。

⑥ 實：餵養，哺飽。

⑦ 弱：削弱。

⑧ 強：使……強化。

【譯文】

不推崇才能，使百姓不互相競爭；不看重那些稀有、罕見的財物，使百姓不去盜竊；不顯露容易引起人貪欲的東西，使百姓不會心神散亂。因此，聖人治理政事的原則是：淨化人的心靈，讓人們過上溫飽的生活，削弱人的志向，強化人的體魄，永遠使百姓沒有知識，與世無爭，讓聰明的人也不敢膽大妄為。以「無為」的態度去處理政事，沒有治理不好的。

【延伸閱讀】

真正的智者管理社會，要淨化人們的心思，絕不鼓舞貪由欲妄念：要充實人們的生活，絕不迫使鋌而走險；要抑止人們的心志，絕不助長投機取巧；要使人們活動筋骨，絕不疏離純樸的生活，假如能使人民經常保持無求無貪，純樸自然，那麼別有用心的奸詐之徒，就無法鼓煽利用人們而不能有所作為了。

老子認為，聖人治理天下，就是要使百姓心靈淳樸，而能吃飽肚子；沒有貪欲，而體魄強壯。這就是說，不要剝奪百姓生存的權利，要盡力使百姓生活過得好，身體強健。

在《新書》裡就講到，有道君主治國的辦法是要讓百姓耕種三年就有一年的餘糧，耕種九年就有三年的餘糧。三十年中，就有十年的餘糧。所以，夏禹時，發了九年的洪水，商湯時大旱了七年，野外連青草都沒有了，但百姓面無饑色，路上看不到行乞的人。有道君主的治國之道是：國中沒有足夠食用的儲蓄，就叫不足；沒有足夠六年食用的儲蓄，就叫緊急；沒有三年食用的儲蓄，那國家就不成其國家。

事實上，這種「使員工沒有衣食之憂，沒有疾病之擾」的治國理念，既是管理好企業的基礎，也是組織內部和諧的必須條件，和西方管理學中行為學派的「需要層次論」是相通的。

不過，老子之所以主張這種所謂的「愚民政策」，最終的目的仍是要人民回復到渾沌、純樸的境界，以便在上位的人可以順應自然以「無為」而治。但就現代執政者來說，這樣的觀點可能就得斟酌參用了。

宋朝時王安石積極倡行變法，在理財便民的號召下，實施「青苗法」、「均輸法」等。於此之外，還實施農田增產措施，強迫人民積肥；而且強令各路州府主管負責推動貫徹執行。

當時尚未發明化學肥料，所謂積肥，不過強迫農民製造堆肥、糞肥而已。有一位邑宰，執行時特別嚴厲，強迫每保限期交納大糞一百擔，否則罰銀一百兩。

經過保正日夜奔走催逼，到達限期的那一天，有一個區域只製造了九十九擔，還缺少一擔，可是積肥這種東西，既無法用錢買到，也無法立即造出，農民被逼無奈，只好集資購買紅莧菜數百斤，用鍋煮熟，擠去紅水，冒充大糞，湊成整數交官。

挑去繳納時，眼尖的小吏立即加以挑剔：「咦？保正，這一擔大糞滴出的水，為什麼這樣紅？」保正沉吟了半天長長吁出一口冷氣，轉而氣憤的大聲說：「大人，請您多加體諒，成年積肥增產，不但糧食未見豐收，連老百姓肚裡的大便也被你們擠光了，這便是拉出來的血水，隨你要不要吧！」

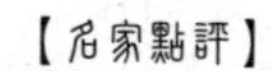

明太祖朱元璋評：

諸事先有勤勞，而合理盡為之矣。既已措安，乃無為矣。

這則故事是在諷喻王安石變法的矯枉過正。雖然王安石變法在歷史上評價不一，但他是個賢人卻是公認的。尚賢政治一向是諸子百家所主張的政治思想，因為賢者治國首重教化，因此社會的教育文化會達到一定的水準，所以社會安定，沒有犯罪的人，人民便能得到福利。但是在這裡老子卻主張「不尚賢」，這樣的思想顯然與眾不同，甚至相悖。

事實上，老子並不貶低、排斥賢才，他認為，統治者不可給賢人過分優越的地位、權勢和功名，以免使「賢才」成為一種誘惑，引起人們紛紛爭權奪利，弄得社會擾攘不寧。正如上面的故事所說，王安石絕對是個賢才，但因為他大權在握，力求變法，為了爭取支持，不惜與不好的人結成朋黨。結果賢才反被利用，成為傀儡，為社會製造了嚴重的問題。所以，老子「不尚賢」的主張，是有他的道理的。

「無為」是老子思想中的重要命題，有人用它來治國，有人用它來治兵，現在又有人用它來管理企業，它的影響可以說是既深且遠。

所謂「無為」，並不等於「不為」，老子所謂的「無

【名家點評】

宋徽宗趙佶評：

聖人之治，豈棄人絕物，而忽然自立於無事之地哉？為出於無為而已。萬物之變在形而下，聖人體道，立乎萬物之上，總一其成，理而治之。物有作也，順之以觀其復。物有生也，因之以致其成，豈有不治者哉？故上治則日月星辰得其序，下治則鳥獸草木遂其性。

為」，並不是迷迷糊糊的什麼事都不做的意思，而是要以無為代替有為，事事任其自然，不要進行人為的干預，這樣就可以恢復那種自然和諧統一的狀態。

在中國歷史上，每一次社會的大動亂過後，統治者唯恐又引起社會的震盪，不敢再胡作非為，就轉而向老子請教，採取「無為而治」的方法。漢文帝和景帝父子就是以無為的方式，締造了「文景之治」。

漢文帝剛即位的時候，就下詔廢除各種罪犯家屬的連坐法，馬上得了人心；接著他又下詔救濟鰥、寡、孤、獨和窮困的人民。文帝知道，自己的一言一行，都會對臣民產生影響，自己稍有不慎，就會有人投己所好，從而滋長不良風氣，因此他下詔「不受獻」，令四方不必獻貢；漢文帝還一次次減免稅收，勉勵農民「誠實工作」；另外，漢文帝期許自己也能做到勤儉節約，他在位期間，宮室、園林、服飾器具都沒有增加。

漢文帝正是在如此安靜無為中，做到了不擾害百姓，因而國力大增，百姓安居樂業，取得了文景盛世。

「無為而治」雖然寥寥幾字，但其中蘊含了極其深奧且複雜的治國韜略，為政者不能不細細琢磨。

第四章　道沖，而用之或不盈

【原文】

道沖①，而用之或不盈。淵②兮似萬物之宗；挫③其銳，解其紛；和其光，同其塵；湛④兮似或存。吾不知誰之子，象帝之先。

【注釋】

① 沖：通「盅」，空虛。
② 淵：深遠流長。
③ 挫：銼，消磨、挫敗。
④ 湛：沉沒。

【譯文】

大「道」像器皿內的空間一樣虛無，使用時不會盈滿。它多麼深遠，如同萬物的宗祖。消磨它的銳氣，解除它的紛亂，調和它的光輝，混同它的塵垢。「道」多麼沉寂啊！似無而又實存。我不知道它產生於何處，似乎在天帝之前就已經存在。

【延伸閱讀】

唐高宗李治曾經問上清派天師潘師正：「道家階梯證課，竟在何處？」潘師正回答：「夫道者，圓通之妙稱；聖者，玄覺之至名。一切有形，皆含道性。然得道有多少，通覺有淺深。通俗而不通真，未為得道；覺近而不覺遠，非名聖人。」

潘師正說的「一切有形，皆含道性」，指自然界萬物，

【名家點評】

宋徽宗趙佶評：

道有情有信，故有用；無為無形，故不盈。經曰：萬物負陰而抱陽，沖氣以為和。萬物之理，偏乎陽則強，或失之過。偏乎陰則弱，或失之不及。無過不及，是謂沖氣。沖者，中也，是謂大和。高者抑之，下者舉之，有餘者取之，不足者予之，道之用，無適而不得其中也。注焉而不滿，酌焉而不竭，既以為人己愈有，既以與人己愈多，道之體，猶如太虛，包裹太極，何盈之有？

【名家點評】

唐玄宗李隆基評：

言道動出沖和之氣，而用生成。有生成之道，曾不盈滿。云或似者，於道不敢正言。

都包含「道」的本性，都有「道」的規律，所以都有可能得道。但是，得道有多有少，悟道有深有淺，這是由各人的資質決定的。

資質也可以說是人的慧根悟性，它決定了人悟道的程度和處世的能力。

西漢時期，薛宣父子都在朝中做官，薛宣任陳留（今河南省開封市陳留鎮）太守（地方最高行政長官），兒子薛惠任彭城（今江蘇徐州）縣令。有一次，薛宣路過彭城，卻毫不過問兒子的政績，因為他明白兒子資質平平，不太聰明能幹。有人問薛宣，為什麼不傳授一些從政的秘訣給兒子，薛宣笑著回答：「為政只要按國家法令行事就行了，他都已掌握。至於睿智賢能與否，各人資質不同，他未必學得會，我又何必費力去教他？」

薛宣的話雖然有些偏頗，但從另一個角度來分析，要想改變人的資質，的確不是一件容易的事。

一個人的資質如果適宜治理一個縣，卻未必能治理好一個縣；一個人的資質如果適宜管理一家公司，卻未必能治理好一家公司。這又是為什麼呢？

因為，用盡全身所有的力量舉起一個重物，一定會使自己精疲力盡；拿牛刀殺雞，才能遊刃有餘。不留餘地，沒有潛力，即使一時能辦好一件事，但難以持久。

老子告訴我們「道沖，而用之或不盈」的道理，很值得我們去思考。「道」分化為陰陽二氣，陰陽二氣的統一稱作「沖氣」，即沖虛之氣。宇宙間的萬物都是由陰氣、陽氣、沖氣三者產生的，因此萬物都包含著陰陽的對立，並在沖虛之中得到統一。

每個人一生中，都會遇到許多事情、許多麻煩、許多困惑。大到國家大事，小到個人小事，道理都是一樣的。事情麻煩越多，越要理出頭緒，問題越是複雜，越要找出解決問題的辦法。遇到強敵先要「挫其銳」，遇到難題先要「解其紛」。當然，「挫其銳」，「解其紛」，「和其光」、「同其塵」等，都得加強自身條件、營造有利環境。

北宋真宗時期，李允則出任滄州（今河北滄州市）知府。當時宋王朝和契丹人建立的遼國處於南北對峙的局面，滄州成了宋遼接界的前線地帶。李允則深知遼軍兵強馬壯，不可與之發生正面衝突。他到任後，巡視州境，下令疏通湖泊，城中增修房屋，還開鑿了許多水井。人們一時不明白他的用意，其實他是在為固守城池作準備。不久，遼軍重兵壓境，城外的老弱百姓都逃進了城。城中既已備有住房，又有足夠的生活用水，所以人心穩定，合力抗敵。遼軍發起了一次又一次的進攻，都被打退，但守城用的滾木擂石快要用盡了。當時正值嚴冬，天寒地凍，滴水成冰。李允則便讓城中軍民從井中打水，澆鑄成冰棍球，填在火炮內，充當石炮彈使用，以此得以堅守。遼軍占不到便宜，只得棄圍而去。

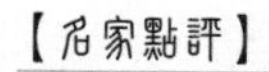

明太祖朱元璋評：

道之理幽微而深長，用之而無盡，息之則無形。若或驟盡用之，尤為不當，是謂道沖而用之或不盈。且淵兮萬物之宗，言君子若履，則當徐之。

李允則可謂是深諳「道沖，而用之或不盈」的道理，化無用為有用，既避敵鋒，又挫其銳，將「沖」應用得出神入化。

這樣的事例很多。

在隋朝建立初期，隋文帝楊堅剛在長江以北站穩腳跟，便詢問大將高熲攻取江南陳朝有什麼妙計。高熲回答：「江北氣候寒冷，旱田的收割季節比較晚；江南氣候溫暖，水田收割季節較早。趁他們忙於收割時，我們便調集人馬，作出要突然襲擊的樣子。他們必定會調兵遣將，嚴加防守，這樣免不了就會耽誤農時。等他們徵兵集結好軍隊，我們則把軍隊解散，讓戰士回家收割莊稼。這個方法可以反覆做幾次，他們也就習以為常了。這時我們便真的聚集優勢兵力，趁他們猶豫不定之時，出其不意地揮師渡江，必勝無疑。」後來高熲之策果然奏效，陳朝終於為隋所滅。

高熲運用「道沖，而用之或不盈」的原理，充分營造緊張氣氛，造成敵人財力的損耗、精神的疲勞及心理的麻痹，最後猝不及防地發動進攻，一舉成功。

上述例子，說明靈活運用一種道理，也許能成為克敵致勝的法寶。當然，如果運用不當，可能會適得其反。

第五章　聖人不仁，以百姓為芻狗

【原文】

天地不仁[①]，以萬物為芻狗[②]；聖人不仁，以百姓為芻狗。天地之間，其猶橐籥（ㄊㄨㄛˊ ㄩㄝˋ）[③]乎？虛而不屈[④]，動而愈出。多言數[⑤]窮，不如守中。

【注釋】

① 仁：親，偏愛。

② 芻狗：古代祭祀用的草紮成的豬和狗；比喻輕賤無用、微不足道的東西。

③ 橐籥：古代冶煉金屬時用來鼓風的皮袋。

④ 屈：竭，盡。

⑤ 數：技藝、雜藝。

【名家點評】

宋徽宗趙佶評：

恩生於害，害生於恩，以仁為恩，害則隨至，天地之於萬物，聖人之於百姓，輔其自然，無愛利之心焉，仁無得而名之。束芻為狗，祭祀所用，適則用之，過則棄之。彼萬物之自生百姓之自治。

【譯文】

天地沒有偏愛之心，將萬物看作「芻狗」一般，任其自生自滅；聖人沒有偏愛之心，將百姓看作「芻狗」一般，任其自作自息。天地之間，不就像一個風箱嗎？空虛而其中的風不可窮盡，愈動風就愈多，萬物源源不斷地生化而出。即使博學強記、技藝超群，也不如保持空虛的狀態更合適。

【延伸閱讀】

老子與孔子、墨子不同。前者注重天道，大講自然法則；後者強調人的尊嚴，宣揚對人要有相愛之心。所以《老子》一針見血地指出：「天地不仁，以萬物為芻狗；聖人不仁，以百姓為芻狗。」所謂「不仁」，就是沒有「偏愛」。

因為老子認為，自然的天地是沒有人格的，所以自然天地對萬物是沒有仁愛之心的。聖人效法自然天地，對黎民百姓也不施仁愛，就像束草為狗，以此來作祭祀用，祭祀結束後，就將它扔掉了，談不上需要什麼仁愛。

老子是談天說道的專家，善於以天道指點人道與政道，要讓世間一切之道契合於天道之無為與自然。《老子》強調，人不過是萬物中的一物，所以用不著特別計較維護人的尊嚴、講究人道原則。老子的目的，是用天道來與人道相對應，用天道來否定人道。

說到底，天道與人道的對立，是「無為」（自然）與「有為」（人為）的對立。《老子》處處強調，天下之事，都要順其自然，不可勉為其難，更不能違背自然法則。連受人崇敬的天地都要效法道，按道的規律行事，何況受自然擺布的人了。

古人早就有違背自然規律，要受自然規律懲罰的觀念。如《孟子‧公孫丑上》中，講了這樣一個寓言：

古代宋國有個農夫，因為擔心自己田裡的禾苗長得太慢，就乾脆赤腳下田，將剛種下的禾苗一棵棵都拔高了一節。一直到黃昏，他才拖著疲憊不堪的身子回到家裡，開口就說：「今天我真是累極了，但卻讓田裡的禾苗一下子都長高了。」他兒子聽了，好奇地趕到田裡去看個究竟。結果看到的景象是：田裡的禾苗一棵棵都歪斜著，全都枯萎而死。

孟子說完這個故事後，情不自禁地感歎道：「天下之不助苗長者寡矣。以為無益而舍之者，不耘苗者也；助之長者，揠苗者也。非徒無益，而又害之。」違反自然規律做事，事情自然失敗。

「天下之不助苗長者寡矣。」在現實生活中，像這樣「揠苗助長」，違背自然法則行事的例子實在是太多了。就

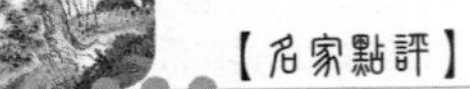

唐玄宗李隆基評：

不仁者，不為仁恩也。芻狗者，結芻為狗也。犬以守禦，則蔽蓋之恩。今芻狗徒有狗形，而無警吠之用，故無情於仁愛也。言天地視人，亦如人視芻狗，無責望爾。嘗試論之曰：夫至仁無親，孰為兼愛？愛則不至，適是偏私。不獨親其親，則天下皆親矣。不獨子其子，則天下皆子矣。是則至仁之無親，乃至親也，豈兼愛乎？

以教育孩子來說吧！有的父母「望子成龍、望女成鳳」心切，在孩子剛剛學會說話的時候就為他們報名各種補習班，什麼英語口說班、會話班等等，結果是孩子不但沒有學會外語，反而連中文也不會說了。這樣的父母應該有所警醒了。

道法自然，是要尋找事物發展的客觀規律，並不是「守株待兔」般地消極等待。如果眼看田裡雜草叢生，不鋤草、不耕耘，只是口中高喊「道法自然」，也會一事無成，自食其果。

《老子》的語言，既神祕，又清晰；有時好像莫名其妙，有時好像一看就懂。書中一再強調任何事物的規律都是自然而然，周而復始，不會因人的意志而改變。而天道是一種看不見、摸不著的真實存在，誰也不能否定它。

既然天道就是自然、「無為」，那麼老子為什麼要提出這一概念呢？這要從兩個方面來分析。

一方面，《老子》所說的「道」，並不是天帝、也不是神仙，它絕不是一個有意志的創造者，這充分展現了老子的無神論思想，否定了孔子的「天命」、墨子的「天志」等觀點。

另一方面，《老子》強調自然、「無為」，指「道」能夠自然地，而不是有意識地產生、推動萬物成長，自然地產生萬物而並不為之主宰。

在幾千年的奴隸社會中，天，一直被視作人格化的神，天主宰著一切。而在《老子》一書中，天的地位被降低到作為自然界的概念來使用。天道與人道相對應，就是將自然法則與社會法則相對應。

【名家點評】

明太祖朱元璋評：

此教人行事務用常道，不欲使暴惜物而暴棄物也。所謂芻狗，乃古祈禱之時，以草為狗，而用之畢則棄矣。若人君治則治矣，治後如芻狗，可乎？若天地交合以成四時，成則成矣，既成之後，再不調四時，可乎？故天能成天地者以四時，常經萬古，不息無怠，未嘗時刻不運用也，所以能長久。人君惜天下，若能體天之常造，則治民非芻狗矣。

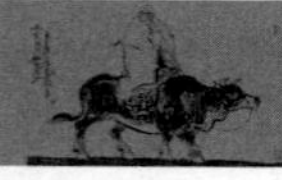

第六章　谷神不死，是謂玄牝

【名家點評】

黃元吉評：

修煉一事，只緣人自有身後，氣質拘於前，物欲蔽於後——猶精金良玉，原無瑕疵，因陷於污泥之中，而金之精者不精，玉之良者不良，所以欲復原形，非用淘汰之力，琢磨之功，不能還乎初質也。太上示人下手之功曰：「谷神不死。」何以為谷神？山穴曰谷，言其虛也；變動不拘曰神，言其靈也。不死，即惺惺不昧之謂也。人能養得虛靈不昧之體以為丹頭，則修煉自易；然而無形無影，不可捉摸，必於有聲有色者，而始得其端倪。

【原文】

谷神①不死，是謂玄牝（ㄆㄧㄣˋ）②。玄牝之門，是謂天地根。綿綿③若存，用之不勤④。

【注釋】

① 谷神：萬物的生養之神；在此處比喻生養萬物的「道」。

② 玄牝：微妙的母體；比喻空虛之「道」。

③ 綿綿：連綿不斷。

④ 勤：又作「盡」，窮盡。

【譯文】

生養萬物的神靈永遠存在，這就像微妙的母體。這微妙的母體的門戶，就是天地的根本。它連綿不斷地存在著，起的作用不會窮盡。

【延伸閱讀】

老子的思想，確實帶點玄妙。不是深入地去研究，難以玩味其中的精妙。而老子又喜歡使用「玄」這個字眼，《老子》五千言，「玄」字處處可見。如首章即云：「故常無欲，以觀其妙；常有欲，以觀其徼。此兩者，同出而異名，同謂之『玄』。玄之又玄，眾妙之門。」

歷代注家，都把「玄」解釋為深遠而不可知。因此說，「玄」是對「道」的狀態的描述。「玄之又玄」就是一種超然物外，「外無可欲之境，內無能欲之心」的無欲的修道境界。一旦進入了這個境界，就會從根本上忘掉貴賤、禍福、榮辱、毀譽、親疏、違順、去來、高下、物我、利害、壽夭等真實存在的事物。

人生是短暫的，命運是無常的。貴為帝王，基業卻不能天長地久；身為英雄，功名只不過是過眼雲煙。命運似乎被一隻無形的巨手所操縱，個人顯得渺小而微不足道。人生只有一次，歲月不可倒流，機遇無法重現。如果將榮辱得失、興衰成敗看多了，看慣了，也許就會寵辱不驚，淡然超脫了。這時，也許就已大徹大悟了。

後來的道教典籍，將「玄」看作是「道」的真諦。《抱朴子・地真》認為：「玄一之道，亦要法也。」這說明對「玄」是十分看重的。

「玄」又被解釋為「天」。《淮南子・本經》說；「當此之時，玄玄至碭而運照。」這裡的「玄」，指的就是「天」。「玄」既是「天」，「玄彎」就是「高天」了。如晉代張華〈壯士篇〉有這樣的句子：「長劍橫九野，高冠拂玄穹。」

「玄」還被道教看作是衍生萬物的本源。道教這一觀念，源於《老子》所云：「谷神不死，是謂『玄牝』。玄牝之門，是謂天地之根。」《南齊書・顧歡傳》對此有言簡意賅的論述：「『一』之為妙，空玄絕於有景，神化瞻於無窮，為萬物而無為，處一數而無數，莫之能名，強號為『一』。在佛曰『實相』，在道曰『玄牝』。」

「玄」究竟是什麼？很難用語言表述清楚。語義學家Alfred Korzy-bsk（柯日布斯基，原籍波蘭，1940年入美國籍）曾用他動人的篇言告誡人們：「地圖不是疆域。」同樣，當我們以語言地圖去描述「玄牝」時，未必能確切地反映出它的真諦。如是般若波羅蜜多（般若：佛教用語，意即智慧。波羅蜜多：佛教用語，指到彼岸。也譯作波羅蜜。）

【名家點評】

純陽子評：

山穴曰谷。人身虛靈之性曰谷神。不死，至誠無息也。玄陰而牝，太極之樞，造化之本也。故謂天地根。綿綿，不絕也。勤，急切也。道本自然故用之以不勤為妙。

李函虛評：

聖人守中以治身，以中之能養谷神也。谷神者，元性也。谷以喻虛，神以喻靈。性體虛靈則不昧。不昧者，即不死也。夫谷神也，而復謂為玄牝，何也？蓋以玄，天也。牝，地也。天地合而玄牝成，其間空空洞洞。儒家號隱微，此中有不睹不聞之境。釋家名那個，此中有無善無惡之真。聖人治身，即借空洞之玄牝以養虛靈之谷神，故以谷神之名名玄牝，此因用取名之義也。一玄一牝，一乾一坤。

最為奧妙，難見難覺，難尋難覓，不可思議，超越思境，微妙沖寂，只有大徹大悟的得道者所能知。有些東西只能意會，不可言傳。方便宣說一切法性，而法本性，皆不可說。一切法性不可宣示，不可宣說，「玄牝」亦如是。

後來的道教，最喜歡使用「玄」這一詞語，所以人們習慣用「玄門」來稱謂道教。如《魏書・禮志》中有這樣的記載：「世宗優遊在上，致意玄門，儒業文風，顧有未洽，墜禮淪聲，因之而往。」這裡的「玄門」，指的就是道教。五代時，杜光庭著有《玄門樞要》。許多道教典籍，都帶個「玄」字。如《通玄真經》、《玄女六甲陰符經》、《玄真子》、《玄聖蓬廬》、《玄風慶會錄》、《玄門易髓圖》、《玄上祕要》、《洞玄金玉集》、《玄品錄》等。金元兩代所修的道藏，統稱「玄都道藏」。

第七章　天長地久

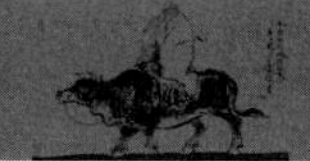

【原文】

天長地久。天地所以能長且久者，以其不自生①，故能長生。是以聖人後其身而身先；外②其身而身存。非以其無私邪？故能成其私。

【名家點評】

李函虛評：

天長地久，長生之道也。然天地之所以能長且久者，以其靜專動辟，靜翕動闢，大生廣生，覆載無私，而後得此長生耳。使天地私有其生，將物命不暢，天地即傷其和。物性不貞，天地即殘其中。萬物之傷殘，即天地之傷殘也。唯不自私其生，而以眾生為生。眾生之生生不已，即天地之長生也，故能長生也。

【注釋】

① 不自生：不為自己的私利而長久地生存。

② 外：置……之外。

【譯文】

天長地久。天地之所以能長久存在，是因為它們不為自己的私利而營生，所以能長久。因此，聖人謙讓退在後面，反而在眾人之先；把自己置之度外，反而能安然存在。這不正是由於他沒有私心嗎？所以能成全他的私心。

【延伸閱讀】

老子是一位智者，他揭示了「天長地久」的祕密——「以其不自生，故能長生。」因為自生則與物爭，不自生則使物歸。天是如此，人生也是如此。不可只著眼權宜之計，爭一時之短長，而應該以長遠為計，才能永遠立於不敗之地。

歷史上，這類例子是很多的。

晉國即將和楚國開戰，晉文公重耳召來謀臣狐偃詢問計策：「我將要與楚軍打仗，敵眾我寡，有什麼辦法呢？」狐

【名家點評】

純陽子評：

乾元資始而不窮，故曰長。地道無成而有終，故曰久。不自生，無心而生化也。後其身不依形而立。身先，先天而天弗違也。外其身，不以嗜欲為身累。身存，不隨死而亡也。無私則與天地合撰。成，其謂能成德於己。

偃回答：「我聽人說，只有不厭嫌忠厚信義的有德君子，才能堅持求進並履行繁複的禮儀；只有施用詭計巧詐的統帥，才能在戰場上克敵制勝。所以如果您想取得勝利，只須施用詭計欺詐敵人就行了。」

接著，晉文公又找來雍季問計：「我將與楚人開戰，敵方人多，我方人少，你有什麼妙計嗎？」雍季回答：「焚燒森林來圍獵，一時貪取大量的野獸，但以後肯定就不再有野獸可獵了。用奸詐詭計來對待人民，只能暫時獲取好處，以後就一定不能再受信任了。」晉文公說：「你說得很有道理。」

晉楚之戰爆發了，晉文公用狐偃的計策與楚軍作戰，很快就獲得了勝利。凱旋後，晉文公論功行賞，雍季排名第一，得到重賞，狐偃卻名次排在後面。有的大臣就提出：「這城濮之戰，靠的是狐偃的計策。使用了他的計策，卻不給予他應有的獎賞，這樣做合適嗎？」晉文公解釋道：「這其中的道理不是你們所能理解的。狐偃所謀劃的，是一時的權宜之計；而雍季謀劃的則是長遠之計，千秋萬代都可從中受益。」

孔子對此事的評價是：「晉文公成為春秋五霸之一，確實是理所當然的！他既知道在特定情況下使用權宜之計，更懂得千秋萬代的長遠利益。」

狐偃的計謀，雖取得了以少勝多的效果，但畢竟只能逞勝於一時。沒有長遠的眼光，就可能後患無窮。

《夢溪筆談》記載：

海州知府孫冕聽說發運司準備在海州設置洛要、板浦、惠澤三個鹽場，便堅決反對，並提出了許多理由。後來發運使親自來海州談鹽場設置之事，還是被孫冕頂了回去。當地百姓攔住孫冕的轎子，向他訴說設置鹽場的好處。孫冕解釋道：「你們不懂得作長遠打算。官家買鹽雖有眼前的利益，但如果鹽太多賣不出去，三十年後就會自食惡果了。」

然而，孫冕的警告並沒有引起人們的重視。他離任後，海州很快就建起了三個鹽場。幾十年後，當地刑事案件上升，流寇盜賊、徭役賦稅等都比過去大大增多。由於運輸、銷售不通暢，囤積的鹽日益增加，鹽場虧損負債很多，許多人都破了產。這時，百姓才開始明白，在這裡建鹽場確實是個禍患。

一時的利益顯而易見，人們往往趨利而不考慮後果。能預見未來，一定要有大智慧。而具備這種大智慧的人，不會為短淺的近利所惑，連隱含的禍患也能及時發現。只有這樣，才能避免喝自釀的苦酒。

《老子》說：「是以聖人後其身而身先，外其身而身存。」這是很有道理的。做任何事情，都是有目的的，而目的就是利益。達到目的需要手段，也就是用計。在特定情況下，確實需要使用一些權宜之計，以保證眼前利益的實現。但為了保證千秋萬代的利益，一定要有長遠之計。

【名家點評】

黃元吉評：

地之氣，渾浩流轉，歷億萬年而不敝者，皆由一元真宰默運其間，天地所以悠久無疆也。即發育萬物，長養群黎，而生生不已，天地亦未嘗不足，氣機所以亙古不磨也。太上曰「天長地久」，不誠然哉！然天地之能長且久者，其故何歟？以其不自生也。設有自生之心，則天地有情，天亦老矣。唯不自有其生，而以眾生為生，是眾生之生生不息，即天地之生生不息也，故曰長生。

第八章　上善若水

【名家點評】

唐玄宗李隆基評：

將明至人上善之功，故舉水性幾道之喻。

宋徽宗趙佶評：

《易》曰：「一陰一陽之謂道，繼之者善也。」莊子曰：「離道以善，善名既立，則道之體虧。」然天一生水，離道未遠，淵而虛，靜而明，是謂天下之至精，故上善若水。融為雨露，萬匯以滋。凝為霜雪，萬寶以成。疏為江河，聚為沼沚；泉深海大，以汲以藏以裕。生殖萬物，皆往資焉而不匱。以利萬物，孰善於此？善利萬物，萬物蒙其澤，受其施，而常處於柔弱不爭之地，納汙受垢，不以自好，累乎其心，故於道為近。幾，近也。

【原文】

上善若水。水善利萬物而不爭，處眾人之所惡[①]，故幾[②]於道：居善地，心善淵，與善仁，言善信，正善治，事善能，動善時；夫唯不爭，故無尤[③]。

【注釋】

① 惡：討厭，厭惡。
② 幾：相似，接近。
③ 尤：怨恨，埋怨。

【譯文】

崇高的德性就像水。水有利於萬物而不與萬物相爭，甘願停留在人們所討厭的低窪的地方，所以接近於「道」。居處善於像水一樣避高就低，胸懷善於像水一樣保持沉靜，交友善於像水一樣與人親愛，說話善於像水一樣遵守信用，為政善於像水一樣簡潔清明，處事善於像水一樣無所不能，行動善於像水一樣隨時應變。只有像水那樣與物無爭，所以才沒有怨恨。

【延伸閱讀】

中國歷代文人與水都有一種不解之緣，浩瀚的典籍中有許多他們曾經詠水的詩文。有的優美，有的清雋，有的深刻，有的精警，所以能流傳千古，膾炙人口。但讓我印象最深的，還是《老子》「上善若水」的議論，因為它闡述了一種充滿智慧的人生觀，給人以深刻的啟迪。

老子認為，有道德的上善之人，具有水一樣的秉性。水的秉性是怎樣的呢？它善於利養萬物而不與萬物相爭，它樂於停留在眾人輕視的低下之處，因而最接近於道。有道德的上善之人處世，住的地方要像水那樣善處低下，心境要像深淵那樣清澄平靜，交友要像水那樣親密仁愛，言語要像水那樣誠信無欺，當政要像水那樣潔淨清明，做事要像水那樣無所不能，舉止要像水那樣伺機而行。

水的品行真是高尚：滋養萬物而不與天下萬物相爭，有功於萬物而又甘心處於低下之地。人大多希望一步步往上爬，水卻寧可一點一點朝下流，正所謂「人往高處走，水向低處流」。因為這樣，有道德的上善之人，便效法水的品行，溫良恭儉讓，博施卻不望報答。

水的特性是求實。它明如鏡，能照鑑萬物，既不誇大、也不抹殺萬物的優點，既不嘲笑、也不隱藏萬物的缺點，這是它的實事求是精神。正因為這樣，有道德的上善之人，便效法水的特性，辦事腳踏實地，待人接物言而有信，交友誠懇。

如果真能像水一樣處世為人，那就幾近於「道」了。

老子弘揚水的精神，其實是在宣傳他的處世哲學，那就是做人要與水一樣，有極大的可塑性。水性柔而能變形：在海洋中是海洋之形，在江河中是江河之形，在杯盆中是杯盆之形，在瓶罐中是瓶罐之形。它可以有一瀉千里的氣勢，它可以有排山倒海的威力。它可以寧靜，也可以奔騰。做人處世，在不同的場合，在不同的時間，不也有不同的樣子嗎？事實上，在社會這個舞台上，每個人都在扮演著不同的角色：在父母面前你是兒子，在妻子面前你是丈夫，在兒女面前你是父親，在上司面前你是下屬，在下屬面前你是上司。乘車你是乘客，購物你是顧客，看書你是讀者，看戲你是觀眾……如果你用同一個樣子去演不同的角色，社會舞台就會

【名家點評】

明太祖朱元璋評：

此老子導人行道，養性修德，行仁利人濟物者如是。蓋水之性無所不潤，無所不益，故善人效之，卑而不昂，用而有益，則道矣。

失控了。所以，我們要學水的秉性，隨遇而安，適應環境。

水是生命之源。地球上有了水，才有了生命。地球上水佔了71%的面積，人們享用水的恩賜，開發水的功能，離開水，人們就無法生存下去。水給世界帶來了勃勃生機，但水又是最為柔弱的。然而，就是這柔弱的水，卻沒有任何攻堅克強之器能夠勝過它。

於是，我們又悟出了一個道理：柔能克剛，弱能勝強。

第九章　持而盈之，不如其已

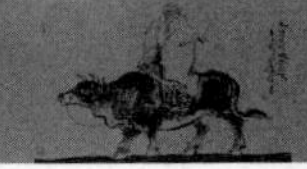

【原文】

持①而盈之，不如其已；揣（ㄔㄨㄞˇ）②而銳之，不可長保。金玉滿堂，莫之能守；富貴而驕，自遺其咎③。功遂④身退，天之道也。

【名家點評】

唐玄宗李隆基評：

執持盈滿，使不傾失，積財為累，悔吝必生，故不如其已。已，止也。揣度銳利，進取榮名，富貴必驕，坐招殃咎，故不可長保。

【注釋】

① 持：握，拿著。

② 揣：捶打，鍛鍊。

③ 咎：災禍，禍害。

④ 遂：成就。

【譯文】

拿著滿了，不如停下來；捶打得銳利了，難以保持長久。金玉堆滿屋中，沒有人能守得住；得到富貴而驕橫，會給自己帶來災禍。功業完成急流勇退，是合符自然規律的。

【延伸閱讀】

老子確實是個充滿睿智的哲人，深諳以退為進的法則。他站在廣闊無垠的宇宙空間，俯視人生，既看到了事物的正面，也看到了事物的反面。

為人處世，誰不想風風光光？當了小官想當大官，袁世凱當了總統還想當皇帝呢！發了小財想發大財，百萬富翁還想當億萬富翁呢！人的欲望是沒有止境的，該得三分、四分的，卻想得個五分、六分；該得七分、八分的，總想得個九分、十分。

適可而止的道理，人人知道，但做起來卻不容易。殊不知水滿則盈，月滿則虧，登上頂峰，就意味著要走下坡路了。天地間，四季循環，嚴冬的盡頭，就是春天；人世間，從童年、少年、青年、中年走來，到了老年，就面臨著死亡。孩提時嫌自己長得太慢，年輕時嫌自己不成熟，中年時嫌自己無暇悠閒，到了老年，才覺得成熟的可怕、悠閒的恐怖！因為這已到了人生的盡頭。

所以啊，人生處世，不用處處挑剔缺陷，不要時時求全責備。某樁事十全十美了，它就不用再力求發展；某條路寬闊平坦，它就無須再開拓。其實，遇到路徑窄處，留一步給他人走，不是也在人生旅途中多結一份情誼嗎？得到美味佳餚，留一份給他人吃，豈不是能讓更多的人享受愉快嗎？

【名家點評】

宋徽宗趙佶評：

盈則溢矣，銳則挫矣，萬物之理，盈必有虧，不知持後以處先，執虛以馭滿，而湛溺滿盈之欲，是增傾覆之禍，故不如其已。物之變無窮，吾之智有盡，前識者道之華，愚之始也。揣物之情，而銳於進取，則智有時而困，可長保乎？

處世之道，能讓人處且讓人，退步乃是進步的張本；待人接物，可寬恕時則寬恕，利人本是利己的根基。事事留個餘地，朋友不會埋怨你，對手無法傷害你。如果功德必求圓滿，事業必求頂尖，那麼結果不是外遭妒忌攻擊，就是自己精疲力竭。

老子說：「金玉滿堂，莫之能守。」這真是道出了貧富無常的道理！當你享受祖上的德澤時，當念其累積之難；當你將財產傳給子孫時，當告之以傾覆之易。與其好高騖遠、不切實際，不如守已成之業；不僅要反思以往的過失，更要防範將來的隱患。犯錯誤未必是壞事，只要從中得出成功的經驗；有挫折不必多懊喪，盡可從中探索前進的道路。曾處過卑下的地位，才知道登高的危險；曾處過隱晦的地位，才知道明處太曝露。樹大招風，功高蓋主，都不會有好的結局。

老子說：「富貴而驕，自遺其咎。」這是一面人生的鏡子。有人以為富貴是命中注定的，有人以為富貴是努力得來的，兩者都可以為之驕傲。前者為富貴來得輕而易舉而驕傲，後者為富貴來得艱難卓絕而驕傲。殊不知，富貴而驕傲自大，盛氣凌人，飛揚跋扈，就注定要走向事物的反面。所以說，越是富貴，越要寬厚，善待貧賤之人；越是富貴，越要隱晦，善處日常之事。聰明的富貴者，知道斂藏的妙處，不做炫耀的蠢事；愚蠢的富貴者，不知斂藏的作用，留下炫耀的後患。

老子說：「功遂身退，天之『道』也。」這是聖哲的告誡！歷史上，有過多少兔死狗烹的悲劇？為了避免這悲劇的發生，只有「功遂身退」了。

春秋時期的范蠡，為之作出了典範。他與文種一起，共同輔佐勾踐，苦身戮力二十多年，終於打敗吳王夫差，一報會稽之恥，位列上將軍。范蠡認為，大名之下，難以久居；深知勾踐之為人，可以與他共患難，難以與他同安樂。便浮海而去，經商致富，卻又盡散其財，耕耘謀生。在他眼裡，功名、權力、錢財均為過眼雲煙，可求而不可戀，可得而又可失。

范蠡真是個聰明人，深諳「功遂身退」的道理。縱觀歷史，凡建功立業者，多為圓融豁達之士；凡憤事失機者，必是執拗頑固之人。

范蠡是想得開的人，所以會拋下富貴去浮海，散盡家財去耕耘。他把身外之物看得很輕、很輕，失去了不足惜，甚至覺得是一種解脫。這種境界，一般人是達不到的，所以也就無法領略老子說的「天之『道』也」。其實，說簡單也簡單：榮華富貴，功名利祿，只要從滅處觀究竟，就不會產生貪戀之念；貧窮困苦、艱難挫折，只要從起處問由來，就不會生出怨尤之心。將得失榮辱淡化，置之度外，也就開始進入「道」門了。

不改換世俗之肩，如何挑得起聖賢之擔！

【名家點評】

明太祖朱元璋評：

此如人將碗水而行，若滿而行則溢，若中而行則得。且不溢而不費，所以盈而行，則費且得少，故亦以揣而銳之以比言。不可保，云物與志皆不可太甚。

第十章　載營魄抱一

【原文】

載[①]營魄[②]抱一[③]，能無離乎？專氣[④]致柔，能如嬰兒乎？滌除玄覽[⑤]，能無疵[⑥]乎？愛民治國，能無為乎？天門[⑦]開闔（ㄏㄜˊ），能為雌[⑧]乎？明白四達[⑨]，能無知[⑩]乎？生之畜[⑪]之；生而不有；為而不恃；長而不宰[⑫]；是謂玄德。

【名家點評】

唐玄宗李隆基評：

令物各遂其生，而畜養之。遂生而不以為有修，為而不恃其功，居長而不為主宰，人君能如此者，是謂深玄之德矣。

【注釋】

① 載：助語詞。

② 營魄：魂魄；指精神、思想。

③ 抱一：合一，聚集。

④ 專氣：結聚精氣。

⑤ 覽：通假字「鑑」。高亨說：「『覽』讀為『鑑』，『覽』、『鑒』古通用」；指鏡子。

⑥ 疵：弊病，瑕疵。

⑦ 天門：指鼻子。

⑧ 雌：像雌性動物一樣寂靜柔順。

⑨ 達：通曉事理。

⑩ 知：知識，技巧、技能。

⑪ 畜：蓄養精神。

⑫ 宰：主宰、把握。

【譯文】

精神和形體合一，能不分離嗎？結聚精氣以達到柔順，能像嬰兒一樣嗎？清除雜念，能使心如明鏡沒有瑕疵嗎？愛護百姓治理國家，能不用智巧而自然無為嗎？鼻子呼吸，能做到寂靜柔順嗎？通曉天下事理，能不將機巧摻雜其間嗎？盡量讓萬物自由生長，盡力養育它們。能夠使萬物生長而不佔有它們，對萬物有所施為而不把持它們，讓萬物滋長而不主宰它們，這就是最深遠的「德」。

【名家點評】

宋徽宗趙佶評：

聖人存神知化，與道同體，則配神明，育萬物，無不可者。生之以遂其性，畜之以極其養。無愛利之心焉，故生而不有。無矜伐之行焉，故為而不恃。無刻制之巧焉，故長而不宰。若是者其德深矣遠矣，與物反矣，故曰是謂玄德。天道升於此，則與物辨。而玄者天之色也，聖人之於天道，降而為德，非玄不足以名之。

【延伸閱讀】

老子作為一個偉大的思想家，在認識論上有一套獨特的思維方法。他認為：人如果能處常居之宅，聚集精神，能長久無離嗎？人如果能任自然之氣，致至柔之和，能像嬰兒那樣沒有欲望嗎？人如果能滌除邪飾，至於極覽，能不清楚事物的瑕疵嗎？人如果有任術以求成、運數以求匿的大智慧，治理國家時，能夠不運用嗎？人如果能經通於天下，像天門開合一般，應而不倡，因而不為，能物自賓而處自安嗎？人如果能至明四達，無迷無惑，能無為嗎？不塞其原，則物自生，何功之有？不禁其性，則物自濟，何為之恃？玄德皆有德，不知其主，出乎幽冥。

「滌除玄覽」言下之意是：要將人的內心打掃、洗滌得乾乾淨淨，不受外界的干擾，不被世俗所污染，如同一面清澈明淨的鏡子，光可照人，沒有一點灰塵。只有這樣，才能理解「道」的真諦、把握「道」的規律。

認識「道」，不同於認識某一個具體事物那麼容易。因此，老子提出，要想認識「道」，必須使內心保持高度的虛靜，心猿意馬不行，主觀意識強也不行。在進入一種不思不想、無私無欲的境界後，才能看清「道」的真面貌。這種觀點，含有觀察的客觀性、深入性以及整體性的合理內涵。

現實生活中，我們會有這樣的感受：徜徉於山川湖泊、林木泉石之間，塵心自然熄滅；忘情於追求理想、修養品格，俗氣逐漸消失。所以說：借境可以調心，借境可以入靜；忘情可以悟性，忘情可以昇華。也許，在風平浪靜、萬籟俱寂之中，可見到人生的真境；也許，在味淡聲稀、物我兩忘之時，能認識心體的本然。

「玄覽」的目的，既是要保持心靈世界的明淨；那麼自我修養，就是達到這種目的的必經之路。如果你不貪圖享受，錢財就無法誘惑你；如果你不想飛黃騰達，官場的風波就影響不了你；如果你不追逐名利，失意的煩惱就找不到你；如果你不看重女色，美人計就奈何不了你……然而，我們畢竟是生活在這個世界上，五光十色，無奇不有。即使你想出世，亦必須涉世，完全不必躲避與人接觸而逃世；如果你想入靜，用不著煩心，更無須絕欲以灰心。

老子認為，「道」對萬物的作用是「生而不有，為而不恃，長而不宰。」這就是說，「道」是自然地產生、推動、生長萬物，不帶任何主觀意念，不施加任何壓力。「道」自然地產生萬物而不據為己有，「道」自然地推動萬物而不自恃其力，「道」自然地生長萬物而不主宰一切。老子所說的「道」，創造萬物而沒有意志，充分顯示出一種無神論的觀點。這種觀點本身，就說明老子否認萬物的創造者是有意志的鬼神。他崇尚自然，崇尚天然，沒有一點人為的成分。

清風、明月、白雲、晚霞……時時均能見天心；高山、流水、飛瀑、沙灘……處處都能觀妙道。只要我們去留心、去觀察，就一定能悟道。

【名家點評】

明太祖朱元璋評：

與民休息，使積蓄之，是謂生之畜之。君不輕取，是謂不有。天下措安，君不自逞其能，是謂不恃。生齒之繁，君不專長，百職以理之，是謂長而不宰。奇妙道理，稱為玄德。

第十一章　有之以為利，無之以為用

【原文】

三十輻[①]共一轂（ㄍㄨˇ）[②]，當其無，有車之用。埏（ㄕㄢ）埴（ㄓˊ）[③]以為器，當[④]其無，有器之用。鑿戶牖（ㄧㄡˇ）[⑤]以為室，當其無，有室之用。故有之以為利，無之以為用。

【名家點評】

唐玄宗李隆基評：

有體利無，以無為利。無體用有，以有為用。且形而上者曰道，形而下者曰器，將明至道之用，約形質以彰，故借粗有之利無，以明妙無之用有爾。

【注釋】

① 輻：車輪中連接軸心和輪圈的直木。

② 轂：車輪中心有圓孔的貫於車軸連接車輻的圓木。

③ 埏埴：揉合黏土。

④ 當：處在。

⑤ 戶牖：門窗。

【譯文】

三十根輻合安在一個轂上，有了轂中間的空處，這才有車的作用。揉合黏土製成器皿，有了器皿中間的空處，這才有器皿的作用。開鑿門窗建成房屋，有了房屋中間的空處，這才有房屋的作用。所以任何東西的實有部分要給人帶來便利，是靠空虛部分發揮作用的。

【延伸閱讀】

老子的思想是辯證的。他善於抓住矛盾的兩個方面，既看到它的對立，又揭示它的統一。《老子》中，有不少篇幅談到「有」和「無」的關係。這是一對矛盾。人們大多只看到「有」的作用，而忽視了「無」的地位。老子的智慧，就

【名家點評】

宋徽宗趙佶評：

有則實，無則虛，實故具貌像聲色而有質，虛故能運量酬酢而不窮。天地之間，道以器顯，故無不廢有，器以道妙，故有叉歸無。木撓而水潤，火熯而金堅，土均而布，稼穡出焉，此有也，而人賴以為利。天之所以運，地之所以處，四時之所以行，百物之所以昌，孰尸之者？此無也。而世莫睹其述，故其用不匱。有無之相生，老氏於此三者，推而明之。

是將「無」揭示得清清楚楚，透明度極強，讓人看個透澈。

老子說：三十根車輻合成一個車轂，這便是「有」；但光有車輻還不行，一定要有車轂當中的空洞，也就是「無」，車轂才能發揮作用，使車子運轉。揉合陶土製造成陶器，這便是「有」；但陶土部分並沒有用處，只有陶器空空如也的部分，也就是「無」，才能產生盛東西的作用。建造房子少不了牆壁、屋頂、門窗等，這便是「有」；但這些東西本身並不能住人，只有那空虛的部分，也就是「無」，才能發揮居室的效用。因此，「有」構成的是物體的基本形態，「無」發揮的是物體的實際效用。

老子對「有」與「無」對立統一的闡述，揭示了世界上萬物形態與作用之間的關係。如果只看到萬物的形態，即只認識「有」，而不知道萬物的效用，即忽視了「無」，那是愚蠢的，至少是不明智的。

在《老子》中，「無」和「道」是同一個範疇。《老子》強調「道」是「無為」的，「道」即是「無」，而「無」則是產生一切「有」的根本。比如《老子》中有這樣的說法：「天下之物生於『有』，『有』生於『無』。」這個觀點，是很有代表性的。

「道」是虛無縹緲的，而它卻 是《老子》思想的基石。「道」即是「無」，「有」生於「無」，從這一觀念出發，就是承認對立面的相互轉化。「有」由「無」產生，最後又復歸於「無」，這是一種樸素的辯證法。

人類本身是從「無」中走來，一旦成了真正意義上的「人」，即是「有」，便又幻想能成為仙人，長生不老，與天地同在，與日月齊壽。而仙人必須根除人性，不能有人的七情六欲，也就是復歸於「無」。而要做到這一點，真比登天還難。

根除人性、忘掉七情六欲，是成仙的必要條件，也是成仙的最大障礙。

《古今小說》第十三卷《張道陵七試趙升》敘述，被尊為第一代天師的張道陵，收有236個弟子，但只渡得趙升、王長二人，其餘234個弟子，都是「俗心未除，安能遺世」。所謂「俗心」，即七情六欲是也。小說作者不能不感歎：「不是世人仙氣少，仙人不似世人心」。又指出：「世人開口說神仙，眼見何人上九天？不是仙家盡虛妄，後來難得道心堅。」

無獨有偶，《醒世恆言》第二十一卷《呂洞賓飛劍斬黃龍》敘述，「八仙」之一的呂洞賓以慈悲濟世為修道途徑，又一改傳統的施法劍術為慧劍，即斷除貪嗔、愛欲、煩惱的智慧。有一天，他忽發奇想問師父：「師父計年一千一百歲有零，渡得幾人？」師父回答：「只渡得你一人。」呂洞賓很失望，而且不太相信。師父看穿了他的心思，便要他也去渡人，並答應給他三年時間，「但尋的一個來，也是汝之功。」三年之中，呂洞賓走遍天下，結果竟然一個也沒有渡成，便心悅誠服，知道要渡人得道成仙也絕非易事。

人難以成仙，也就是「有」難以復歸於「無」。張道陵和呂洞賓渡人成仙難的例子，並非僅僅是一個消極的證明。從積極的角度去看這個問題，就會覺得，人又何必拋棄自己的人性，去做那根除人性的仙人呢？比如我就是這樣的立場：寧做有人性弱點的凡夫俗子，絕不做不食人間煙火的神仙道人。

「無」畢竟是玄乎的，「有」終究是實在的。與其追求玄乎的「無」，不如把握實在的「有」。換句話說，與其千辛萬苦尋仙訪道，不如痛痛快快做個平凡之人。

【名家點評】

明太祖朱元璋評：

三十輻共一轂，是古時造車之法，每一輪以三十輻攢一轂，方成一輪，所以號曰三十輻共一轂，此是一輪也，係是備用副輪，言有車之家，有此是為便利，當正車頽壞無輪之時，則以此輪為用，即是有車之用。埏埴以為器，埏埴，膠黏之泥，作器係是瓦器。有器之家，恐正器有所損壞，故先置以為備。儻正器敝，則以此器代之，此所以有器之用。鑿戶牖之說，言有房之家，門扇窗扇，當造房之時，已嘗足備。其有房之家，慮恐久有損壞，故特置餘以備之。所以經云：「有之以為利，無之以為用。」蓋聖人教人，務要諸事必欲表裡如法，事不傾覆，人王臣庶，可不體之？

第十二章　五色令人目盲

【原文】

五色①令人目盲；五音②令人耳聾；五味③令人口爽；馳騁畋（ㄊㄧㄢˊ）獵，令人心發狂；難得之貨，令人行妨④。是以聖人為腹不為目，故去彼取此。

【名家點評】

唐玄宗李隆基評：

目悅青黃之觀，耳耽宮徵之音，口燕芻豢之味，傷當過分，則坐令形骸聾盲。馳騁田獵，令人心發狂。

【注釋】

① 五色：自然界的五種顏色，分別是黃、青、赤、白、黑。

② 五音：稱五聲。古代音階，僅用五音，即宮、商、角、徵、羽。

③ 五味：酸、苦、辛、鹹、甘。

④ 行妨：指的是行為損害別人的利益。。

【譯文】

五彩繽紛使人眼花繚亂，嘈雜音調使人耳朵發聾，五味混淆使人口濁反胃，縱情打獵使人狂躁不安，奇珍異寶使人行為出軌。因此，聖人治理國家，只求吃飽肚子，不去追求聲色之娛。所以捨棄後者眼睛的愉悅而獲取前者肚子的實惠。

【延伸閱讀】

老子主張純樸，反對虛華；提倡無欲，斥責多欲。在這個繽紛的世界，許多東西會使人留戀。金錢、權勢、美色……讓多少人為之折腰！追求虛華、放縱欲望，會使人迷失於繁華的世界。

老子告訴世人：黃、青、赤、白、黑「五色」，會使人眼花繚亂；宮、商、角、徵、羽「五音」，會使人耳聾失聰；甜、酸、苦、辣、鹹「五味」，會使人貪食傷嘴；跑馬打獵，會使人心跳發狂；不容易得到的財貨，會使人的行為受到傷害。聖人講究實惠，只滿足肚子的需要，而不追求華而不實的好看。因此，聖人摒棄的是虛華，留取的是實用。

老子的話是有道理的，但在現實生活中，「五色」、「五音」、「五味」等又是少不了的，且十分令人神往。甚至可以說：如果沒有「五色」，生活便沒有光彩；如果沒有「五音」，生活便沒有生氣；如果沒有「五味」，生活便苦不堪言。正常的享受是需要的，問題是如果太奢侈，或追求虛妄不實的東西，就難免為物所傷、為欲所累。

《拍案驚奇》第十八卷「丹客半黍九還，富翁千金一笑」中，敘述了一個富翁受騙上當的故事，說的就是上面的道理。

這個富翁一味相信煉丹術，因此多次被人騙去錢財，但依然不能醒悟，還繼續在尋找丹客。有個騙子知道了這一消息，便自稱是本事高強的丹客；還串通了一個妓女假扮其妾，設下了一個美人計來騙富翁。

富翁不知是計。對於煉丹，他一直有「好貨」的願望；對於美女，他潛在地有「好色」的欲望。而且，這種隱祕的欲望，遠比公開的願望強烈。他在接待騙子冒充的「丹客」時，第一次見到「丹客之妾」，便驚羨「那女眷且是生得美貌」，立即有了一點風流的念頭。所以當「丹客」說要回家安頓了嬌妾，才能跟他去煉丹時，富翁便另有企圖地說，讓「丹客」帶妾一起去他家。當「丹客」接受了這一建議，帶妾一起進了富翁的家門，讓他更清楚地目睹「丹客之妾」的美貌時，他便「好像雪獅子向火，不覺軟癱了半邊，煉丹的

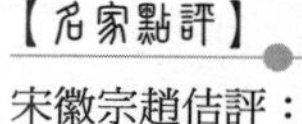

宋徽宗趙佶評：

目圍二焉，其見者性也，徹而為明則作哲，足以斷天下之疑。耳藏一焉，其聞者性也，徹而為聰則作謀，足以通天下之志。睹道之人，無形之上，獨以神視，無聲之表，獨以氣聽，而視聽有不待耳目之用者，曾何聲色之足蔽哉？世之人役耳目於外物之累，故目淫於五色，耳淫於五音，而聰明為之衰，其於盲聾也何辨？道之出口，淡乎其無味。五味，人之所同嗜也，而厚味實臘毒，故令人口爽。人之生也，形不盈仞，而心伴造化。聖人之心，動而緯萬方，靜而鑑天地。世之人從事於田獵，而因以喪其良心，不足以自勝，可不謂大哀也耶？

明太祖朱元璋評：

事又是第二著了」。這時他「好貨」的願望已退居其次，「好色」的欲望倒上升於第一位了。後來富翁終於「如願以償」，勾搭上了「丹客之妾」，但她勸富翁不要在丹房裡行事，富翁此時興已勃發，哪裡還顧什麼丹爐不丹爐！甚至在兩人事成之後，「富翁以為天下奇遇，只願得其夫一世不來，丹煉不成也罷了！」這時他「好貨」的願望完全拋在腦後，身心全被「好色」的欲望所控制。假扮「丹客」的騙子乘機敲詐他，丹爐中的銀子也被騙去，富翁還寬慰自己：「只這一個絕色佳人，受用了幾時，也是風流話柄，賞心樂事，不必追悔了。」

這說明他的受騙上當，實在是「願者上鉤」，不值得同情，也不需要同情。

這個富翁為物所傷，為欲所累，表現在受騙上當。騙局是騙子和妓女共同設計好，而關鍵時刻，都是富翁主動配合，促成騙局進展順利。如果富翁不提出讓「丹客」帶妾一起去他家，這場騙局就難以開頭。當然，騙子估計他一定會提這個建議，所以才會設下美人計。如果「丹客之妾」進門，他不去勾搭她，至少不在丹房裡行事，騙子就抓不到行騙的把柄。當然，騙子斷定他難以克制自己，所以故意暫時離開促成其事，然後明裡敲詐，暗中又吞沒「煉丹不成」而實際還在丹爐中的銀子。

富翁因「好貨」而引來騙子，因「好色」而陷入美人計中，不僅失去了二千多兩銀子，還被冒充「丹客」的騙子教訓了一頓。但富翁受了騙、賠了錢，並不喊「冤枉」。這是因為他追求已久的「好貨」的願望雖然失敗了、破滅了，但深藏不露的「好色」的欲望卻實現了、滿足了。富翁失去的是他並不缺少的錢財，以及遙不可及且不實用的金丹，得到的卻是他一直潛藏於心，但卻真正想要的東西。因此，富翁

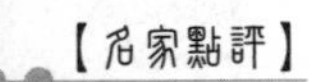

此專戒好貪欲，絕遊玩，美聲色，貴貨財者。此文非深，即是外作禽荒，內作色荒，酣酒嗜音，峻宇雕牆是也。腹喻民也，所以實其腹者，五色、五音、五味、田獵、貨財，皆欲使民有樂之，君不取而君有之，即舍彼而取此，後其身而身先，外其身而身存之道是也，妙哉！

並不後悔。他的失望很小，而他的滿足卻很大。

《老子》說「去彼取此」。這個富翁去了「好貨」之「彼」，取了「好色」之「此」的價值觀，最後終究會被欲望所累，喪失人生本性，甚至落個可悲的下場。

所以能安於滿足基本的生理需求，而不去過度追求慾望，就是人生的智慧，同樣也是快樂之源。

第十三章　寵辱若驚

【名家點評】

唐玄宗李隆基評：

操之則栗，舍之則悲，未忘寵辱，故皆驚也。身為患本，矜貴其身，即如貴大患矣。此合云貴身如貴大患，而乃云貴大患如身者，欲明起心貴身，即是大患。有貴即身是大息，故云貴大息如身。若，如也。此上兩句正標。前標寵辱如驚，恐人不了，故問何謂寵辱？夫得寵驕盈，無不生禍，是知寵為辱本，故答云寵為下矣。

【原文】

寵[①]辱若驚，貴[②]大患若身。何謂寵辱若驚？寵為下。得之若驚，失之若驚，是謂寵辱若驚。何謂貴大患若身？吾所以有大患者，為吾有身，及[③]吾無身，吾有何患？故貴以身為天下，若可寄天下；愛[④]以身為天下，若可託天下。

【注釋】

① 寵：寵愛，尊崇，引申為榮耀。

② 貴：重視，看重。

③ 及：如果。

④ 愛：捨不得，不忍心。

【譯文】

受到寵愛和受到侮辱都感到驚慌，重視禍患就像重視自己的身體。什麼叫「受到寵愛和受到侮辱都感到驚慌」？受到寵愛的是地位低下的人，得寵覺得惶恐不安，失寵也是惶恐不安，這就叫作「受到寵愛和受到侮辱都感到驚慌」。什麼叫「重視禍患就像重視自己的身體」？我之所以會有禍患，是因為我有身體，如果我沒有身體，我怎麼會有禍患呢？所以只有憑著看重自己身體的觀念去治理天下，才可以把天下託付給他；只有憑著愛惜自己身體的觀念去治理天下，才可以把天下委託給他。

【延伸閱讀】

人們都熟悉「受寵若驚」這個成語，通常又都希望受寵。但事物總是既有正面，又有負面。寵必有辱，榮必有患。寵辱、榮患，總是聯繫在一起的。

最早發現這對矛盾，並深刻闡述這個問題的，就是老子。老子說：受到寵愛和侮辱，就如同受到驚恐一般。重視莫大的禍患，就如同珍惜自己的身體一般。什麼叫「寵辱若驚」呢？受寵的人在寵愛他的人之下，得到榮寵就像受到驚恐，失去榮寵也像受到驚恐，這就叫作「寵辱若驚」。什麼叫「貴大患若身」呢？就應該這樣想：我之所以有莫大的禍患，是因為我有身體；要是我沒有身體，那還會有什麼禍患呢？因此，珍惜自己的身體是為了治理天下，這樣天下也就可以託付於你；愛惜自己的身體是為了治理天下，這樣天下也就可以依靠於你了。

老子所云極是。寵辱、榮患，大可不必看得太重。當你受到榮寵而顯貴時，會有人來奉承你；但嚴格地說，人們奉承的不是你，而是你的峨冠大帶。當你失去榮寵而卑賤時，會有人來侮辱你；但嚴格地說，人們侮辱的不是你，而是你的布衣草鞋。既然人們原本奉承的便不是你，受寵顯貴時，你也不用得意忘形；既然人們原本侮辱的便不是你，失寵卑賤時，你也不用垂頭喪氣。面對受寵和失寵，保持一樣的心態；聽到奉承和侮辱，保持一樣的風度。任憑冬去春來、花開花落，無意去留、瀟灑人生！

對於寵辱的關係，哲學家頗多思考，文學家也在思考，中外皆然。日本作家芥川龍之介的小說《黃粱夢》，就揭示了這一主題。

當盧生從夢中驚醒時，幫助盧生入夢的呂翁問他：「那麼，寵辱之道，窮達之運，你大略嚐到滋味了。那好極了，所謂人生，和你做的夢，沒有多大差異。因此，你對人生的執著、熱烈，也就該醒悟了吧？得失之理，生死之情，由此

【名家點評】

宋徽宗趙佶評：

寵者在下，貴者在上，居寵而以為榮，則辱矣。處貴而以為累，則患莫大焉。以富為是者，不能辭祿。以顯為是者，不能辭名。親權者，不能與人柄，操之則栗，捨之則悲，茲寵辱所以若驚歟？慘怛之疾，恬愉之安，時集於體，怵迫之恐，欣歡之喜，交溺於心，茲大患所以若身歟？寵之為物，變化自如，不可制畜，可以覆焉，則志於豢養，有辱之道。古之善為士者，三旌之位，不足易其介，萬鐘之祿，不足遷其守。居寵而思危，在福而若坤，則何辱之有？貪夫位也，慕夫祿也，知進而不知退，知得而不知喪，則人賤之矣。故受寵於人，則為下之道。軒冕在身，非性命之理也。物之儻來，寄也，寄之來不可拒，故至人不以得為悅。其去不可圉，故至人不以失為憂。今寄去則不樂，受而喜之，是以得失累乎其心，能勿驚乎？柳下惠為士師，三黜而不去，正考父三命，循牆而走，則異於此。

看來，原是無聊的。」但盧生卻不願接受呂翁的勸告，他對寵辱之道的傳統觀念有不同的看法，所以回答道：「就是在夢裡，也是想活的。像那個夢甦醒似的，這個夢甦醒的時候也會來吧！在那種時候來到之前，我仍希望像可以稱得上真摯地生活那樣活著。你不那麼想嗎？」

呂翁所說的「寵辱之道」，與老子所說的「寵辱若驚」，反映的都是出世思想，告誡世人榮寵難以久恃。這種觀念，為許多人所承認，但又不願接受。因為在人們的意識深處，希望能永遠享受榮寵。盧生的回答，就很有代表性，反映出人們面對榮寵難以久恃的現實，還是那樣肯定與熱愛生活。

這樣看來，人有時候還是糊塗一點好。明知榮寵難以久恃，依然可以熱愛眼前美好的生活，不必太去顧忌是誰給你榮寵、榮寵失去後又怎麼辦。魚得水而暢游，但水中之魚，完全忘乎於水；鳥乘風而飛翔，但風中之鳥，完全忘乎於風。或許，牠們不是相忘，而是無知。無知比相忘更能超乎物累，樂彼天機。於是我想，與其念念不忘「寵辱若驚」，不如乾脆忘了寵辱，甚至連寵辱都不知道，不是更徹底嗎？

【名家點評】

明太祖朱元璋評：

人君能以身為天下，慮天下恐有大患，若身有苦疾，則天下安矣。不能以此者，天下危亡。故所以寵辱若驚。故小人不想得之職，得之則自驚且喜。然得已既久，富貴盈身，卻乃止知榮身其貴，卻莫知所保。其身有疾，便能知醫，能防貴之患，若防己之疾則保矣。不能如是，失之又驚。若人君肯以身為天下，以百姓之身為身，則帝王之身宇內可獨行而無憂。若以身為身，天下為天下，雖萬千之甲士從之，猶恐不禦也。是故帝王愛天下，如愛己身，獲昌。

第十四章　執古之道，以御今之有

【原文】

視之不見名曰夷①；聽之不聞名曰希②；搏③之不得名曰微④。此三者，不可致詰⑤，故混而為一。其上不皦，其下不昧。繩繩⑥不可名，復歸於無物。是謂無狀之狀，無物之象，是謂惚恍⑦。迎之不見其首，隨之不見其後。執古之道，以御⑧今之有。能知古始，是謂道紀⑨。

【注釋】

① 夷：表示無形、沒有形狀。
② 希：寂靜無聲。
③ 搏：撫摸。
④ 微：無形。
⑤ 致詰：推問追究。
⑥ 繩繩兮：渺茫，幽深。
⑦ 惚恍：恍惚，形容忽明忽暗，若存若亡。
⑧ 御：駕馭。
⑨ 紀：頭緒，條理。

【名家點評】

唐玄宗李隆基評：

古無為之道，以御今有為之事，則還返淳樸矣。能知古始所行，是謂道化之紀綱。

【譯文】

看它卻看不見，所以把它叫作「夷」；聽它也聽不到，所以把它叫作「希」；摸它又摸不著，所以把它叫作「微」。這三者的來源，是無法刨根問底的，因為它們本來就混為一體。從上面看「道」，並不是潔白光明的；從下面看「道」，並不是黑暗昏昧的。「道」連續不斷，難以給它起個名字，循環往復到虛無的狀態。這是一種沒有形狀的形狀，沒有物象的物象。這就叫作「惚恍」。迎著它，看不見它的頭部；跟隨它，看不見它的尾部。掌握自古以來就存在的「道」，用以處理現在所碰到的各種問題。以此可以推知上古之始，這便是「道」的綱紀。

【名家點評】

宋徽宗趙佶評：

執一陰一陽之謂道，師天而無地者，或蔽於道之動而憑其強陽。師陰而無陽者，或溺於道之靜而止於枯槁。為我者廢仁，為人者廢義，豈古之道哉？古之道不可致詰而非有，是謂恍惚而非無。執之以御世，則變通以盡利，鼓舞以盡神，而無不可者，道之大常，無易於此，所謂自古以固存者歟？故曰能知古始，是謂道紀。

【延伸閱讀】

《老子》所云之「道」，是哲學的最高範疇。它看不見、聽不到、摸不著。然而，它既是指世界的統一原理，又是指世界的發展原理。

老子所說的「道」，是超感知的。因為它「無狀之狀，無物之象」，根本沒有物質內容，所以人們分不清它的上下，看不到它的前後，甚至無法給它起一個確切的名字。事實上，名字只是對事物的稱謂，是人們約定俗成的；而「道」本身是對客觀規律的反映，卻是無法約定俗成的。「道」是一種無分別的狀態，代表了宇宙的一切，但實際上又什麼都沒有，真正是「無物」、「無名」。

「道」先天地而存在，是萬物的根本、宗主。它無須外來的力量，不停地循環著。但它又是「無狀之狀，無物之象」，無聲無形，不可捉摸，所以稱作「惚恍」。由此看來，「道」不是物質，而是一種精神性的東西。

《老子》中所說的「執古之『道』，以御今之『有』」，就是要將這精神性的東西——或者說是一種客觀規律，運用於社會生活。

蒲松齡在《聊齋志異》中，講了這麼一個故事：

有個人十分有錢，許多商賈都向他貸款做生意。一天他外出，有個年輕人跟在他馬後跑，問有什麼事，原來也是向他借錢的。於是他帶著年輕人一起回家，正好桌上有錢數千，年輕人即以手疊錢，疊得很高而不曾倒下。他看在眼裡，對年輕人說：「對不起，我不想借錢給你。」年輕人百般請求，他都一口回絕。當年輕人悻悻地離去後，有人問他：「你為什麼突然間不想借錢給這個年輕人了？」他回答：「這個年輕人一定是個賭徒，不是做正經生意的，剛才在不知不覺中，曝露出疊錢的高超技術，而這種技術是只有慣於賭博的人才會去練成的。我只借錢給做生意的人，而絕不借錢去給人做賭資。」

我覺得這個有錢人是很懂得「道」的，而且善於運用「道」——即規律性，去觀察、分析問題。很顯然，他是以貸款給人來牟利的，有點類似現代的當鋪。借貸關係，對貸方來說，首要的是了解借方的還貸能力。因此，當今任何一家銀行在貸款給客戶前，都要對借方的貸款用途、經營狀況和市場前景等作出評估和審查，為的就是保證能及時收回貸款。

這個有錢人靠貸款牟利，不僅有點現代當鋪的味道，而且還很有點金融意識。他並不肯輕易許諾借錢於人，即使將那急於借錢的年輕人帶回家中，在正式辦理借款手續前，他還是要進行「評估」和「審查」，以此來決定貸款與否。當然，他畢竟不像現代金融機構那樣有完整的調查機制，而是憑自己對「道」的認識——掌握觀察人的規律來辨別借貸對象。

他辨別借貸對象，很善於抓住關鍵。一般來說，人都有偽裝的本能，尤其像向人借錢這樣重要的場合，一般都會注意自己的言行舉止。所以這個有錢人並不去盤問年輕人借錢的用途等問題，因為他估計對方早就編好了一套理由來回答自己。他覺得要了解人的真相，應該觀察對方不知不覺中未曾理性地加以掩飾的習慣動作。比如那浮浪的年輕人，在以手疊錢的熟練動作中，就曝露出一個賭徒的真面目了。

【名家點評】

明太祖朱元璋評：

理道之混然，即視不見聽不聞是也。人能執古大理道，行今之時，即今之有也。人之道理，即天性也。所以天命之謂性，率性之謂道，修道之謂教，一然此謂道紀。

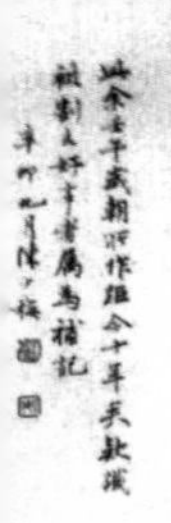

習慣動作是不假思索地完成的，是長期的習慣浸染而成的。在人們有意識地掩飾自己時，習慣動作卻往往會使人露出破綻。這個有錢人將錢堆放在桌上，也許就是故意放著來考察借貸者的行為。這個嗜賭成性的年輕人看到錢，便習慣成自然地順手疊了起來，賭徒的真面目也就曝露無遺了。

由此我又想起佛教有個寓言，說的也是習慣動作曝露真實面目的道理。

據說有一隻貓，修煉成了人形。人穿衣服牠也穿衣服，人照鏡子牠也照鏡子，似乎與人沒有什麼兩樣。有一天，牠與人一起吃飯時，一隻老鼠穿堂而過，貓精下意識地一聳身子，猛撲上去，一口就將老鼠咬住了。貓捉老鼠是一個習慣動作，這習慣動作最難克制，從而洩露了貓精的身分。

從賭徒借錢和貓捉老鼠的故事中，我們悟出些什麼？

掌握「道」，就是掌握規律，可以處理形形色色的問題。然而，要真正掌握它，並不是件容易的事，因為它看不見、聽不到、摸不著。所謂「執古之『道』，以御今之『有』」，就是要善於將前人成功的經驗，作為今天處世為人的借鑑。這樣可以少走彎路、少吃虧。

第十五章　古之善為士者

【原文】

古之善為士者，微妙玄通，深不可識。夫唯不可識，故強為之容①：豫②兮若冬涉川；猶③兮若畏四鄰；儼兮其若客；渙兮若冰之將釋④；敦兮其若樸⑤；曠兮其若谷；混兮其若濁；孰⑥能濁以靜之徐清？孰能安以動之徐生？保此道者不欲盈。夫唯不盈，故能蔽而新成。

【注釋】

① 容：形容。
② 豫：遲疑。
③ 猶：猶豫，不知所以。
④ 冰之將釋：河冰消融。
⑤ 樸：沒有經過雕飾、打磨的玉石。
⑥ 孰：誰。

【名家點評】

唐玄宗李隆基評：

士，事也。言古之善以道為事者，於彼微言妙道，無不玄鑑通照，而德容深邃，不可識知。

【譯文】

古時候，善於行「道」的人，奧妙通達，幽遠深邃得不可認識。由於無法真正認識他，所以只能勉強地形容他道：小心謹慎啊，他如同在冬天過河。疑慮猶豫啊，他如同在警惕鄰國的圍攻。嚴肅恭敬啊，他如同賓客。渙渙散散啊，他如同快要融化的冰塊。敦厚忠實啊，他如同不加雕飾的璞玉。空曠寬闊啊，他如同山谷。渾渾沉沉啊，他如同混濁的水。怎樣才能使混濁的水靜下來，慢慢地澄清？怎樣才能使安穩的東西不停地動起來，漸漸地生長？保持這個「道」的人，不會去追求欲望的滿足。正因為如此，所以能安守現狀，不去玩什麼新花樣。

【延伸閱讀】

【名家點評】

宋徽宗趙佶評：

古之士則與今之士異矣，善為士則與不善為士者異矣。故微則與道為一，妙則與神同體，玄有以配天，通有以兆聖，而藏用之深，至於不可測。《書》曰：道心惟微，則微者道也。《易》曰：神也者，妙萬物而為言，則妙者神也。《易》曰：天玄而地黃，則玄者天之色。《傳》曰：事無不通之謂聖，則通者聖之事。水之深者，可測也。穴之深者，可究也。古之善為士者，微妙玄通，名實不入而機發於踵，其藏深矣，不可測究。列禦寇居鄭圃四十年，人無識者。老子謂孔子曰：良賈深藏若虛，君子盛德，容貌若愚，其謂是歟？

老子認為，「道」是不容易被一般人所認識、所理解、所接受的。因為「道」微妙、深遠、神祕，所以不知道到底如何來形容它為好。老子通常不太相信「耳目之實」的感覺經驗，而且否定學問思辯的理性思維。這樣一來，「道」便顯得「玄之又玄」，「善為『道』者」便顯得神乎其神了。

《老子》對善為「道」者的肯定，說到底，因其不去追求欲望的滿足，安於現狀。欲望是多種多樣的，常見的有利欲、勢欲、權欲、情欲、性欲等。老子是充滿智慧的，他深深地知道，一個人如果過分追求欲望的滿足，心智就會被蒙蔽而無法發揮其作用。所以，只有不為名、利、權、勢、情等所誘，才能使自己心如明鏡，保持清醒。

元代許衡有一次酷暑天趕路，口渴難忍，正巧路邊有一棵梨樹，隨行的人都爭先恐後地摘梨解渴，只有許衡一人端坐一旁，神態安然。有人問他為什麼不摘梨吃，他回答說：「梨不屬於我，怎麼能隨便拿來吃呢？」那人便說：「現在世道大亂，梨樹無主，摘來吃有什麼關係呢？」許衡則回答：「梨樹無主，我的心也能沒主嗎？」

在口渴難忍之時，人最大的欲望莫過於獲得解渴之物了。路邊的梨樹無人看管，人們盡可以摘來解渴，而許衡卻不為所動。在烈日下抑制住強烈的解渴的欲望，非有堅定的意志和高尚的情操，是辦不到的。儘管世道兵荒馬亂，儘管世人追名逐利，許衡能守住自己的方寸之地，該怎樣做就怎樣做。「梨樹無主，我的心也能沒主嗎？」說得多好！充分顯示出老子所說的那種不去追求欲望的滿足，安於現狀的高尚品格。

為了滿足欲望，比如說情欲吧，有時還會送掉性命。

殷紂王是個暴君，他的亡國和招致殺身之禍，固然有許多原因，其中很重要的一條，就是永遠不能滿足的情欲。富於諷刺意味的是，在宋元《武王伐紂平話》中，周武王攻克殷都，生擒紂王，在歷數了封王十大罪狀後，宣布將他處以極刑。「一聲響亮，於大白旗下，殷交一斧斬了紂王。」

對於封王的行刑非常順利，但對於助封為虐的妲己的行刑卻很不順當。《武王伐紂平話》是這樣描寫的：

> 二聲鼓響，於小白旗下，劊子手待斬妲己。妲己回首戲劊子，用千嬌百媚妖眼戲之，劊子墜刀於地，不忍殺之。太公大怒，令教斬了劊子，又教一劊子去斬。劊子持刀待斬妲己，妲己回首戲劊子。劊子見千嬌百媚，劊子又墜刀落地，不忍斬之。太公大怒，又斬了劊子。

這兩個劊子手，都死得好冤枉，又死得好應該！冤枉者，他們並非妲己同黨，只是為其美色所誘，不忍將屠刀砍向千嬌百媚的女人；應該說，他們身為執法之人，明知妲己是罪該萬死的犯人，卻「墜刀落地」，導致行刑失敗，使自己成了法律的罪人。兩個劊子手之所以會不忍下殺手，因為在他們的潛意識中，都有好色的欲望，再加上妲己用「妖眼戲之」，頭腦中的法律意識及道德、理智都在美色面前崩潰了。如果說第一個劊子手「墜刀於地」，因為他沒想到後果，屬情有可原的話，那第二個劊子手目睹了第一個劊子手的下場，還犯同樣的錯誤，真是拿自己的生命開玩笑了。人都有求生的本能，第二個劊子手在明知行刑失敗自己要被砍頭的情況下，卻為妲己美色所惑，還不忍心殺妲己，結果就是自己付出了生命的代價。

最令人玩味的是對於妲己第三次行刑場面的描寫：

【名家點評】

明太祖朱元璋評：

君子所秉者，得天地至精之氣，乃神慧而不妄為。使其動，則諸事有理焉。使其靜，則靈神於心，人莫知其所為如何，故深妙難通。老子設詞假似，傍人強立名色以覘視。

有殷交來奏武王：「臣啟陛下，小臣乞斬妲己。」武王：「依卿所奏。」殷交用練紮了面目，不見妖容，被殷交用手舉斧，去妲己項上中一斧。

這個自告奮勇上場執行行刑任務者，就是先前順利地「一斧斬了紂王」的殷交。他與妲己有殺母之仇，兩者不共戴天，所以肯挺身而出。然而，面對千嬌百媚的妲己，即使像殷交這樣一位充滿復仇欲念的人，也對是否能抵擋住美色的誘惑缺乏信心。因此，他在行刑前用布蒙住雙眼，所謂「不見所欲，不亂其心」，總算將妲己殺了。

人的理智往往被欲望所控制，而最難逃開的又是情欲、色欲、性欲的束縛。這是「人性的枷鎖」，能讓受它擺布的人們，暫時置死亡於不顧。那兩個不忍心斬妲己的劊子手，就是擋不住美色的誘惑而死的。

所以《老子》說：「保此『道』者，不欲盈。夫唯不盈，故能蔽而新成。」因為不去追求欲望的滿足，也就掙脫了「人性的枷鎖」，理智佔了上風，就不會去做傻事。

第十六章　致虛極，守靜篤

【原文】

致虛極，守靜篤。萬物並作，吾以觀復。夫物芸芸①，各復歸其根②。歸根曰靜，是謂復命③。復命曰常④，知常曰明。不知常，妄作凶。知常容⑤，容乃公⑥。公乃全，全乃天，天乃道，道乃久，沒身不殆。

【注釋】

① 芸芸：草木繁盛的樣子。
② 根：根源，本源。
③ 復命：回歸到原有的本性。
④ 常：事物運行的法則、規律。
⑤ 容：包容，包含。
⑥ 公：公正。

【譯文】

最高的準則是達到空虛的境界，最重要的規範是保持清醒。萬物在不斷地誕生、成長，我要觀察它們的循環往復。萬物雖然繁多，但都會分別回復到它的根源。回復到根源，這叫作「靜」，「靜」就是「復命」。「復命」，這叫作「常道」。認識「常道」，就明白事理。不認識「常道」，就會輕舉妄動，難免遭到凶災。認識「常道」，才能包容萬物。包容萬物才能公正，公正才能統治天下，統治天下才能效法自然，效法自然才能符合「道」，符合「道」才能長治久安。只有這樣，終身才不會有危險困厄。

【名家點評】

唐玄宗李隆基評：

虛極者，妙本也。言人受生皆稟虛極妙本，及形有受納，則妙本離散。今欲令虛極妙本必致於身，當須絕棄塵境染滯，守此雌靜篤厚，則虛極之道自致於身也。老君云：何以知守雌靜則能致虛極乎？但觀萬物動作云為，及其歸復，常在於靜，故知爾。

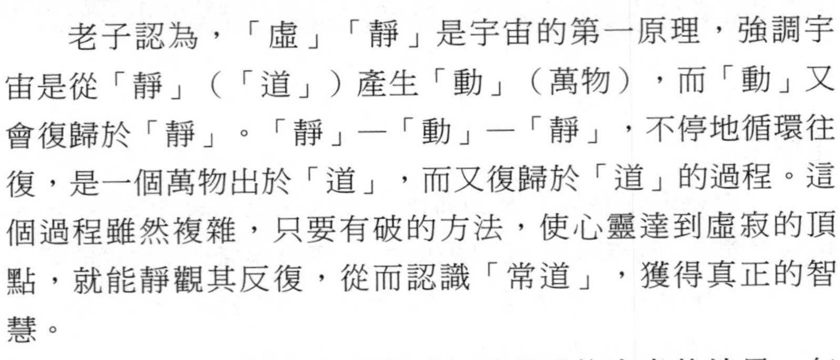

【延伸閱讀】

老子認為，「虛」「靜」是宇宙的第一原理，強調宇宙是從「靜」（「道」）產生「動」（萬物），而「動」又會復歸於「靜」。「靜」—「動」—「靜」，不停地循環往復，是一個萬物出於「道」，而又復歸於「道」的過程。這個過程雖然複雜，只要有破的方法，使心靈達到虛寂的頂點，就能靜觀其反復，從而認識「常道」，獲得真正的智慧。

我時常想，如何才能達到老子所說的空虛的境界，怎樣才能永遠保持清醒的頭腦呢？萬物紛紛，有幾個人能靜下心來，細細觀察萬物的循環往復呢？能做到這一步的，當然是得「道」之士。得「道」之士也許寂寞一生，而趨炎附勢者卻會淒涼百世。前者受人崇敬，後者遭人唾罵。所以有遠見、有德操的人，觀物外之物，思身後之身，寧可受一生之寂寞，不願取淒涼於百世。

當然，品德高尚、大有作為的人，未必要寂寞，甚至也不需要禁欲。我很欣賞老子的觀點，即效法自然才能符合「道」。人的天性也是一種自然，如果壓抑人性，便就違背了自然，也就與「道」不相符了。

清代袁枚所著《子不語》中，有一個「沙彌思老虎」的故事，說的就是人性被壓抑而又壓抑不住的道理：

有個小孩三歲時便皈依佛門，做個小沙彌，跟著師父念經拜佛，十分虔誠。他從小足不出寺，對世俗生活是完全陌生的，甚至連牛、馬、雞、犬都不認識。

長大後，有一天師父要帶他下山，小沙彌很高興。外面一切對他來說，都是新鮮的。當他們進入縣城後，小沙彌突然看到一個年輕女子，吃驚地問師父：「這是何物？」師父恐怕他見色心動，就一本正經地對他說：「這叫作『老

【名家點評】

宋徽宗趙佶評：

莫貴乎虛，莫善乎靜，虛靜者，萬物之本也。虛故足以受群實，靜故足以應群動。極者，眾會而有所至。篤者，力行而有所至。政虛而要其極，守靜而至於篤，則萬態雖雜，而吾心常徹，萬變雖殊，而吾心常寂。此之謂天樂，非體道者，不足以與此。萬物之變，在道之末，體道者，寓乎萬物之上焉。物之生，有所乎萌也，終有所乎歸。方其並作而趨於動出之塗，吾觀其動者之必靜，及出者之必復，而因以見天地之心，則交物而不與物俱化，此之謂觀其復。

虎』，人靠近牠，就會被牠吃掉，連屍骨都不留下。」

傍晚回到寺廟，小沙彌神思恍惚，做什麼事都打不起精神來。師父看他這樣子，便笑著問道：「你是不是在想白天的事？」小沙彌回答：「別的我什麼都不想，只想那吃人的老虎，心中總是覺得捨牠不下。」

師父聽了小沙彌的話，心中吃驚不小，不知怎樣才能打消他這一念頭。而小沙彌還是喃喃地念叨著「老虎」，根本不怕牠吃人，只是想再見到「老虎」。

這個小沙彌從未見過異性，初次見到年經女子，當然感到好奇，被其所深深地吸引。即使師父為了使他清心學佛，處心積慮地把女人說成是吃人不吐骨的老虎，他也不害怕，還是魂牽夢縈著那「老虎」。小沙彌初出山門，剛涉人事，就遇上了女人，並且難以忘懷。這是他朦朦朧朧中性在覺醒，要壓制是不行的。他的師父也許不懂得，也許不願承認，性是一種自然現象，是任何正常人都無法迴避的。小沙彌久在佛門，不知世事，但隨著生理和心理的成熟，性總是會覺醒的。入縣城見到年輕女子，只是一個契機，使小沙彌對異性的愛慕之情油然而生。

效法自然，包括對人的自然本性也不容迴避。遏制性欲是不科學、不人道的，是違背自然法則的。當然，我們在鞭笞冷酷、虛妄的禁欲主義的同時，也要對性欲有所節制，切莫誤入「性自由」、「性解放」的死胡同。「知『常』曰明。不知『常』，妄作凶。」這是老子的告誡，我們要永遠記住。

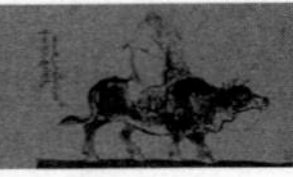

第十七章　太上，不知有之

【名家點評】

黃元吉評：

道德一經，原是四通八達，修身在此，治世在此，推之天下萬事萬物，亦無有出此範圍者。即如此章太上二字，言上等之人，抱上等之質，故曰太上。上德清淨無為，六根皆定。其次敬愛化民，有感即通。其次威嚴馭世。其次以智巧導民，所謂術也。而其極妙者莫如信。信屬土，修煉始終，純以意土為妙用。故太上云「其精甚真，其中有信」，是丹本也。信非他，一誠而已。人能至誠無息，則丹之為丹，即在是矣。但信與偽相去無幾，克念作聖，罔念作狂。人禽界，生死關，所爭只一間耳。吾願後學尋得真信，以為真常之道可也。信在何處？即是玄關一竅，人其知之否？

【原文】

太上①，不知有之。其次親而譽之。其次畏之。其次侮②之。信不足焉，有不信焉。悠兮其貴③言。功成事遂，百姓皆謂我自然。

【注釋】

① 太上：指最高明的君王。
② 侮：蔑視，輕視。
③ 貴：輕易不開口。

【譯文】

最高明的君王，臣民只知道有他的存在；次一等的君王，臣民親近而又讚頌他；再次一等的君王，臣民對他都十分害怕；最下等的君王，臣民都要辱罵他。君王不講信用，臣民就會對他不信任。最高明的君王看上去很悠閒，輕易不開口，說話都經過深思熟慮。當事情成功了，黎民百姓便會說，這是符合自然法則的。

【延伸閱讀】

老子歷來強調「無為而治」。他所崇尚的君王，居無為之事，行不言之教，天下在潛移默化中歸順。如果是不能居無為之事，行不言之教的君王，便要立善行施，使臣民感到親切。如果君王不能施恩行，便要擁有權威，使臣民感到畏懼。如果君王沒有權威，便要施展智術，使臣民不得不服從政令。

看來，老子對治理國家是很有一套自己獨特的見解的，並對最高統治者治理天下的方法、成敗、得失一一作了評價。

歷史上，像老子所崇尚的最高明的君王，事實上並不存在。讓臣民親近而又讚頌甚至為他賣命的君王，倒是有一些。比如《淮南子・氾論訓》中，有這樣一段記載：

有一次，秦穆公外出，半路上車子壞了，在修車時，拉車的馬中有一匹跑丟了，被當地鄉民牽走了。秦穆公一路追尋而來，看見自己拉車的馬被這批鄉民殺了，正在吃馬肉。他不僅沒對他們發火，反而上前對他們說：「吃了駿馬的肉，一定要再喝一點酒，不然的話會傷身體的。我趕來就是為了告訴你們這些，恐怕傷了你們的身體。」他看著所有的人都喝了酒，然後才離開。

一年之後，秦穆公和晉惠公在韓原打仗。晉軍包圍了秦穆公的車子，拉車的馬匹也被晉將牽住，形勢非常危急。在這緊要關頭，那批吃馬肉的鄉民，共三百多人，個個奮勇當先，圍著秦穆公的車子拚命殺敵，不僅解了秦穆公的圍，還使秦軍大勝而回。

秦穆公死裡逃生，是因為有這三百多人為他出死力拚殺。他們之所以肯這樣賣命，是因為一年前他們殺了秦穆公的馬、分吃了馬肉而秦穆公不追究。不僅不追究，還送個順水人情，要他們吃了駿馬的肉，再喝一點酒，以免傷了身體。就憑這份寬大、這份關懷，把三百多個鄉民的心收買了。

秦穆公能成為「春秋五霸」之一，看來絕非偶然。如果他當時面對分吃馬肉的鄉民，教訓他們說：「我的馬是龍馬寶駒，你們……」鄉民也許會無動於衷。況且吃馬肉的有三百多人，法難責眾啊！所以秦穆公便順水推舟，作出關心他們的樣子。鄉民是質樸的，指責也許會引起他們的反感，而關心卻使他們知恩圖報，從而演出了一年後拚死救秦穆公的那一幕。

諸如秦穆公這樣的君王，頗可舉出一些。就以春秋戰國時代為例：

魏國田子方憐惜一匹老戰馬，將牠買回來養老送終；魏國的老軍人知道後，紛紛都歸順了他。

齊莊公有一次外出打獵，看見螳螂擋車，愛惜牠雖然不自量力，但卻勇武有餘，便回車避讓；齊國的勇士得知後，都甘心為齊莊公效死力。

越王勾踐驅車出行，一隻青蛙氣鼓鼓地擋在大道上，勾踐便在車中起身向青蛙俯首致意，讚揚牠的勇氣；越國軍民聽說此事，紛紛表示願為越王效命，一舉消滅了吳國。

【名家點評】

純陽子評：

知，去聲，此言化民之道。太上聖人之治，入人者深。下知皆有聖人在其意中。其次親譽之，則涉於跡也。畏者惕於威，侮者陵其上，其故皆由信不足也。夫信者人所同具，何以上下不能相孚？豈非文告煩而躬修薄歟。故必優遊感化，愼重其言。然後民觀法而自從，日遷善而不知迄乎，功成事遂，恭己無為也。

唐太宗李世民，算得上是中國歷史上屈指可數的「明主」了。但在封建專制制度下，有時也會濫用至高無上的皇權，做出一些荒唐的事情來。比如，《唐鑑》中便有這樣的記載：

唐太宗有一天退朝後，忽然萌生了下棋消遣的念頭。他聽說吏部尚書唐儉棋藝最精，於是便命黃門去永嘉坊宣他火速入宮。唐儉進宮拜畢，唐太宗含笑說道：「召愛卿來沒有別的事，朕只是想與愛卿下幾局棋。」唐儉沒想到皇上召自己來是為了下棋，急忙推辭：「微臣粗通棋藝，哪裡是萬歲的對手！」唐太宗不由分說，賜他坐下，命小黃門取來一副赤金鑲邊的湘妃竹棋盤、兩個紫檀棋筒。唐太宗拈定黑棋，手起子落，唐儉只得正襟危坐，被動應戰。

唐儉起初不敢放開手腳下棋，有意讓皇上幾分。攻守到酣處，他不知不覺進入了棋手的角色，忘了君臣之分，大膽地奪殺起來。唐太宗逐漸手忙腳亂，臉上已有不悅之色。他絞盡腦汁，總算想出一著妙棋，不料又被唐儉隨手堵死。唐太宗不快地說：「這是朕的棋道，你往別處下子去！」唐儉卻不識相地說：「微臣有微臣的棋道，萬歲也不能干涉啊！」

唐太宗見他竟敢頂撞，勃然大怒，訓斥道：「朕已佔下這裡，你怎敢擋朕的棋道？」抬手掀翻棋盤，怒氣沖沖拂袖而去。嚇得唐儉膽顫心驚，跪在地上直打哆嗦。

大將軍尉遲恭這時正巧進宮奏事，見唐太宗一面在恨聲罵「小子無禮」，一面在書寫詔書，便問是怎麼回事。唐太宗憤憤地說：「唐儉下棋不分尊卑，朕要下詔把他逐出京畿，貶官潭州，以示懲戒！」說完，尚覺不解恨，又大聲吩咐尉遲恭：「這廝分明是輕視寡人，貶官實在太便宜他了。你馬上給朕調查一下，看他是否幹過不法的事，我要斬了他！」尉遲恭跟隨唐太宗多年，深知皇上盛怒之下不便進諫，只得含含糊糊地答應。

次日早朝，百官朝拜完畢，唐太宗便迫不及待地問尉遲恭：「是否查到了唐儉犯法的罪證？」尉遲恭回答：「臣沒有聽說唐儉有什麼犯法的事。」唐太宗又問：「昨天下棋後，唐儉有什麼怨言嗎？」尉遲恭欠身稟告：「臣實在沒有聽說。」唐太宗再問下去，尉遲恭乾脆不再吭聲了。唐太宗氣得大發雷霆：「好啊！你這黑炭團也敢搪塞我！」說著，猛地抓起一柄玉笏，朝地上摔去，頓時將玉笏砸得粉碎。接著，唐太宗把龍袍一抖，氣呼呼地退朝了。

後來，唐太宗冷靜下來，覺得這事處理不當，唐儉總算保住了性命，尉遲恭則因「忠直」而獲得一千匹錦緞的獎賞。

但唐太宗這樣做，無論給當事人，還是後世讀者，都會留下「伴君如伴虎」的印象。

事實上，像老子所說的臣民敢於親近的君王，則是少之又少的。

【名家點評】

李函虛評：

此章經義，可以論治世，亦可以證治身。上德以清淨為修，六根皆定，無為而無以為也。其次，以愛敬為修，感而遂通，無為而有以為也。又其次，以法功控馭。又其次，以智巧察求，所謂術也，有為而有以為之道也。其極妙者莫如信，信屬土也，金丹始終，純以意土為妙用，要皆自然而然也。富哉言乎，可以治世，可以治身也。

第十八章　大道廢，有仁義

【名家點評】

黃元吉評：

嘗觀上古之世，俗尚敦龐，人皆渾樸，各正其性，定其命，安其俗，樂其業，一如物之任天而動，率性而行，無事假借，不待安排，順其性之當然，有不知其所以然者。莊子謂臃腫鞅掌之徒，淳樸勞瘁，動與天隨，饒有真意。此所以不識不知，順帝之則。是何如之化理哉？要不過渾渾淪淪，無思無慮，與大道為一而已矣。

【原文】

大道廢，有仁義；智慧出，有大偽[①]；六親[②]不和，有孝慈；國家昏亂，有忠臣。

【注釋】

① 偽：偽詐、虛偽。

② 六親：父、母、兄、弟、妻、子；亦有其他說法。

【譯文】

大「道」廢棄了，於是就有了「仁義」。智慧出現了，於是就有了奸詐虛偽。父子、兄弟、夫妻「六親」不和睦了，於是就有了孝慈。國家混亂了，於是就有了忠臣。

【延伸閱讀】

老子對於儒家空談「仁義」是頗有微詞的。他認為，在當時的社會制度下，如果按照儒家所說的那樣恢復周禮，反倒會出現混亂的局面。

林語堂曾說：「仁的本義應當是他（即人）的純乎本然的狀態。」「仁」講究的是，人與人之間要互相了解、互相諒解，所謂「將心比心，推己及人」；更要遵循「己所不欲，毋施於人」的原則。

孟子認為：「仁，人心也。」又說：「惻隱之心，仁也。」這都明確表明，「仁」是一種心態。而「仁」的對象，則是人本身。《呂氏春秋》就有這樣的說法：「仁於他物，不仁於人不得為仁。不仁於他物，獨仁於人，猶若為仁。仁也者，仁乎其類也。」

《孟子・梁惠王上》提出了「君子遠庖廚」的命題，經過是這樣的：

有一天，齊宣王看見有人牽著牛在殿下走過，就問他牽牛去做什麼，那人說準備宰了牠祭鐘。齊宣王看到那頭牛嚇得哆哆嗦嗦直發抖的樣子，心有不忍，就讓那人將牛放了，宰隻羊來祭鐘。人們聽說此事後，有人便說齊宣王吝嗇，捨不得大牛才換了隻小羊。齊宣王自己也弄不清楚，宰牛和宰羊有什麼區別，為什麼宰牛會於心不忍，宰羊就沒有什麼了。齊宣王見到孟子時，便將這件事向他請教。孟子回答：「這是『仁』的表現，因為大王看到牛而沒有看到羊。君子對於禽獸，看到牠活著，就不忍心看到牠死去；曾見過牠生龍活虎的樣子，就不忍心吃牠的肉。所以，君子遠庖廚。」

孟子「君子遠庖廚」的論點，受到後人的批評：君子既要吃動物的肉，就難免要殺生，卻又假裝仁慈不忍殺生；不忍殺生也罷了，卻僅僅是「遠庖廚」，眼不見為淨，便可以心安理得地吃動物的肉了。這是不是假仁假義呢？孟子認為不是。因為「遠庖廚」是不忍，肉要吃，不忍之心也要有。不忍不是對動物的不忍，而是自己心中的不忍。齊宣王親眼目睹牛哆哆嗦嗦的樣子，所以不忍心殺牠；他沒有見到羊，就對牠沒什麼惻隱之心了。

「仁義」的對象是人，但並不能對任何人都講「仁義」。韓非就曾批評周文王，不管實際情況亂講「仁義」。

據說周文王曾請求以洛西和赤壤的千里之地獻給紂王，條件是紂王廢除炮烙之刑，結果大得人心。孔子對周文王此舉十分讚賞，認為請求廢除炮烙之刑是仁，以千里之地換取天下之心是智。但韓非卻有相反的看法，認為周文王非常不

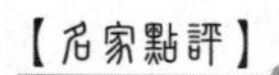

李函虛評：

此章言治世隆汙之道，然亦可悟治身之理。茲兩舉之，先無為之事，遂有慈惠之政，猶之失渾淪之體，遂有返還之功也。用明用術以察求，民情益深掩蔽，猶之用巧、用機以探取，藥物愈善互藏也。在庭有孝慈，所以和六親之不和，猶之入室修泰定，所以靜六根之不靜也。國家有忠臣，所以救昏亂，猶之玄門有真金，所以救衰憊也。然後歎上世渾穆之政，與上德無為之修，其風之邈也，久矣。

智。因為紂王之所以憎恨文王，就是他太得人心。而文王不知趣地再以請求廢除炮烙之刑來收買人心，就更會引起封王的疑心和反感。可以這樣說，文王之所以逃脫不了被囚羑里的厄運，正是由於他不懂得封王已不想讓他再行仁義了。

【名家點評】

純陽子評：

仁義者道之實。世衰道微，非仁義無以正之。是大道之廢，賴有仁義也。乃人不察乎此，不本道以為治。而專尚智慧。不知智慧不由仁義無以燭奸，而反啟大偽。是故體道者必崇仁義。孝慈者仁之實，忠臣義之表也。六親不和賴有孝慈化之，國家昏亂恃有忠臣扶之，此正大道廢有仁義之證也。

行「仁義」最不考慮對象、情境等條件的，就是宋襄公了。

春秋時，宋襄公也曾爭霸中原。有一次，他和楚成王在泓水打起仗來。當時，宋軍兵力弱，但已經列好陣勢；楚軍人馬多，但還沒有全部渡過河。宋襄公的弟弟目夷建議，趁楚軍渡河到一半相互不能接應之際，趕快發動進攻，宋襄公不採納。楚軍剛渡過河，還沒有布好陣勢時，目夷又提議立刻進攻，宋襄公還是不同意。直到楚軍擺好了陣勢，宋襄公才命令進攻，結果卻寡不敵眾，大敗而回，他本人的大腿也受了傷。回國後，宋國上下都埋怨宋襄公。他卻宣稱：「仁義的君子不使對方受困於危難之時，不攻擊還沒列好隊形的敵軍。」

這種不顧場合、不分對象、不計利害地侈談「仁義」，其效果只能是適得其反。

所以說，「仁」必須與「智」相結合，才能在複雜的社會生活中發揮作用。「仁」並非僅僅是寬厚，更不是懦弱，有時甚至應該表現為大智大勇。如孔子的「知其不可而為之」，就是勇於肩負道義的仁人志士本色。

我想，老子說的「大『道』廢，有仁義」，既是對「無為而治」的大「道」被廢棄的惋惜，也是對沒有真正的「仁義」的失望吧？

第十九章　絕聖棄智，民利百倍

【原文】

絕聖①棄智，民利百倍；絕仁棄義，民復孝慈；絕巧棄利，盜賊無有。此三者以為文②不足，故令有所屬：見素③抱樸④，少私寡欲，絕學⑤無憂。

【注釋】

① 聖：通達，聰明、聖明。
② 文；政治法度。
③ 素：沒有經過織染的絲。
④ 樸：沒有經過雕飾、打磨的材料。
⑤ 絕學：指廢棄聖智仁義的學問。

【譯文】

廢棄通達的智慧和淵博的知識，百姓才會獲得百倍的利益。廢棄仁義，百姓才能恢復孝慈。廢棄巧詐和私利，才會沒有盜賊。這三點，作為政治法度尚不夠，所以還要使百姓知所歸屬。保持純樸，減少私欲，放棄學問，才會沒有憂慮。

【延伸閱讀】

老子是一個不合潮流者。他對當時儒、法、墨諸家的主張，都有微詞。「聖」、「智」是人們所崇仰的天才，「仁」、「義」是人們所讚頌的品德，「絕」、「巧」是人們所欣賞的才能，他都不屑一顧，甚至認為應該「絕棄」。他崇尚的是樸實、無華，提倡的是少私、寡欲。

【名家點評】

純陽子評：

復，反也。以為太上自決之詞。文，文告也。不足，言不足禁之。絕棄聖智，主昏於上矣，故民趨利者百倍。絕棄仁義，主殘於上矣，故民反乎孝慈。巧利者與聖智仁義相悖者也。能絕棄之，盜賊何有？此三者皆非文誥所能感。非謂治民不必以合也，但命令必本於躬行，所繫屬者為要焉。見素則識定，抱樸則神全，少私寡欲則有天下而不與。此恭己無為之化，非聖智之資，居仁由義者不能也。

【名家點評】

李函虛評：

絕，大也，又至也。至聖不用智，風盡敦龐，民多利益矣。至仁不用義，俗盡親睦，民歸孝慈矣。至巧不謀利，謀利者，皆機巧之徒。上無機巧，下無盜賊矣。聖不足於智，仁不足於義，巧不足於利。聖、仁、巧三者，若有質而無文也。渾渾噩噩，一道同風，故使民各有攸屬，亦從其質實而已。見素抱樸，少私寡欲，民之文亦不足也，然而美矣。

老子看問題的視角與眾不同。他之所以要廢棄「聖」、「智」、「仁」、「義」、「巧」、「利」，是因為覺得，如果用這些來治理天下是不夠的。

老子認為立身處世，一定要把握「道」。但他將學習知識和認識「道」、把握「道」分隔開來，作為兩種認識方式來對待。老子的觀點是：學習知識是一個不斷累積的過程，而認識「道」、把握「道」則是一種神祕主義的直觀，既無須感覺經驗，也不靠理性思維。「絕學無憂」，就是他這種認識論的集中反映。魏國王弼在註解《老子》這段話時說：「為學者日益，為道者日損。然則學求益所能，而進其智者也。若將無，欲而足，何求於益；不知而中，何求於進？」這個分析，自有其一定的道理。

老子不太欣賞才華橫溢的人，這與儒家的觀點完全不同。孟子把「尊賢使能，俊傑在位」列為「無敵於天下」的五原則之首；荀子也把「敬賢」、「貴賢」看作王霸之業存亡之道所繫。而老子則提倡樸實無華，希望人們「少私寡欲」。

做到「少私寡欲」，人便正直、不貪。《韓非子・喻老》有這樣的記載：

宋之鄙人得璞玉而獻之子罕，子罕不受。鄙人曰：「此寶也，宜為君子寶，不宜為細人用。」子罕曰：「爾以玉為寶。」是鄙人欲玉，而子罕不欲玉，故曰：「欲不欲，而不貴難得之貨。」

一般來說，人們對美好的東西、貴重的東西，都會產生一種急於想佔有的欲望。一塊美玉放在面前，怎麼不讓人動心呢？子罕沒有開口向人索要，是人家主動送上門來的，照理說收下來也不是什麼了不起的事，但他卻沒有這樣做。他不是不知道這塊玉是寶貝，但他更知道收下美玉，就是一種貪心的反應，而他是將「不貪」當作寶的，怎麼肯因此捨棄這個寶而去要區區一塊玉呢？子罕真正是一個懂得自重自愛的人，是一個像老子所讚賞的「少私寡欲」的人。

每個人都有他追求的東西，而這追求的對象，都是追求者以自己的價值尺度為標準衡量出來的。比如，北宋的呂蒙正，曾三次出任宰相，以敢於直言著稱。當時有個官員家裡藏有一面古鏡，他吹噓此鏡能照見二百里，準備獻給呂蒙正。呂蒙正知道他的用意，便一口回絕道：「我的臉還不如一個盆子大，哪裡用得著照二百里地的大鏡子？」那個官員很尷尬，真正了解了呂蒙正清廉無私、為人正直的品格。

現在是商品經濟的社會，物慾橫流，不少人都擋不住金錢、財物的引誘，因而陷入泥潭，難以自拔。許多曾在戰爭年代中衝鋒陷陣的老將，而今倒在了糖衣炮彈下；有些初出茅廬的小將，亦禁不住物質財富的誘惑而誤入歧途。這使我聯想到明代洪應明在《菜根譚》中的一席話：「人只一念貪私，便銷剛為柔，塞智為昏，變恩為慘，染潔為汙，壞了一生人品。故古人以不貪為寶，所以度得一世。」這真是金玉良言，我們不妨「古為今用」，杜絕貪心，使自己越來越高尚、純潔、樸實。

老子希望人們「見素抱樸，少私寡欲」，因為他深知人的欲望是永無止境的。古人云：「天下熙熙，皆為利來；天下攘攘，皆為利往。」這種說法未必正確，但有些人似乎生來只是為了做利欲的奴隸，在它的驅使下永遠忙忙碌碌。其實，人生如果只為滿足欲望而活著，那麼永遠滿足不了。因為即使滿足了一種欲望，同時就有十種欲望受到壓制，又有百種欲望隨之產生……它們不可能一一得到滿足。

德國哲學家叔本華，曾用希臘神話中的三個故事，來說明人的欲望是無底洞。這三個希臘神話都是人們所熟悉的：

黃元吉評：

天下人物之眾，賢愚貴賤不等，總不外理氣貫通而已。其所以扞格不通，情睽意阻者，皆由上之人無以為感，下之人無以為化耳。古來至聖之君，順自然之道，行無為之政，不好事以喜功，不厭事而廢政，雖有聰明睿智，一齊收入無為國裡，清淨鄉中，使下觀而化，自然親其親，長其長，安其俗，樂其業，無一民不復其性，無一物不遂其生者。此上古之世，人皆敦厚，物亦繁衍，其利不誠百倍哉！若至仁之主，素抱慈善之性、惻怛之心，一以濟人利物為事。浩浩蕩蕩，渾渾淪淪，不言是非，不言曲直，而任天以動，率性以行，自然無黨無偏，歸於大中至正之域。斯民之觀感而化者，為子自孝其親，為父自慈其子。雖有不孝不慈之人，相習成風，旋且與之俱化，此何如隆盛也耶！

第一個故事的主角，是拉皮薩王伊克賽恩，他因迷戀神后而被綁於旋轉不息的巨輪之上；第二個故事的主角，是阿爾歌斯王達瑙斯的十四個女兒，她們被罰於黃泉之中，不停地以篩盛水；第三個故事的主角，是神王宙斯之子坦塔拉斯，他被罰站於下界之湖中，水泡到下巴邊，想喝水，水便退降，想摘果，樹便升高。

第一個神話，說明情欲的虛幻；第二個神話，說明欲望常是竹籃打水一場空；第三個神話，說明意欲的可望而不可即。

我常想，倘若有人為了滿足欲望而勞碌，為了欲望未能滿足而煩惱，就活得太愚蠢、太辛苦、太疲累了。只有窺破利害、少私寡欲、知足常樂的人，才是真正的聰明人，才能活得輕鬆、瀟灑。

第二十章　我獨異於人

【原文】

唯①之與阿，相去幾何？善之與惡，相去若何②？人之所畏，不可不畏。荒③兮，其未央哉！眾人熙熙④，如享太牢⑤，如春登台⑥。我獨泊⑦兮，其未兆⑧；沌沌⑨兮，如嬰兒之未孩⑩；儽儽⑪兮，若無所歸。眾人皆有餘，而我獨若遺⑫。我愚人之心也哉！俗人昭昭⑬，我獨昏昏⑭。俗人察察⑮，我獨悶悶⑯。澹⑰兮其若海，飂⑱兮若無止。眾人皆有以⑲，而我獨頑⑳且鄙。我獨異於人，而貴食母。

【名家點評】

李函虛評：

絕學者，道全德備也。道德全備，何憂之有？以聖人視眾人，猶之唯甚直而阿甚諛。善可愛而惡可惡，不知相去幾許也。聖人無憂，即無畏也。人之所畏者，畏其絕學之難也。豈可畏人之畏，而不求其絕學乎？故曰：「不可畏畏」。

【注釋】

① 唯：指恭敬應諾的聲音。

② 若何：怎樣。這裡同「幾何」，多少。

③ 荒：廣漠遼闊。

④ 熙熙：歡喜、高興的樣子。

⑤ 太牢：古代帝王諸侯祭祀社稷時，牛、羊、豬三牲齊備的筵席。

⑥ 如春登台：就像春天登高遠望一樣（心曠神怡）。

⑦ 泊：淡泊，恬靜。

⑧ 兆：徵兆，跡象。

⑨ 沌沌：形容嬰兒渾沌未分的樣子。

⑩ 孩：同「咳」，嬰兒的笑聲。

⑪ 儽儽：疲累，閒散。

⑫ 遺：缺少，不足。

⑬ 昭昭：清醒，精明。

⑭ 昏昏：昏昧，糊塗。

【名家點評】

震陽子評：

唯是直，阿是曲，荒是大，熙熙是和樂的意思，泊是淡泊，儽儽是活動，沌沌是不識不知。昭昭是昭明，悶悶是昏悶無知。晦是不明，寂是空寂，頑是愚，鄙是陋。

⑮ 察察：明辨事理。

⑯ 悶悶：閉塞。

⑰ 澹：恬靜，安寧、安詳。

⑱ 飂：飄忽不定。

⑲ 以：用，作為。

⑳ 頑：冥頑無知、不開竅。

【譯文】

答應與喝叱，兩者有多少差別呢？善良與兇惡，兩者有多少區別呢？人們所畏懼的，我也不能不畏懼。它們是恍恍惚惚的，顯得漫無邊際！人們都高高興興的樣子，就像在享受帝王舉行的盛大的祭禮，又像在明媚的春光中登上台閣遊玩。只有我卻對這一切都很淡漠，什麼也不關心，如同還不會哭的嬰兒。疲勞而無精打采，就像沒有歸宿那樣。人們都有富餘，而唯獨我好像少了什麼似的。我是愚人的腦袋瓜，愚蠢得很啊！世人都很精明，唯獨我十分糊塗。世人都很清醒，唯獨我蒙昧閉塞。恬靜安寧啊，就像茫茫大海；飄飄忽忽啊，就像沒有目標。人們都有所作為，唯獨我冥頑無能。我與人們的不同之處，就是注重得到萬物之母——「道」。

【延伸閱讀】

在常人的眼裡，聰明與愚蠢、善良與兇惡等，都分得清清楚楚，而老子卻對這一切毫不在意，並認為它們之間並沒多少差別。他所尋求的是「道」——因為它是萬物之母，是一切事物的本源。這種獨特的思維方式，當然要高出常人許多。明代洪應明也是一位智者，深得《老子》精髓，他在所著《菜根譚》中，就有這樣一番妙語：「人人有個大慈悲，維摩屠劊無二心也；處處有種真趣味，金屋茅簷非兩地也。只是欲蔽情封，當面錯過，便咫尺千里矣。」

人們很喜歡用一個詞，叫作「比較」，用以考察兩種或兩種以上事物間的異同。人們用比較來分辨是非、善惡、美醜、優劣、高低等等，還可用比較來勸諫、告誡他人。比如，漢代劉向所著《新序・刺奢》中，便有這樣一個記載：

趙襄子連續五天五夜縱酒狂飲，還得意洋洋地說：「我真是一流酒將，連喝五晝夜酒，一點兒事也沒有。」有個叫莫的優伶聽了此話，應聲說道：「請君還得加把力呢！因為您還不及紂王。紂王連續七天七夜豪飲，您現在才飲了五天五夜，不是比紂王還少兩晝夜嗎？」趙襄子聽出了這個優伶的弦外之音，因為紂王是商朝的亡國之君，荒淫無道，建肉林酒池，舉國皆醉，不知時日，自己怎麼能像他那樣呢？便十分擔憂地問優伶莫：「我會像紂王那樣滅亡嗎？」優伶莫肯定地回答：「不會亡。」趙襄子又問：「我狂飲只差封王兩天，怎麼會不亡呢？」優伶莫回答：「您雖像商紂，但如今天下全都是夏桀一般的人物，堪稱桀、紂並世，絕不至於互相滅亡。」

在這裡，優伶莫將所有醉生夢死的統治者，都看成不是夏桀，就是商紂，沒有什麼差別。這種比較，點出了在人民頭上作威作福的統治者的共性：搜刮民脂民膏，自己用以揮霍，又害怕自取滅亡。

司馬遷在《史記・殷本紀》中評述：

帝紂資辨捷疾……知足以距諫，言足以飾非，矜人臣以能，高天下為聲，以為皆出己之下，好酒淫樂。

看來，紂王除了殘暴、荒淫的一面，也有聰明、能幹的一面。所以他不同於一般的亡國昏君，而是一個自負的暴君。他根本不懂治國之「道」，最終身敗名裂，為歷史所唾棄。

想想歷史，看看現實，我們不能不欽佩老子的高明：他

【名家點評】

黃元吉評：

聖人造詣極高，稱為絕學。純是一腔生意，融融泄泄，無慮無思。《詩》曰：「上帝臨汝，毋二爾心。」以故素位而行，一任窮通得喪，無入而不自得，故曰「無憂」。此等境界，以常人不學無術者較之，殆不啻天淵之別，然亦所隔不遠焉。如應聲然，同一應也，唯者之直與阿者之諛，應猶是也。

與眾人的不同之處，就是不去追求表象的聰明、清醒，而是注重得到萬物之母——「道」。

第二十一章　孔德之容，唯道是從

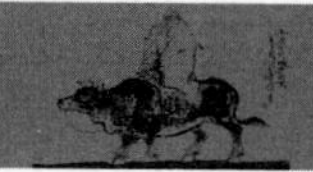

【原文】

孔①德之容②，唯道是從。道之為物，唯恍唯惚③。惚兮恍兮，其中有象④；恍兮惚兮，其中有物。窈⑤兮冥⑥兮，其中有精⑦；其精甚真，其中有信⑧。自古及今，其名不去，以閱⑨眾甫。吾何以知眾甫之狀哉？以此。

【注釋】

① 孔：大，能被人所接受的。
② 容：動作，表現。
③ 唯恍唯惚：茫然，不清楚，遇事不知所措。
④ 象：形象，有形的。
⑤ 窈：通「幽」，深遠幽暗。
⑥ 冥：暗昧不明。
⑦ 精：細微的、精細的物質成分。
⑧ 信：可以證實的可信的東西。
⑨ 閱：觀察，認識，審視。

【譯文】

大「德」的表現，只是對「道」的服從。「道」是什麼呢？它恍恍惚惚。惚惚恍恍，其中有形象；恍恍惚惚，其中有物質。深遠幽暗，其中有精氣；這精氣頗為真實，其中有具體內容。從古到今，「道」之名不會消逝，以此證明它是萬物的開端。我怎麼會清楚萬物產生的原因呢？憑的就是這個「道」。

【名家點評】

黃元吉評：

孔德之容，即玄關竅也。古云：「一孔玄關竅，乾坤共合成。中藏神氣穴，名為坎離精。」又曰：「一孔玄關大道門，造鉛結丹此中存。」《契》曰：「此兩孔穴法，金氣亦相胥。」故道曰「玄牝之門」，儒曰：「道義之門」，佛曰：「不二法門」。總之皆孔德之器能容：天地人物，咸生自個中。無非是空是道、非空非道，即空即道。空與道，兩不相離。無空即無道，無道亦無空。故曰：「唯道是從。」欲求道者，舍此空器何從哉？但空而無狀，即屬頑空，學者又從何處採藥結丹？必須虛也而含至實，無也而賅至有，方不為一偏之學。修行人但將萬緣放下，靜養片晌，觀照此竅，惚兮似無，恍兮似有。

【延伸閱讀】

老子以他敏銳的眼光，看到了萬物的本源——「道」。他發現「道」無形不可繫，便有「恍惚」之歎；他覺得「道」深遠不可得，便有「窈冥」之歎。但他畢竟還是能認識「道」、把握「道」，因為他有非同常人的智慧。

老子強調「德」要服從於「道」，從而將「德」與「道」合為一個整體。《道教義樞・道德義》說：「道德一體，而其二義。一而不一，二而不二。」因此可以說，凡是符合「道」的準則的，便是「有德」；凡是違反「道」的準則的，便是「無德」。

《西升經・序》認為：「『道』之在我謂之『德』。」按照「道」的準則，「修之於身，其德乃真；修之於家，其德乃餘；之於鄉，其德乃長；修之於邦，其德乃豐；修之於天下，其德乃普。」道家認為，修身、治家、統治天下，都應該修「道」，從而使「道普德溢」，以達到太平和仁愛。

古時候，「德」字與「得」相通。學「道」而得「道」，就是有「德」。《周易》說：「君子進德修業」，《尚書・盤庚》說：「汝克黜乃心，施實德於民」，則都將「德」看作是「道德」。唐宋以後，「德」又與個人的修煉密切結合。司馬承禎說：「神與道合，謂之得道。」道教認為，眾生都能夠修「道」成仙。並從這個觀念出發，在內丹修煉方面，探尋各種得「道」的捷徑。《上陽子金丹大要》有一篇《道德經轉語》這樣說道：「得與失兮兩不差，形容到了本無侍。真人之德配天地，只在環中非外求。」

古人重視養生之道，而其中最重要的就是品德修養。比如晉代著名學者葛洪，就在《抱朴子・微旨》中強調：

欲求長生者，必欲積善之功，慈心於物，恕己及人，仁逮昆蟲，樂人之吉，憫人之苦，濟人之急，救人之窮，手不

【名家點評】

李函虛評：

孔，空也、大也。至空至大之德器，其中能容妙物，故大道從此入焉。道之為物也，恍惚無定。以言離性，本無象也。乍恍而乍惚，無象者若有象焉。乍惚而乍恍，無物者已有物焉。或謂惚兮恍，是合象韻。恍兮惚，是合物韻。而不知聖人立言，字法顛倒，即寓道法顛倒也。惚兮恍，是性之本象。恍兮惚，是性所種之物、以男下女，交媾成精，一物也，實連二物也。故有象在上句，有物在中句，有精在下句。

傷生，口不勸禍，見人之得如己之得，見人之失如己之失，不自貴，不自譽，不嫉妒勝己，不按餡陰賊，如此乃為有「德」，受福於天。

葛洪的話很有道理。積善立功，必定要常做好事，以社會道德規範約束自己。反之，便是對自己的行為不檢點、不負責，甚至去做壞事。這種修煉必須是積極向上的、有益的、合乎科學原理的。一個道德品格高尚的人，必定心胸開闊，毫無私欲，飲食甜美，寢臥安穩，便能延年益壽。而思想品德不良的人，必定心胸狹窄，損人利己，做了壞事，提心吊膽，自然損性折壽。所以說，要延年益壽，必須身心康寧，修善積德。

有一句大家都熟悉的成語，叫作「德高望重」。「德望」是指人的德性和名望。人們習慣上將「德」按態度區分為「陰德」和「陽德」兩類。所謂「陰德」，是指個人不被他人所知道的德性；所謂「陽德」，是指個人被大家了解的德性。古時提倡「陰德」密惠，「大以及於人，小以及於物，修身積德。」比如《列女傳》記載：

孫叔敖小時候，有一次外出遊玩，路見一條兩頭蛇，便把牠殺了，埋在土裡。回到家中，他看到母親，忍不住哭了。母親問他緣故，孫叔敖說：「我聽說看見兩頭蛇者便會死去，今天我見到了一條兩頭蛇，大概不久就會死了。」母親問：「現在這條蛇在哪裡？」孫叔敖問答：「我怕別人再見到牠，就把這條蛇殺死埋掉了。」母親便笑著說：「你不會死的。有陰德者陽報之，德能夠勝不祥，仁可以除百禍。」

人們常說：「市私恩不如扶公議，結新知不如敦舊好，立榮名不如種陰德，尚奇節不如謹庸行。」可見「陰德」比「榮名」更為重要。通俗地說，就是沒沒無聞地多做好事，

【名家點評】

震陽子評：

一陰一陽之謂道，物得以生謂之德。道常無名，豈可形容？所以神其德。德有方體，同焉皆得，所以顯道，性修反德，德至同於初，故唯道是從。道體至無而用乃妙，有所以為物，然物無非道。恍者，有象之可況。惚者，有數之可推。而所謂有者，疑於無也。故曰道之為物。

不超越「道」的準則。誠如《老子》所云：「孔『德』之容，唯『道』是從。」

第二十二章　天下莫能與之爭

【原文】

「曲[①]則全[②]，枉[③]則直，窪[④]則盈，敝則新，少則得，多則惑[⑤]。」是以聖人抱一為天下式[⑥]。不自見[⑦]，故明；不自是，故彰；不自伐[⑧]，故有功；不自矜[⑨]，故長。夫唯不爭，故天下莫能與之爭。古之所謂曲則全者，豈虛言哉？誠全而歸之。

【注釋】

① 曲：委屈，曲折。
② 全：保全，固守。
③ 枉：屈就。
④ 窪：低凹處。
⑤ 惑：迷惑，使……疑惑。
⑥ 式：法式，模式。
⑦ 自見：炫耀、表現自己；俗稱出風頭。
⑧ 伐：誇耀。
⑨ 矜：驕傲，自大。

【譯文】

「委屈反而能保全，屈就反而能伸直；低凹反而能盈滿，凋敝反而能新生；少要反而能得到，太多反而會迷惑。」聖人因為掌握了這一原則，所以把它作為治理天下的模式。不去自我表現，所以是明智的；不曾自以為是，所以是清醒的；不想自我誇耀，所以才能成功；不敢驕傲自大，所以能夠長進。由於他從不和人爭高低，所以天下誰也爭不

【名家點評】

黃元吉評：

大道之要，必至無而含至有；卻至有而實至無，始為性命雙修之道。蓋以性本無也，無生於有；命實有也，有生於無。若著於虛無，便成頑空；著於實有，又拘名象。縱不流於妄誕不經，亦是一邊之學，究難與大道等。修行人必先萬緣放下，纖塵不染，於一無所有之中，尋出一點生機出來，以為丹本。

過他。古人所說的「曲則全」，難道是隨便說說的嗎？實際上能看得全面的，就是依據這個道理。

【名家點評】

李函虛評：

或問：「古之句復引『曲則全』者，何故？」余曰：此太上引古人治身之語，以起天下之理，故曰「豈虛語哉」？人能敬守一誠，則天下亦必全歸其式也已。

【延伸閱讀】

所謂「正言若反」，就是採用一些樸素辯證法的語言來表達一些概念，從而反映出正與反的矛盾統一。

在中國哲學史上，老子最早提出了否定的原理，這是他對辯證法發展的一大貢獻。老子清醒地看到，萬物雖都由「道」產生，但它們各有特性，並有向相反方向轉化的規律。「道」雖然不能用普通的語言、概念來表達，但也並非完全不能表達。老子認為，要確切地表達「反者道之動」的發展法則，就應該採用「正言若反」的方式。

老子以辯證法分析問題，對事物就能看得透徹。其實，「水滿則溢，月滿則虧」的道理誰都懂，但做起來就不容易了。明知飯吃七分飽為好，但面對滿桌佳餚，就會忘了一切地放開肚皮吃個飽。明知該「得饒人處且饒人」，卻往往又得理不讓人。人通常都有表現欲，這真是一個致命的弱點！韓信被擒，是因為勇略震主；陸機遭殺，是因為才名冠世；霍光慘敗，是因為權傾於朝；石崇身亡，是因為富可敵國……這些名人，都太愛表現自己，這是很不明智的。當他們表現到一定程度時，就會遭到打擊，將成功變為失敗。《菜根譚》說得好：「老來疾病，都是壯時做的；衰時罪孽，都是盛時招的。故持盈履滿，君子尤兢兢焉。」

老子看出，人們愛表現自己，是受好勝心的驅使，所以時時、處處想與人爭個高低，這往往是導致失敗的原因。他認為：「夫唯不爭，故天下莫能與之爭。」這也許是消極的，但又是聰明的、合理的。不爭，不是一事無成，而是不爭一日之長。俗話說：「留得青山在，不怕沒柴燒」，當條件成熟時，就可爭得想要的一切。所謂「規小節者不能成榮名，惡小恥者不能立大功」，說得就是這個道理。如果不能衝破小節的束縛，不能忍受暫時的恥辱，就不能建立功勳，就無法成就大業。

《史記》記載：

春秋時代魯國大將曹沫，三次領兵出戰齊國，三次都失敗了，使得魯國的國土割讓出五百多里。朝野對此議論紛紛，一片指責之聲。曹沫卻鎮靜自若，率領敗兵回國，再與魯桓公商議奪回失去的國土的計畫。後來，齊桓公召集天下諸侯會盟，魯國也參加了。曹沫抓住機會，手持一把利劍，在壇台上抵住齊桓公的心口。他沒有把齊桓公當人質要脅，而是正氣凜然，侃侃陳辭，諸侯為之動容。結果，三次戰敗失去的土地，一下子全部被要了回來。曹沫當時所表現出來的大智大勇，不僅震懾住了「霸主」齊桓公，同時也震懾住了在場所有的人。他們在驚駭之餘，又不得不對他的行動表示讚歎。

曹沫有過三戰三敗的記錄，這對於一個上將來說，不能不承認是個恥辱。如果他因為有這恥辱而自暴自棄，為守名節而拔劍自裁，那麼在歷史上，他還是個敗軍之將。這樣一死，雖可以謝國人，卻完不成護國安邦的任務、未實現收復失土的心願。曹沫的聰明，在於不爭一日之長短，從長計議，所謂「君子報仇，十年未晚」，關鍵時刻，挺身而出，在天下人面前要回了魯國的失土，也挽回了自己的面子，洗去了昔日的恥辱。

我們要記住老子的話，時常想到事物是在發展的，矛盾的對立面是會相互轉化的。「曲則全」的道理，夠我們品味一輩子了。

【名家點評】

純陽子評：

曲則全，中庸所謂曲能有誠也。此句下五句之綱領。文同而義別。枉，屈也。窪，卑溼之處。得，自得也。枉與直、窪與盈、敝與新，極於此則伸於彼。物理之循環不窮者類如斯。守約則能自得，即此可以知彼也。貪多則反，多疑美惡，惡其雜揉也。唯聖人以一貫萬，故可為天下式。其次則必致曲以求全，戒多而取少也。

第二十三章　同於道者，道亦樂得之

【名家點評】

黃元吉評：

雖然，孰是為之？問之天地而天地不知也。夫天地為萬物之主宰，不順其常，尚不能以耐久，況人在天地，如太倉一粟，又豈不行常道而能悠久者乎？故太上論道之源，以無為為宗，自然為用。倘不從事於此，別誇捷徑，另詡神奇，誤矣！試觀學道之士，雖東西南北之遙，聲教各異，然既有志於道，不入邪途，無不吻合無間。行道而有得於心謂之德。

【原文】

希言①自然。故飄風②不終朝，驟雨③不終日。孰為此者？天地。天地尚不能久，而況於人乎？故從事於道者，同於道；德者，同於德；失者，同於失。同於道者，道亦樂得之；同於德者，德亦樂得之；同於失者，失亦樂得之。信不足焉，有不信焉。

【注釋】

① 希言：少說話。

② 飄風：狂風。

③ 驟雨：暴雨。

【譯文】

寡言少語是合乎自然的。所以狂風颳不了一早晨，暴雨下不了一整天。是誰造成這一切的呢？是天地。天地尚且不能長久，又何況人呢？因此，從事於「道」的人與「道」相同，從事於「德」的人與「德」相同，從事於「失」的人與「失」相同。同於「道」的人，「道」也樂於得到；同於「德」的人，「德」也樂於得到；同於「失」的人，「失」也樂於得到。由於忠信不足，所以有不相信的。

【延伸閱讀】

老子認為，宇宙間任何事物，都會發展、變化；但作為宇宙發展原理的「道」，卻是絕對不變的。老子發現，包括天地在內的一切具體事物都不會長久，但作為天象運行規律的「道」，卻是永久存在的。「道」，「獨立而不改，周行而不殆」，它的特性就是永恆不變。相對「道」來說，天地也顯得短暫，更何況人了。

任何具體的事物雖然都不能是永久的，但它們之間的時間距離卻是明顯的。以生物而言，有的生命只有瞬間，有的則可長達成百上千年。同樣的生物，在不同的生態環境中，壽命也大不相同。比如，人類在茹毛飲血的原始時代，活到成年已屬不易；而到了現代化的今天，百歲老人已屢見不鮮。

時間的長短，與人的感覺大有關係。人們都有這樣的體驗：遇到喜慶日子，時間過得飛快；逢上災厄困苦，彷彿度日如年。可以這麼說：時間的快與慢，在你的一念之中；天地的寬與窄，在你的寸心之間。與一位良師益友談話，不是勝讀十年書嗎？在一間斗室裡做學問、做發明，不是把世界也容納於胸了嗎？

然而，人生畢竟是短暫的，誰也不能否認這一點。因此，做人要認真，不要像一把鉛刀，只有一割之能，就扭曲了、破口了，再也沒有銳氣了。人生應該像一把利劍，可能有暫時之拙，但一定要銳不可當，即使被誤作錐子之用，該出力時也要出力，以顯示其鋒芒。做人還要脫俗，無須媚人，無須趨時。入境固然要隨俗，但用不著仰人鼻息；意識固然不能落後於時代，但用不著處處趕時髦。

因為人生短暫，做人應該要瀟灑。瀟灑，並非要你燈紅酒綠、及時行樂。瀟灑應該是一種圓融，瀟灑應該是一種自信。瀟灑的人眼中沒有悲哀，瀟灑的人心中沒有傷感。同樣的事情，從這個角度看是壞事，從另一個角度看則是好事，就看你怎樣去看。

據說從前有位老太太，生來多愁善感。天晴她流淚，

【名家點評】

李函虛評：

希言，無聲也，又無為也。入道者，無為、自然為宗。無為則泰定，自然則恆漸。否則如飄風驟雨，雖天地之所為，亦不能久矣。況於人乎？故凡從事道途者，修德性道，均皆自然，乃能與道德為一。失即無為也，無為而為，自得無為之事。道也、德也、失也，俱樂此自然無為也。信行不足，必有不信自然者在其先也。

【名家點評】

純陽子評：

樂，音洛，夫道不貴多言，為言有盡而道無窮也。飄風驟雨，喻其不久道統萬物而言。德則人之體道於身者也。失謂失意。三者憂樂同人，故人亦信之。結二句反言以明之。若己信不足，人亦不信之，尚口乃窮者也。

天雨她哭泣，一年三百六十五天，幾乎天天以淚洗面，沒有高興的時候，所以人們就稱她為「哭婆」。一天，有位高僧見到她又在哭，就問道：「大嬸，你為什麼每天哭個不停呢？」她告訴高僧：「我有兩個女兒，大女兒嫁予賣鞋的為妻，小女兒嫁予賣傘的為妻。」高僧插話道：「這不是很好嗎？」「哭婆」不滿地瞪了高僧一眼，說道：「虧你說『好』呢！遇上晴天，小女兒店鋪中的傘就賣不出去了；遇上雨天，大女兒店鋪中的鞋就沒有買主了。這不讓我犯愁嗎？」高僧這才知道她每天哭泣的原因，便開導「哭婆」道：「大嬸，你一點也別愁，只要反過來想想：遇到晴天，大女兒的鞋鋪就生意興隆；遇到雨天，小女兒的傘店就顧客臨門。這不是很好嗎？」「哭婆」經高僧一開導，不禁喜上眉梢，笑嘻嘻地說：「哎喲，確實是這樣，我怎麼就沒想到呢？」從此以後，這位老太太天晴也笑，天雨也笑，再也沒有人叫她「哭婆」了。

同樣一樁事情，由於視角不同，就會引發不同的感歎，看出不同的結局。老太太每天哭，因為她覺得晴也不好，雨也不好，都不利於女兒家的生意。高僧並沒有給她面授妙計，只是替她調整了一下視角，她便破涕為笑，覺得晴也好，雨也好，都有利於女兒家的生意。

《老子》關於「天地尚不能久，而況於人乎」的論述，就是要人們卸下包袱，瀟灑走一回。當然，人有富貴貧賤之分，但都免不了一死。富貴的人，享了一輩子福，彌留之際，被一個「戀」字所繫，所以特別痛苦；貧賤的人，受了一輩子苦，死到臨頭，被一個「厭」字啟發，因而覺得輕鬆。想到這一點，就該丟掉貪戀，隨遇而安了。

第二十四章　自見者不明

【原文】

企①者不立；跨②者不行；自見③者不明；自是者不彰；自伐者無功；自矜者不長。其在道也，曰：餘食④贅行⑤。物或惡之，故有道者不處。

【注釋】

① 企：踮起腳尖。
② 跨：邁開雙腿、闊步而行。
③ 自見：自我表現。
④ 餘食：很豐盛的宴席。
⑤ 贅行：畸形。行，通「形」。

【譯文】

踮起腳尖是站不穩的，跨步前進是走不遠的；自我表現是不明智的，自以為是是不清醒的；自我誇耀是不會成功的，驕傲自大是不會長進的。這些按「道」的準則來說，叫作「多餘的食物、贅疵畸形。」應當厭惡它。所以有「道」的人不這樣做。

【延伸閱讀】

老子是個大智者，但他不想表現自己，也勸告世人不要太愛表現自己。顯山露水，出盡風頭，難免後患無窮。盛筵雖好，多餘了就全沒什麼意義；功勞再大，多講了就會令人厭煩。真正聰明的人，不會張揚自己的才能，不會吹噓自己的功績。「人怕出名豬怕壯」，這是人人都懂的道理。盛名

【名家點評】

黃元吉評：

前云希言自然，非若世之蚩蚩蠢蠢，頑空以為無為，放曠以為自然者比。其殆本大中至正之道，準天理人情，循聖功王道，操存省察，返本還原，以上合乎天命，故無為而無不為，自然而無不然也。《易》曰「窮理盡性，以至於命」，殆其人歟？過則病，不及亦病。《書》曰「無偏無黨，王道蕩蕩」是也。即如人之立也，原有常不易。企者，兩足支也。《詩》曰「企予望之」，以之望人，則可高瞻遠矚，若欲久立，其可得乎？

之下要韜晦，才能不開嫉妒之門；成功之後要謙虛，方可免走紛爭之路。

按照老子的觀點，越是「春風得意」之時，越要韜光養晦，以免被人妒嫉、猜疑乃至怨恨。

春秋時代，孫叔敖很得楚莊王的信任，三次出任楚國令尹，權力很大。有一天，狐丘地方的一位老者問他：「你是否知道，別人對你有三種怨恨情緒？」孫叔敖說：「我不知人們怨恨我什麼，請您多多指教。」那位老者告訴他：「你的爵位高了，那些尚未顯貴的士子就妒嫉你；你的官職大了，君主就會疑心提防你；你的俸祿豐厚了，想沾你光的人就會對你有怨言。」孫叔敖感謝老者的提醒，並對他說：「我有辦法平息這三種怨恨情緒：爵位越高，我的態度就越是謙恭卑順；官職越大，我就越發小心謹慎用權；俸祿越豐厚，我施給別人的財物就越多。」

【名家點評】

李函虛評：

企，望也。跨，趨也。企則首仰，不能久立。跨則足病，不能久行。自見自是，自矜自伐，皆是不信自然之輩，終無所成者也。以此論行道之法，有如吃飯太飽，走路太多，必不能做功夫。比之於犬，過飽則病。比之於牛，過勞則困。故曰：物或惡之也。而況於人乎？故有道者不處此也。

孫叔敖正是用這三種方法，處理好了有關的人際關係，平息了人們的怨恨情緒。

孫叔敖沒有因為爵位高而目空一切，沒有因為官職大而濫用權力，沒有因為俸祿豐厚而看不起窮人。正因為孫叔敖從來不表現自己的才能，不炫耀自己的榮寵，不吹嘘自己的政績，所以能夠善始善終，身後還得到好評。

人之所以好表現自己，往往是為了求一個虛名。有的人雖然浪得虛名，卻並無真才實學。有的人為求虛名而喪命，有的人為求虛名而亡國。這種教訓，歷史上並不罕見。

戰國時期的燕王噲，就是為了求取虛名而亡國喪命的。他耳朵根軟，被人奉承幾句，就飄飄然了。當時有個叫子之的大臣，迎合他的口味，受到寵信，一直做到相國，權力越來越大。到了後來，子之乾脆獨斷國事，拉攏一些大臣，專為自己說話。這幫大臣奉子之之命是從，還勸燕王噲把國君的權力讓給子之。有個叫鹿毛壽的人，以上古聖人堯為例來勸說燕王噲。他對燕王噲說：「堯之所以被尊為聖人，就因為他曾將天下讓給許由，而許由卻不肯接受，但堯卻有了禪讓帝位的美名，其實他仍然執有天下。所以說，大王如果把王位讓給子之，子之也是不敢接受的，這樣大王就可以享有堯一樣的聖名了。」燕王噲聽信了鹿毛壽的話，把國家託付給子之，而子之卻沒有謙讓，毫不客氣地全盤接受了。

後來，又有人以上古聖人禹為例來勸說燕王噲。他對燕王噲說：「大王要吸取禹的教訓啊！禹開始將權力交給益，只讓自己的兒子啟做益的下屬。到了晚年，禹將國家大權傳給了益，但啟和他的同夥卻擁有實力，奪取了益手中的國家大權。現在燕國的大臣，大多是太子的人，這實際上是讓太子掌權。」燕王噲聽了這話，就把三百石以上俸祿的大臣印信，全都收上來交給了子之。於是，子之就迫不及待地南面稱王，執掌國政，要燕王噲稱臣了。

子之執政三年，國內矛盾日益尖銳，燕國大亂。這時，齊軍趁其內亂入侵，燕王噲則於戰亂中死去。燕國一蹶不振，差點就滅亡了。

仿效古代聖人，讓位於有德之士，這本是一件好事。但燕王噲的目的只是求個虛名，根本沒有去考察讓位對象的德操、能力，所以不僅沒有治理好國家，自己還賠上了身家性命。

好求虛名之病，不僅帝王將相身上有，尋常百姓也常有這種毛病。《笑府選》中有一則笑話，就很典型地揭示出人們好名的劣根性：

一家父子僮僕專說大話，每每以朝廷名聲自呼。一日，友人來望，其父外出，遇其長子，曰：「父王駕出了。」問

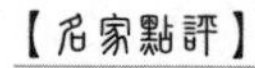

純陽子評：

企，去智切。跨，苦故切。惡，去聲。企，舉踵而望。跨，垂足而坐。以喻為其事而無其具也。餘食、餘棄之食。贅行，贅疣之行。自滿假者視道為無用，徒見惡於物，有道者豈為之乎。

及令堂，次子又曰：「娘娘在後花園飲宴。」友見說話僭分，含怒而去。途遇其父，乃以其子之言告之。父曰：「是誰說的？」僕在後曰：「這是太子與庶子說的。」其友愈惱，扭僕便打，其父忙勸曰：「卿家不惱，看寡人面上。」

好名的人，必然自以為是、自吹自擂。愛出風頭，難免招來禍端。所以，越是出名，越要檢點自己的言行，不要授人以把柄；越是富貴，越要寬厚待人，不要讓人有怨恨。不要顯露富貴和斂藏聰明同樣重要，炫耀功績與引火焚身同樣愚蠢。

第二十五章　道法自然

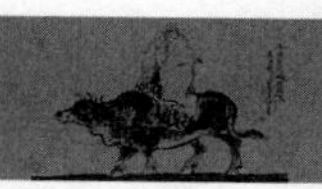

【原文】

有物混成①，先天地生。寂②兮寥③兮，獨立不改，周行④而不殆，可以為天下母。吾不知其名，故強字⑤之曰道，強⑥為之名曰大⑦。大曰逝⑧，逝曰遠⑨，遠曰反⑩。故道大，天大，地大，人亦大⑪。域中有四大，而人居其一焉。人法地，地法天，天法道，道法自然。

【名家點評】

黃元吉評：

夫天至高也，以高而可名；地至厚也，以厚而可名。唯此無極之極，不神之神，無聲無臭，無象無形，而於穆不已。吾亦不知其所名，唯字之曰道。以道為天地群生共同之路，公共之端。道可包天地，天地不能包道。道可育群生，群生不能育道。以其浩浩淵淵，靡有窮極，強名之曰大。大哉道乎！

【注釋】

① 混成：渾然天成。

② 寂：寂靜無聲。

③ 寥：無形。

④ 周行：天體運行的規律。

⑤ 字：用作動詞，取字。

⑥ 強：勉強。

⑦ 大：指「道」的範圍。

⑧ 逝：：指「道」運行的方式。

⑨ 遠：指「道」的邊際。

⑩ 反：返璞歸真。

⑪ 人：原作「王」，下句「而王居其一焉」，「王」字一併作「人」。

【譯文】

有一種渾然一體不可分割的東西，在天地形成之前就存在了。它寂靜得沒有一點聲音，空虛得沒有一點形體，獨立存在而永不改變，循環不息而永不疲勞，可以作為天下萬

【名家點評】

李函虛評：

無道不知天，天大也。無天不覆地，地大也。無地不載王，王亦大也。王居其一，一人首眾人也。王為人主，不離乎人。人在地上，故法地。地在天下，故法天。天在道內，故法道。道莫妙於自然，故法自然。

物的根源。我不知道它的名稱，把它叫作「道」，勉強給它取個名字叫「大」。「大」能夠運行不止，運行不止就廣闊遼遠，廣闊遼遠就返歸本源。所以說，「道」大，天大，地大，人也大。宇宙中有四大，而人就是其中之一。人效法地，地效法天，天效法「道」，「道」效法「自然」。

【延伸閱讀】

老子主張「道法自然」，這個「自然」，指的是天然，也就是自然而然，沒有人為的成分。要達到這一步，人必須效法地，地必須效法天，天必須效法「道」，而「道」必須效法「自然」。老子認為，君主應當按自然法則行事。之所以要這樣做，是因為地、天、「道」都是無私無欲的，都是「自然」的。效法「道」，效法「自然」，便能「無為而治」。

效法天地也好，效法「道」也好，效法「自然」也好，説的都是一個道理，就是要按自然規律辦事，不能違反自然法則。不然的話，便會受到自然的懲罰。古代寓言中「揠苗助長」的人，想要秧苗一下子長高，結果適得其反，秧苗全都枯死了。「大躍進」時代，人們異想天開要畝產上萬斤、十萬斤，結果弄虛作假，惹得老天作怒，連續三年自然災害，有些地方顆粒無收——這都是不按自然規律辦事，自然對人的懲罰。

按自然規律辦事，並不是向自然屈服，而是要找出戰勝自然的辦法。比如，面對自然災害，古人的防禦、抗擊能力不強，遇到災荒，往往就束手無策。這時，會出現物價飛漲、人心浮動的局勢，許多災民只能離鄉背井去逃荒。在這種情況下，地方官吏一般只能開倉放賑，用府庫中的糧食來賑濟饑餓的百姓。這樣做，只是暫時緩和一下災民的饑餓狀況，並不能根本解決災荒帶來的問題。

宋孝宗乾道四年（西元1168年），天公不作美，到處鬧饑荒。按照慣例，遇到災荒，地方官吏可以請求借糧放賑。這時，朱熹便向州府借了常平米六百石。他不像其他官吏那樣直接去放賑，而是將這批糧食借給災民，並訂立合約，借了糧食後，等到下季糧食收穫時，再加利息一起償還。合約規定：百姓如在夏季缺糧，可以從官府糧倉裡借糧，秋收後加上利息還給官府，這糧食仍放在糧倉裡；如果還是欠收，就減免一半利息；如果遇上大災，就全部免去利息。借糧的百姓認為這個辦法好，合情合理，都願按這個規定辦。十四年後，朱熹不僅還掉了原先向州府所借的六百石糧食，而且還使當地的官倉貯備了三千一百石糧食。手中有了這批糧食，朱熹就設立義倉，逢災年百姓來借糧，便不用再加利息了。

朱熹的這個「義倉法」，雖然不是直接去抵禦自然災害，但卻收到了度過災年的良好效果。因為這樣做，百姓在災年也不愁沒有糧食吃。而對於官府來說，不用遇到災荒開倉放賑，既省事省力，又不增加額外開支，還得了民心，受到百姓的頌揚。

朱熹將放賑改為借糧給百姓，這其實是他抵禦自然災害的關鍵。放賑與借糧有什麼區別呢？放賑是由官府拿出一部分貯備糧分給災民，這批糧食是收不回來的；而且，如果受災面廣，或連年災荒，官府就會不堪負擔。而借糧卻不僅可以收回，而且還有利息，能使原來有限的貯備糧越滾越多。從短期來看，老百姓向官府借糧不如從官府白白拿賑糧實惠；但從長期看，借糧有利於百姓平穩地度過欠收或災荒之年。有了義倉，可以平抑物價，防止奸商囤積居奇，百姓心裡踏實了，能夠安心致力於生產。

實行義倉法是朱熹十分顯著的一大政績，而且行之有

【名家點評】

純陽子評：

法地之含宏光大，品物咸亨，則道無不濟矣。地承天而時行，天本道為運化，道體無為，故極乎自然之。致此又承上四大之說而推論之，以明凡人皆可崇效，卑法而體道也。

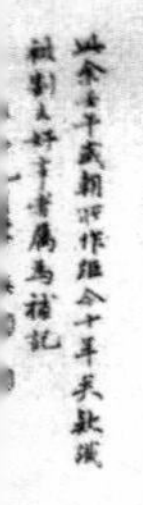

效，所以被不少官吏所仿效，紛紛設起義倉以備荒年之用。這既是一種利民政策，也是吏治長久之法。說到底，我們處理每一樁事，都要按自然規律去辦。但自然規律是一種客觀存在，需要我們去發現、總結。朱熹正是在吸取歷來放賑利弊的經驗上，推出義倉法的。而義倉法的實行，確實有利於順利度過災荒之年。

第二十六章　重為輕根，靜為躁君

【原文】

重為輕根，靜為躁君①。是以聖人終日行不離輜（ㄗ）重②。雖有榮觀③，燕處④超然⑤。奈何萬乘（ㄕㄥˋ）之主⑥，而以身輕天下？輕則失根，躁則失君。

【注釋】

① 君：主宰，掌控。

② 輜重：古代載睡具衣食等生活用品的車子。

③ 榮觀：繁華的景觀。

④ 燕處：安居的地方。

⑤ 超然：漫不經心，超乎物外。

⑥ 萬乘之主：在古代一車四馬為一乘。萬乘之主指擁有萬乘兵車的大國國君。

【譯文】

穩重是輕浮的根基，清靜是急躁的主宰。所以聖人終日出行，不遠離載有生活用品的車子。雖有華麗的生活享受，卻安居泰然超乎物外。為什麼大國的國君還輕率躁動以治天下呢？輕率就會失去根本，急躁就會失去君位。

【延伸閱讀】

在老子的眼裡，五光十色的繽紛世界，最終都要回到其根本之處，即復歸於「道」。這個「道」，是平靜的，是產生「動」（即萬物）的根源，所以說「靜為躁君」。從「靜」到「動」，再從「動」到「靜」，世界就是這樣不停

【名家點評】

黃元吉評：

人欲修大道，成金仙，歷億萬年而不壞，下手之初，不可不得其根本。根本為何？即玄關竅也。夫修真煉道，非止一端，豈區區玄關妙竅可盡其蘊哉？蓋天有天根，物有物蒂，人有人源，斷未有無始基而能成絕大之功、不朽之業者。試觀天地未開以前，固闃寂無聞也；既辟而後，又浩蕩無極矣。

地循環往復。

老子清醒地認識到，任何東西，輕不能載重，小不能鎮大；不行者使行，不動者制動。

老子之所以要強調「輕則失本，躁則失君」，是因為輕不鎮重，「失本」就會喪身，「失君」就會失去對天下的控制。「失本」加上「失君」，也就是亡國喪身，將國家政權拱手送人了。

【名家點評】

李函虛評：

重者，水也。輕者，火也。水中生火，故以重為輕之根。靜者，定也。躁者，慧也。定中使慧，故以靜為躁之君。

「失本」、「失君」的嚴重性顯而易見，但怎樣才會「失本」、「失君」呢？也許是酒色享受，也許是玩物喪志，也許是殺人如麻，也許是不理朝政……這些都可能導致江山的傾覆。所以，當帝王有這些傾向時，有責任感的大臣會直言進諫，而善拍馬屁的小人卻會投其所好。

宋代王讜編撰的《唐語林》中，即有一段極精彩的對比描寫：

太宗得鷂子俊異，私自臂之，望見魏公，乃藏於懷。公知之，遂前白事，因話自古帝王逸豫，微以為諷。上惜鷂子恐死，而又素嚴憚徵，欲盡其言，徵語愈久，鷂竟死懷中。

太宗止一樹下，頗嘉之。宇文士及從而頌美之，不容於口。帝正色曰：「魏徵常勸我遠佞人，我不悟佞人為誰，竟疑汝而未明也，今乃果然。」士及叩頭謝曰：「南衙群官，面折廷爭，陛下堂不能舉首。今臣幸在左右，若不少順從，陛下雖貴為天子，亦何聊乎？」意復解。

唐太宗李世民是唐王朝真正的奠基者和創業人。范文瀾《中國通史》評述：「納諫和用人是唐太宗取得政治成就的兩個主要原因。」唐太宗要做一個明主，真是很不容易。他喜歡一隻鷂子，居然不敢讓魏徵知道，恐怕這位老臣批評自己玩物喪志，只得把鷂子藏在懷中，結果活活悶死了。他雖然失去了自己的一件心愛之物，卻贏得了「從諫如流」的美名。

俗話說：「千錯萬錯，馬屁不錯。」唐太宗雖為一代英主，但也吃馬屁。當他看到宇文士及一副媚態時，就譏諷他阿諛奉承。而宇文士及臉皮頗厚，且巧舌如簧，點破唐太宗常被群臣責難抬不起頭的尷尬，從而說明自己拍馬屁是分工不同，可以使皇帝身心輕鬆，感覺到當天子的威風。

智者老子啊！你看透了古往今來帝王將相、聖人賢者貌似謙虛冷靜、實則自大急躁的真相。所以在《老子》中，對這種情形分析得多麼清晰，對統治者的患得患失提醒得多麼及時。有人因此批評老子，說他給統治者出謀劃策，算不上真正的隱士。而統治者也不領他這份情，責怪他目光太深邃，把別人心中的祕密都看透了，還抖出來給天下人都知道。但老子卻從來是任人評說，不加辯白，不加解釋，不肯輕易多開口。他認為，多說違背「自然」。所以，莊子評價老子，超乎於「仁」、「智」之上。連聖人孔子，都自歎弗如。

文學大師林語堂有一段「想像中的孔老會談」的描寫：

孔子見到老子。老子剛剛沐浴完畢，正在讓自然的風和陽光吹曬乾披散的頭髮。他那木然直立的神情，看起來就像乾屍，非常怕人。孔子在老子休息好後進去「問道」。出來後孔子說：「我到現在才看見龍啊！龍的精神相合就成妙體，跡散便成彩雲，乘雲氣便能配合陰陽。看到這種情形，我只有張口結舌的份兒，還能說些什麼呢？」子貢說：「這麼說來，真有人能夠做到：靜止時像屍體，動時如神龍，說話時如雷霆，沉默時若深淵，行動時又若天地般不可測度嗎？我該再來拜訪他呀！」

子貢描述的，只是老子的表象。真正的老子，不是理想的聖人，不是傲物的怪人，而是一個得「道」者——一個懂得自然法則的平靜的人。

【名家點評】

純陽子評：

燕、乘，俱去聲。此示人以持重守靜之功也。根，本君主也。

第二十七章　善行無轍跡

【名家點評】

黃元吉評：

無轍跡，不拘成跡而合於時中。不用籌策，不逆不億而自然先覺。善閉，謂凝神養氣。不弛其閒。善結，謂抱一守中。綿綿不息。此五者修道之實功。聖人之能事也。

【原文】

善行，無轍跡①；善言，無瑕謫②；善數③，不用籌策④；善閉，無關楗（ㄐㄧㄢˋ）⑤而不可開；善結，無繩約⑥而不可解。是以聖人常善救人，故無棄人；常善救物，故無棄物。是謂襲明。故善人者，不善人之師；不善人者，善人之資⑦。不貴其師，不愛其資，雖智大迷，是謂要妙。

【注釋】

① 轍跡：車輪輾過泥地留下的痕跡。

② 瑕謫：缺點，毛病，錯誤；指說錯話。謫，同讁，過錯的意思。

③ 數：計算，計量。

④ 籌策：計數用的竹片、小木棍等物。

⑤ 關楗：門閂。

⑥ 繩約：用繩縛東西。

⑦ 資：借鑑，參考。

【譯文】

善於行走的人，不留行跡；善於說話的人，不會失言；善於計算的人，不用籌碼；善於關門的人，不用閂而又打不開；善於捆縛的人，不用繩索而又解不開。聖人經常善於挽救人，所以從不拋棄人；經常善於挽救物，所以從不拋棄物。這就叫做超越一般人的高明。所以善人是不善人的老師，不善人是善人的借鑑。如果不尊重他的老師，不珍惜他的借鑑，雖然自以為聰明，卻是個糊塗人。這就是妙理。

【評述】

老子反覆強調順應自然，這是他全部理論的出發點。順自然而行，不造不始，所以能達到目的而不留痕跡；順自然而言，不別不析，所以能達到目的而沒有漏洞。人們有善與不善之分，言行有善與不善之別。「故善人者，不善人之師；不善人者，善人之資。」善人可以成為不善人的老師，而不善人也可以成為善人的借鑑。「師」與「資」是一對矛盾，這對矛盾組成一個統一體，要求人們從「正」、「反」兩方面接受「善」與「不善」的教育。

老子所說的道理，屢被歷史所印證。

春秋時代，齊桓公一心想稱霸天下，連年用兵，遇到了嚴重的財政困難。怎樣來解決財政問題呢？他想到的辦法，就是增加稅收，將國家的經濟負擔轉嫁到老百姓頭上。這樣做的結果可想而知，百姓必然苦不堪言，怨聲載道。所以，相國管仲竭力反對制訂這一政策。齊桓公問：「徵收房屋稅行嗎？」管仲說：「不行，這樣會使已建成的房屋日趨損毀。」齊桓公又問：「如果徵收牲畜稅呢？」管仲說：「也不行，這樣會使百姓濫殺牲畜。」齊桓公再問：「徵收人頭稅總可以吧？」管仲說：「還是不行，這樣會使人們隱瞞戶口。」齊桓公沒好氣地說：「這也不行，那也不行，那徵什麼稅好呢？」管仲解釋道：「光靠徵收稅來解決財政困難，是難以成功的，因為每種稅都會帶來副作用。」正當齊桓公要洩氣時，管仲提出了「官山海」的方法。所謂「官山海」，指的是管山海。山海管什麼呢？當時山主要產鐵，海主要產鹽。

鹽鐵的生產，有一定的場地和數量，而且是生活和生產的必需品。管山海，就是管鹽鐵的專賣。管仲指出，只要實行鹽鐵專賣，就可解決財政困難。因為誰也少不了鹽，「十

【名家點評】

李函虛評：

無轍跡者，自然之河車，有則存想搬運矣。無瑕謫者，自然之祖述，有則違悖宗旨矣。不用籌者，自然之火候，用籌則拘泥爻策矣。不可開者，自然之內禁，可開則假閉耳目矣。不可解者，自然之凝聚，可解則勉強撮合矣。是以聖人守自然之常善，立己立人，人皆可重。

【名家點評】

純陽子評：

聖人之心，只求諸己，不求諸人。其施之於事物也，無為不通，隨在皆當，內無歉於己，外無惡於人。《易》所謂「時止則止，時行則行，動靜不失其時，其道光明」，殆斯人歟？其於行也，時而可行，行之而已。前不見其所來，後不見其所往，抑何轍跡之俱無哉！其行之善有如此。其於言也，時當可言，言之而已。內不見辱於己，外不貽羞於人，如何瑕謫之悉化哉！其言之善有如此。至於物之當計，事之宜籌，揆之以理，度之以情，順理而施，如情而止，宜多則多，當少則少，何須籌策之勞！

口之家，十口食鹽；百口之家，百口食鹽」。至於鐵的生產，當時已由塊煉轉向鑄鐵，並廣泛地應用於鑄造農具和砍伐工具。西周時期，鹽鐵均為民營，國家只徵收山海稅和關市稅，鹽鐵的贏利大部分為私商所得。管仲提出將這兩項商品的經營權收歸國有，實行專賣，就是將私商的利益轉移到國庫之中。這樣做，不同於向百姓徵收其他的稅收，牽涉面不廣而獲益巨大。

管仲雖將鹽鐵的經營權收歸國有，但國家只是控制流通環節，即負責購與銷，生產還是由私商負責，也讓他們獲得一部分利益。這樣一來，經營鹽鐵的私商也不便反對這一政策，而國家的財政收入卻大大增加了。

管仲的富國強民政策，為齊桓公稱霸天下，打下了堅固的經濟基礎。

從管仲理財富國的經驗可見，《老子》所說的「善行，無轍跡」真是對極了。管仲善於生財、聚財、理財，但卻做得心平氣和、不露聲色。既不增加百姓的負擔，也不損害國家的利益。即使將鹽鐵的經營權收歸了國有，但還是考慮保護私商的利益，讓他們有生產積極性。

每個朝代，都會遇到經濟問題。怎樣制訂經濟政策，關係到國計民生及天下興亡。中國歷史上，曾有過不少善於理財的經濟學家，如春秋的管仲、漢代的桑弘羊、三國的諸葛亮、唐代的劉晏、宋代的王安石、明代的周忱等，都為經濟的發展作過重大的貢獻。當然，他們既有成功的經驗，也有失敗的教訓，值得今人借鑑。

第二十八章　知其雄，守其雌

【原文】

知其[1]雄，守其雌，為天下溪[2]。為天下溪，常德不離，復歸於嬰兒。知其白，守其黑，為天下式[3]。為天下式，常德不忒[4]，復歸於無極。知其榮，守其辱，為天下谷[5]。為天下谷，常德乃足，復歸於樸。樸散則為器[6]，聖人用之，則為官長[7]，故大制[8]不割[9]。

【注釋】

① 其：在這一章中，共有六個「其」字，都是做代詞用。

② 溪：很小的河流；借指卑下的地位。

③ 式：模式，榜樣。

④ 忒；過失，差錯。

⑤ 谷：山谷，川谷；借指謙虛的態度。

⑥ 器：器具，物品；借指具體事物。

⑦ 官長：泛指最高統治者。

⑧ 制：法制，制度。

⑨ 割：割裂，分裂。

【譯文】

明知什麼是剛強，卻堅守著柔弱，甘願處於卑下的地位。處於卑下的地位，常「德」才不會失去，從而復歸到無知無欲的嬰兒狀態。明知什麼是潔白，卻堅守著烏黑，甘願做天下這樣的典型。做天下這樣的典型，常「德」才不會出錯，從而復歸到「道」的虛無狀態。明知什麼是榮寵，卻

【名家點評】

李函虛評：

一曰雄施雌化。《參同》云：「雄陽播玄施，雌陰統黃化。」是也。知此則能施、能行，守此則能化、能育。雌雄交感，則金藏於水，旋復水生其金。金氣足而潮信至，其勢如漕溪然。倒流逆上，是為天下漕溪之水也。然雖為漕溪之水，而陽火既進，陰符又臨，歸根復命之常德不可離也。故復歸於土釜，以養其胎嬰。

一曰雄歸雌伏。《悟真》云：「雄裡懷雌結聖胎」是也。若論產物之理，陰極陽生，則是雌裡懷雄。若論養物之事，陽極陰生，則是雄裡懷雌。雄裡懷雌者，既得雄歸以合丹，更要雌伏以溫丹也。其勢如溪壑然，自上注下，落於溪中，故守雌之道，即如天下之溪壑，有流有歸。此真常之元德，不可離其地者也。歸於溪，猶之歸於黃庭。復歸於嬰兒，人靜以養聖胎也。

堅守著屈辱，甘願處於低下的地位。處於低下的地位，常「德」就充裕了，從而復歸到「樸」的境界。「樸」能派生出具體事物。聖人掌握了這一規律，就能成為統治者。所以，理想的制度不破壞「道」的完整性。

【名家點評】

黃元吉評：

修煉之道，氣從陽生。運轉河車，行憑子午。到得鉛氣抽盡，汞精已足，是鉛汞會合為一氣，此既得雄歸以合丹，尤要伏雌以養丹。故曰：「知其雄，守其雌。」夫雄，陽也；雌，陰也。陰陽和合，雌雄交感，而金藏於水；復水又生金，金氣足而潮信至，其勢有如溪澗然，自上注下，猶溪澗之所蓄靡窮。

【延伸閱讀】

老子用他那深邃的目光，看到了「物極必反」的規律。歷史上，有過不少弱國戰勝強國、小國戰勝大國的例子。於是，他得出「弱者道之用」的道理，在特定的條件下，「柔弱」可以戰勝「剛強」。而要做到這一點，「柔弱」必須是充滿生氣，而「剛強」則已走向腐朽；此外，必須堅守「柔弱」的地位：「知其雄，守其雌」；「知其白，守其黑」；「知其榮，守其辱」。

歷史上，甘願處於卑下的地位而成大事者不乏其人，最著名的，當推張良了。《史記·留侯世家》記載：

秦末，張良在博浪沙謀刺秦始皇未遂，逃到下邳隱居。有一天，他在鎮東石橋上遇到一位白髮長鬚、手持拐杖、身穿褐色衣服的老人，鞋子掉到了橋下，要他去撿拾。張良覺得很驚訝，甚至想揮拳揍對方，但見他年老體衰，而自己卻年輕力壯，便克制住自己的怒氣，到橋下幫他拾回了鞋。這位老人不僅不道謝，反而大剌剌地伸出腳來說：「替我把鞋穿上！」張良乾脆好人做到底，默不作聲地替他穿上了鞋。張良的恭敬從命，贏得了這位老人「孺子可教」的首肯。又經過幾番考驗，這位老人終於將自己用畢生心血注釋而成的《太公兵法》送予張良。張良得到這本奇書，日夜誦讀研究，後來成為滿腹韜略、智謀超群的漢代開國名臣。

張良克制自己的不快，為老人拾鞋、穿鞋，看上去好像很窩囊，但這並不是軟弱的表現。明知自己比老人身強力壯，而不與老人爭執，處處禮讓，這既表現為對老人的尊重，也表現為自我品格的完善。張良正是在不斷禮讓的過程中，磨礪了意志，增長了智慧，最終成為「運籌帷幄之中，決勝千里之外」的傑出的軍事家、政治家。

老子講述知雄守雌的道理，來形象地說明以柔克剛、以弱勝強的可能性。然而，在具體運用中，卻要善於根據當地、當時的情況，而不能生搬硬套。

戰國時，田單面對強敵，大擺「火牛陣」，製造混亂，迷惑敵人，取得了勝利。南宋紹興元年（西元1131年），水賊邵青作亂，王德帶兵前去討伐，交戰於崇明沙。面對聲勢浩大的官兵，邵青也學田單擺開了「火牛陣」。王德一看便笑道：「此乃古法，可一不可再。他不知變化，必然失敗。」馬上命士兵布好陣勢，張弓搭箭，當邵青火牛一出動就萬箭齊發。牛群被射得掉頭狂奔，邵青反而自亂陣腳，遭到慘敗。

純陽子評：

長，去聲。知，見之明。守，存之固。雄為陽精。雌為陰魄。溪，山水自上下注之所。

其實，類似用「火牛陣」取勝的戰例不少，運用得當，可以扭轉敵強我弱的劣勢。比如：

東晉時，殷浩率軍北伐姚襄，兩軍對壘，兵力卻不如對方。在這種局勢下，諮議參軍江閔就參考「火牛陣」的辦法，組成「火雞陣」破敵。他讓士兵收集了幾百隻雞，用長繩相連，雞爪上綁上火種，群雞驚飛，落在姚襄軍營內，營柵帷帳一片火海，姚襄全軍亂作一團。江閔乘機進攻，大獲全勝。

江閔在敵強我弱的情況下能打勝仗，關鍵是他清醒地認識到敵我雙方的實力，採用正確的戰略戰術，避敵鋒芒，巧用智謀。擺「火雞陣」是受「火牛陣」的啟發，但他又不是盲目襲用。因為如果他也犯了照本宣科的錯誤，一定也要

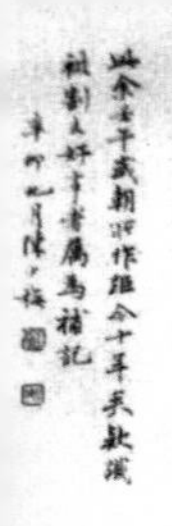

擺「火牛陣」，一下子到哪裡去弄這麼多牛？而因地制宜，擺「火雞陣」，準備工作容易得多，又能收到同樣的效果，這正展現了「順應自然」的智慧。

老子真是千古奇人！他在幾千年前就預言，誰掌握了「道」，誰就能成為統治者，成為勝利者。

第二十九章　天下神器不可為也

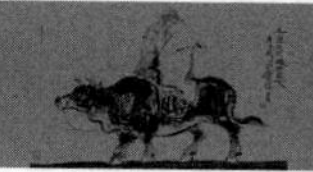

【原文】

將欲取①天下而為②之，吾見其不得已。天下神器③，不可為也。為者敗之，執者失之。故物，或行或隨；或歔④或吹⑤；或強或羸（ㄌㄟˊ）⑥；或載或隳（ㄏㄨㄟ）⑦。是以聖人去甚，去奢，去泰⑧。

【注釋】

① 取：治理，管理。
② 為：很不情願地去做。
③ 神器：神聖的東西，祭祀用的器物。
④ 歔：緩慢呼氣，使之漸暖。
⑤ 吹：急速吐氣，使之快涼。
⑥ 羸：瘦弱。
⑦ 隳：毀壞。
⑧ 泰：太過，過分的。

【譯文】

要想治理天下而勉強去做，我看他是不能達到目的的。天下是神聖的東西，不是隨意能得到的，不是隨意能把持的。硬要這樣做就會失敗，硬要把持它反而會丟失。事物有的走在前，有的跟在後；有的噓暖，有的吹寒；有的強壯，有的羸弱；有的增益，有的毀壞。因此，聖人要去掉過分、去掉奢侈、去掉過度的措施。

【名家點評】

黃元吉評：

修道者亦當不識不知，純任自然，此歷代祖師心印，自開闢以至於今，無可或外者。無如世之異端旁門，反譏吾道為孤修寂煉，卒至頑空無用，我豈不自思哉？將欲取天下而行有為之政，吾見其不為而不得已，愈為而愈不得已也。蓋天下雖大，原有神器為之先。所謂先天大道，希言自然者是。天下為神器之匡廓，神器乃天下之主宰，天下可為而神器不可為也。

【延伸閱讀】

老子看問題總是那麼深刻、那麼透徹。有人雄心勃勃，要統治天下；有人虎視眈眈，要竊取天下。老子便潑冷水：你越是想這樣做，越是達不到目的。因為天下是神聖的，是由萬物共同組成的。萬物以自然為性，所以可因而不可為，可通而不可執。要改變萬物的常性，必然失敗；要阻止萬物的變化，必然落空。天下應該讓聖人所得，由聖人來統治。因為聖人順應自然，尊重萬物，因而不為，順而不施，是「道」的執行者。

【名家點評】

純陽子評：

為紛更妄。作不得已。可已而不已也。神器，言其至重。妄為則反以擾民。拘執則無所變通。二者皆未適中。蓋凡物之理各有所宜。行，自行，隨從人。歔，緩而吹。

歷史上，凡是想霸佔天下的野心家，總是不能如願以償，最後只落得個身敗名裂的下場。比如東漢末年的董卓、民國初年的袁世凱、德國的希特勒、日本的東條英機，古今中外，莫不如是。

要想得到天下，並將天下治理好，必須網羅人才。燕昭王黃金台招賢，便是最著名的例子。

燕昭王在燕國貧弱之際，接受郭槐的建議，拜郭槐為師，為他建造了宮殿，以此表明自己求賢若渴。不久，樂毅從魏國而來，鄒衍從齊國而來，劇辛從趙國而來，落後的燕國一下子便人才濟濟了。從此以後，一個內亂外禍、滿目瘡痍的弱國，逐漸成為一個富裕興旺的強國。接著，燕昭王又興兵報仇，將齊國打得只剩下兩個小城。

要當天下的統治者，還必須有雅量。比如宋太宗，在這方面就表現得很突出。

有一天，宋太宗在北陪園與兩個重臣一起喝酒，邊喝邊聊，他倆喝醉了，竟在皇帝面前相互比起功勞來。他們越比越來勁，乾脆鬥起嘴來，完全忘了在皇帝面前應有的君臣禮節。侍衛在旁看著實在不像話，便奏請宋太宗，要將這兩人抓起來送吏部治罪。宋太宗沒有同意，只是草草撤了酒宴，派人分別把他倆送回了家。次日上午，他倆都從酒醉中醒來，想起昨天的事，惶恐萬分，連忙進宮來請罪。宋太宗看著他們戰戰兢兢的樣子，便輕描淡寫地說：「朕昨天也喝醉了，記不起這件事了。」既不處罰，也不表態，以一句「朕昨天也喝醉了」打發他們。

宋太宗這樣處理，一方面是出於他的仁厚，另一方面也是出於他的睿智。作為主人，請客人喝酒並讓客人喝醉失態，再去治人以不敬之罪，有悖於情理；作為皇帝，明知臣下有越禮之處，不加懲處就赦免了，就會失去天子的尊嚴。面對這兩難的境地，宋太宗卻以一句「朕昨天也喝醉了」搪塞過去，既照顧了這兩位大臣，也為自己解了圍。

宋太宗沒有懲罰這兩位大臣，這兩位大臣以後如何，不得而知，想必再在皇帝面前喝酒，一定會小心謹慎，至少不敢喝醉了。類似這樣的事例，歷史上還可以舉出一些，比如楚莊王的「絕纓大會」，就可說是表現君主器量非凡的經典事例。

楚莊王有一次設晚宴招待群臣，忽然蠟燭燃盡了，有一個人趁暗中混亂，拉扯勸酒的王妃衣袖，結果被王妃扯掉了帽纓。楚莊王聽了王妃的申訴，沒有去追查拉王妃衣袖的人，而且為了令這個人有台階可下，楚莊王讓群臣趁蠟燭尚未點燃，肇事者身分不明之時，全部摘去帽纓，從而保全了這位大臣。後來在楚國進攻鄭國的戰役中，有一位戰將表現甚為突出，楚莊王覺得奇怪，因為自己對他並非十分寵幸，他怎麼會這樣為自己賣命。後來詢問這位戰將，才得知此人就是那位被扯去帽纓者。他十分感激當初楚莊王不追究調戲王妃之事，為了報恩，所以奮不顧身地殺敵，為國效勞。

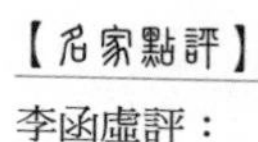

李函虛評：

天下：比身中也。神器：言至重也。先天大道，以自然無為而成。俗人多疑其空寂，故老祖說此以示人曰：「人以無為為空寂哉。」吾將欲取天下而行有為之政，又見有為者之轉多紛擾，轉多設施，無成就而無休息也。夫天下之神器至重，以有為而多事，不如無為之少事也，故不可為也。

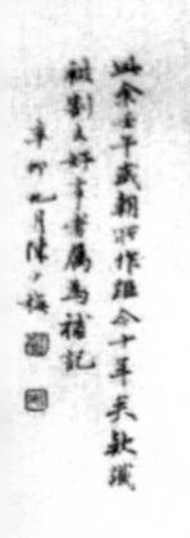

楚莊王以德報怨，那位戰將以德報德，千百年來傳為佳話。其實，以德報怨也是一種駕馭別人的謀略。一般來說，人都有點自知之明，清楚自己所作所為對別人的影響。如有對不起別人之處，難免有點內疚，心態就比較低，一旦得到意想不到的原諒，就會引發感激之情，而隨時有報答之心。

還是老子說得好，聖人應該「去甚、去奢、去泰」，才能治理好天下，順乎民心。反之，一心只想要獨霸天下、奴役人民的人，最終會被天下所拒絕、被人民所唾棄。

第三十章　不以兵強天下

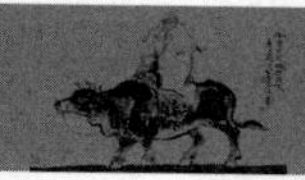

【原文】

以道佐[①]人主者，不以兵強[②]天下。其事好[③]還[④]；師之所處，荊棘生焉。大軍之後，必有凶年。善有果而已，不敢以取強。果而勿矜[⑤]，果而勿伐[⑥]，果而勿驕，果而不得已，果而勿強。物壯則老，是謂不道，不道早已。

【名家點評】

純陽子評：

好，去聲。其事，謂兵事。好還，殺戮必有報也。荊棘生，則井裡蕭條。可知必有凶年，傷天地之和氣所致。

【注釋】

① 佐：輔佐，幫助。
② 強：逞強。
③ 好：很容易做……事。
④ 還：還報，回報。
⑤ 矜：自滿，狂妄。
⑥ 伐：自我誇耀、吹噓。

【譯文】

用「道」來輔助君王，而不要用武力逞強於天下。用武力征服人家，很快就會受到循環報復。戰爭後經常會看到這樣的情形：軍隊經過的地方，長滿了荊棘。殘酷的戰爭之後，必然會遇到嚴重的災荒。善於用兵的人，打了勝仗便適可而止，不敢以武力逞強。勝利了不要狂妄，勝利了不要誇耀，勝利了不要驕傲，因為取勝也是一種不得已，所以勝利了不要逞強。萬物強壯了都會衰老，所以過分追求強壯是不合乎「道」的，不合乎「道」就會加速衰亡。

【延伸閱讀】

老子不是領兵征戰的統帥，但不少論者卻將他的著作看作是一部優秀的兵書。《老子》對軍事作了哲學的概括，又將軍事哲學結合自然界萬物的盛衰規律來考察，從而將這規律運用於社會生活的各個領域。因此，《老子》不同於一般的軍事著作，它以哲學思想總攝全書；《老子》也不同於一般的哲學著作，它的軍事色彩極為濃厚。

在老子生活的春秋時代，有實力的諸侯，大多想稱霸天下，國與國之間的戰爭連續不斷。老子厭惡戰爭，但又不得不談論戰爭。因為在那個時代，人們對戰爭已司空見慣，戰爭幾乎成了當時人們社會生活中的一個重要內容。老子談論戰爭，希望避免戰爭，勸君王盡量不要發動戰爭、參與戰爭，至少減少戰爭給百姓帶來的損失。

【名家點評】

李函虛評：

人主強德不強兵，以道佐人主者，豈可以甲兵強示天下乎？然有出其兵而誇大武功者，即有入其兵而敬修文德者。天下之事，亦多好還也。唯是師到之處，荊棘皆生，覺刺傷之可悲也。

春秋戰國時代的戰爭，往往是大國對小國、強國對弱國的兼併。小國為了保存自己，當遭到大國的攻擊時，就要想方設法搬救兵。當然，有了救兵，可能會轉危為安，也可能同歸於盡，而且使戰爭規模擴大化。然而，請救兵本身，卻需要充滿智慧，需要按「道」的法則行事。

戰國時代，孟嘗君的封地在薛地。有一次，楚國要來攻打薛地，正好齊湣王的女婿淳于髡出使楚國，在回齊國途中路過薛地。孟嘗君親自到郊外迎接，以大禮相待。當淳于髡離開薛地時，孟嘗君又親自歡送，並告訴淳于髡：「楚人就要來攻打這裡了。但您不用為我們擔心，只是以後我就沒法再盡地主之誼接待您了。」淳于髡是個聰明人，他馬上聽出了孟嘗君的弦外之音，就對他說：「我已經理解了您的意思。」淳于髡回到齊國，齊湣王問他：「你這次出使，有什麼見聞、有什麼感想？」淳于髡回答：「這次出使給我留下最深印象的，便是楚人太頑固，薛人太不自量力。」齊湣王一下子聽不懂這話是什麼意思，淳于髡便解釋給他聽：薛人不自量力，為齊湣王的父親齊威王立了宗廟，楚王蠻不講理，要進攻薛地，那麼這一宗廟也難免要遭難了。齊湣王一聽薛人建了先王的宗廟，臉色立刻就柔和了，連忙發兵救薛。

如果孟嘗君直截了當地向齊國討救兵，齊國絕不會出兵，這是因為齊湣王和孟嘗君有過隙。所以，孟嘗君對淳于髡絕口不提借兵之事，淳于髡對齊湣王也絕口不提出兵之事，但對方都意識到了這件事與本身的利益關係，便肯將救薛當作自己的事全力來做了。

當人們將一樁事情處理得比較好的時候，總是在自覺或不自覺地運用「道」。孟嘗君借兵救薛是如此，張良橋下拾鞋是如此，田單大擺「火牛陣」是如此，許多戰略、戰術都與對「道」的理解和運用有關。

戰爭總是會傷人、死人，並帶來嚴重的破壞，無論是正義戰爭還是非正義戰爭，無論是古代戰爭還是現代戰爭，莫不如此。

【名家點評】

黃元吉評：

上古之世，各君其國，各憶其民，熙熙皞皞，共安無事之天；人己渾忘，畛域胥化，又焉有戰爭之事哉？迨共工作亂而征伐起，蚩尤犯上而兵革興。於是文則有玉帛，武則有兵戎；治則用禮樂，亂則用干戈，朝廷所以文武並重也。然有道之君子，達而在上，輔佐熙朝，贊襄郅治，唯以道事人主，不以兵強天下。

第二次世界大戰中，日本法西斯偷襲美國太平洋艦隊基地珍珠港，美軍猝不及防，損失慘重，一下子被擊沉和重創戰列艦八艘、輕巡洋艦六艘、艦隊驅逐艦一艘，損毀飛機約二百七十架，傷亡人員三千四百餘名。日軍從此奪得制海權，並進攻菲律賓、馬來西亞、印尼等地，導致太平洋戰爭全面爆發。美國決定使用原子彈以加速擊敗日本。1945年8月6日凌晨，一顆長十英尺的原子彈從廣島上空落下爆炸，廣島市60%的建築被摧毀，約八萬人喪生，五萬餘人受傷或失蹤，因灼傷或核輻射病不斷死亡者亦近十萬。面對第一顆原子彈爆炸，日本仍拒絕宣布投降。三天以後（9日上午），另一顆直徑為五英尺的原子彈從長崎上空落下爆炸，長崎市中心被夷平，約三萬五千人死亡，受傷者不計其數。次日，舊本御前會議初次表示願意投降。

由此可見，戰爭的性質不同，但其手段都是一樣的，都以殺傷對方來達到取勝的目的。戰爭帶來的災難是顯而易見的。所以《老子》所描述的，戰爭後會出現遍地荊棘、連年災荒的景象，完全是事實。尤其是現代化戰爭、核戰爭，其殺傷力、破壞力之大，是老子當時根本無法想像的。

人類最終要消滅戰爭，維護永久的和平。

第三十一章　兵者不祥之器

【原文】

夫佳兵[①]者不祥之器，物或惡之，故有道者不處。君子居則貴左[②]，用兵則貴右。兵者不祥之器，非君子之器，不得已而用之，恬淡[③]為上。勝而不美，而美之者，是樂殺人。夫樂殺人者，則不可以得志於天下矣。吉事尚左，凶事[④]尚右。偏[⑤]將軍居左，上將軍居右，言以喪禮處之。殺人之眾，以悲哀泣之，戰勝，以喪禮處之。

【名家點評】

黃元吉評：

聖人之治天下也，道德為上，政教次之。至不得已而興征伐之師，備干戈之用，「長子師師」，「弟子輿屍」。為貞為凶，《易》所深戒也。又況逞虎視之雄，奮鷹揚之烈，耀兵革於疆場，肆威武於兵鄙，以侵伐為利用，以爭戰為能事者乎？

【注釋】

① 兵：兵器；引申為戰爭。

② 貴左：以左為貴。

③ 恬淡：安靜清淡，淡漠。

④ 凶事：指喪事。

⑤ 偏：輔佐。

【譯文】

戰爭是不吉祥的東西，人們都厭惡它，因而掌握「道」的人都不願接近它。君子平時以左為貴，打仗時以右為貴。戰爭是不吉祥的東西，不是君子所需要的。不得已的時候才用兵器，對它還是淡漠些好。憑藉兵器打了勝仗，也不要讚美它。如果讚美兵器銳利，就是以殺人為樂了。以殺人為樂者，是不能得到天下的。因此吉事以左為貴，凶事以右為貴；偏將軍站在兵車的左邊，上將軍站在兵車的右邊，是表示用喪禮來對待戰爭。殺人多了，人們以悲哀的心情來對待，用喪禮來對待勝利。

【名家點評】

李函虛評：

佳之為言祥也，佳兵而曰不祥，兵尚可好乎哉？兵之為害也，無物不惡，以其籌策繁而滋擾多耳，有道者豈居此好兵之名乎？是以君子處世，燕居則貴左，左為吉也。用兵則貴右，右為凶也。益以見兵之不祥也。夫兵原非君子之器，然有不得已而用之者，救難為上。

【延伸閱讀】

老子善於談兵，卻對「兵」絕無好感。這個「兵」就是戰爭，會給人類帶來災難、帶來傷亡、帶來毀滅。所以，老子將「兵」看作是「不祥之器」，一而再、再而三地批評它、抨擊它，希望最終消滅它。

戰爭確實是不吉祥的東西，給世界籠罩上陰影，給人類帶來了死亡。以第二次世界大戰為例，這場人類歷史上空前的戰爭，也給人類帶來了空前的災難。日本法西斯的南京大屠殺，納粹德國的鯨吞波蘭，日軍偷襲珍珠港，蘇德會戰史達林格勒，盟軍登陸諾曼地，蘇軍攻克柏林，廣島、長崎原子彈爆炸……這一幅幅血腥、悲壯的歷史畫卷，震撼著人們的心靈。

南京大屠殺是日本帝國主義發動侵華戰爭的最血腥罪證：1937年12月13日，日軍侵佔南京後，在華中方面，軍司令官松井石根和第六師團長谷壽夫的指揮下，對中國的老百姓和失去抵抗的士兵進行長達六週的大屠殺。日軍用繩索捆綁連結百人或數百人以機槍射殺，或用汽油焚燒，或被集體活埋；婦女在光天化日之下被強姦、輪姦，而後用極其殘忍的手段殺害；日軍甚至進行殺人競賽，以炫耀其「武士道」精神。據戰後遠東國際軍事法庭調查報告，中國軍民被集體槍殺和活埋的有十九萬多人，零散被殺居民僅收埋屍體的有十五萬多具，全市三分之一的房屋被焚毀。

納粹集中營是德國法西斯在第二次世界大戰期間，關押、虐待和屠殺反抗人士、戰俘、猶太人和外國公民的場所。1933年3月，首建達豪集中營，以後逐年增加，大戰期間增至三十餘座，另有一千多個拘留站和滅絕站。1941年夏，部分改為滅絕營。1942年3月起，德國改組，歸黨衛隊經濟和行政管理處管轄，改以奴役為主，屠殺略有減少。監禁者分為四類，各在左胸和右褲腿佩帶不同標記；政治犯，即反納粹黨的人士、被開除的納粹黨黨員、破壞外匯管理者、「敵台」收聽者等，均佩戴紅色三角；「低等種族」分子，主要為猶太人和吉普賽人，猶太人佩戴黃色六角星，其中觸犯種族法者佩戴黑邊的綠色或黃色三角，吉普賽人佩戴褐色三角；刑事犯，佩戴綠色三角，內分「有期預防性拘留者」（BV）即有前科累犯者，如「保護性拘留者」（SV）即還在服刑的囚犯；「懶惰分子」，佩戴黑色三角，其中同性戀者佩戴粉紅色三角。外籍人以字母為標記。被囚禁的人數無從統計。估計約有七百萬至一千一百萬人被殺害於集中營。

戰爭的殘酷、無情，使一切有識之士都覺得一定要阻止戰爭、消滅戰爭。所以老子早在二千多年前，就說戰爭是不吉祥的東西，因而掌握「道」的人都不願接近它。

【名家點評】

王夫之評：

與其悲之於後，何如忘之於先；與其以凶禮居功，何如以吉道處無功之地。不能先機，不能擇吉，不能因間以有餘，所謂「彼惡知禮意」者也。

第三十二章　知止可以不殆

【原文】

道常無名。樸[1]，雖小，天下莫能臣也。侯王若能守之，萬物將自賓[2]。天地相合，以降甘露；民莫之令而自均[3]。始制有名，名亦既[4]有，夫亦將知止，知止可以不殆[5]。譬道之在天下，猶川谷之於江海。

【名家點評】

黃元吉評：

彼自陰陽交媾，一點落於黃庭，就當止其所而不遷，安其居而不動，斯大道乃常存也。既知所止，中有主而不易，又奚至生滅而遭危殆之辱耶？可見道散於外，浩渺無垠，渾淪莫測。及斂之於內，混混沌沌，退藏有密。學者苟莫知統宗，無從歸宿，則散而無紀，即立己猶不能，焉能及人？故曰：「道之在天下，猶川谷之於江海。」唯有主歸，所以成其大也。子思謂君子之道費而隱，其即此一本散萬殊，萬殊歸一本之道也。

【注釋】

① 樸：質樸，這是用來指稱「道」的。
② 賓：服從，依附。
③ 均：均勻。
④ 既：已經，既然。
⑤ 殆：險惡，危困。

【譯文】

「道」永遠是沒有名字而質樸的狀態。它雖然幽微，但天下誰也不能駕馭它。君侯如果能掌握它，萬物就會自動地歸順。天地之間陰陽兩氣相合，就會降下甘露。人們沒有去命令它，但自然地分布得很均勻。社會上的各種名分、地位、禮儀是人們制訂的。既然有了名分，君侯就要懂得適可而止。懂得了適可而止，就不會陷於危困。比如「道」為天下人的歸趨，正如江海為山間小溪自然流歸一樣。

【延伸閱讀】

老子希望人們認識「道」、理解「道」；尤其是統治者，要能以「道」來治理天下。「道」無形、無名，怎樣去掌握呢？這就如同古人推崇的「樸」。

魏晉玄學理論的創立者王弼在註解《老子》時，對「樸」有極為周詳的論述：

樸之為物，以無為心也，亦無名。故將得道莫若守樸。夫智者可以能臣也，勇者可以武使也，巧者可以事役也，力者可以重任也。樸之為物，憒然不偏，近於無有，故日莫能臣也。抱樸無為，不以物累其真，不以欲害其神，則物自賓，而道自得也。

春秋戰國時期有些侯王，很有模仿古代聖賢的癖好。他們希望像老子所說的那樣「守樸」，但大多並不純粹是為了治理好國家，而是為了圖虛名。

魏文侯勵精圖治，使魏國開始強盛了起來。有一天，魏文侯大宴群臣。當酒酣耳熱之時，他要臣下一個個對自己作一番評價。於是，有人說魏文侯仁義心腸，有人說魏文侯才智過人，有人說魏文侯治國有方，有人說魏文侯愛民如子……大夫任座卻說：「大王處理事情有失公道。當初打下中山國，沒有將它封給弟弟，而是封給了兒子。」魏文侯一聽這刺耳的話，頓時拉下臉來，氣氛顯得十分緊張。任座見魏文侯不高興了，只得悻悻地離席而去。這時輪到大夫翟黃發言，他機智地說道：「大王真是當今的聖人，是少有的賢君。因為只有賢君才會有直臣。從剛才任座敢於直言不諱地指出大王的缺點，可以看出大王胸襟之開闊和納諫之賢明。」魏文侯聽了大喜，馬上讓翟黃將任座請回來，還親自走下台階迎接任座，把他當上賓相待。

魏文侯畢竟還是有一定的器度的，而且他喜好賢名。翟黃正是利用了他這一點，保全了像任座這樣一位直臣，同時也保全了魏文侯的賢名。翟黃正是運用了《老子》所說的

【名家點評】

李函虛評：

大道無名象，純是一團渾樸。有如無極，樸雖小，然居太極之上，豈可馭而下之乎？侯王守其樸，則大制不割，萬物亦同來賓也。地上乎天，則天地交泰，而甘露下垂，不煩造治而調勻，神氣於此兩平也。氣化為液，初名金液還丹。金液之名既立，夫亦將止於土釜而養之也。知止不殆，唯抱一以虛其心，自然泰定焉。此道也，推之於天下，猶川谷之於江海，而有所歸宿也。

「知止，可以不殆」的道理，來化解君臣之間的一個緊張局面的。如果他保持沉默，魏文侯對任座已有不悅之心；如果他火上加油，魏文侯會更加反感，甚至馬上作出極端的決定。翟黃的智慧，是以魏文侯有喜好賢名之心，來激發他的良知，肯定他的優點，使他感悟自己一時的失態，從而再度表現出「納諫如流」的雅量。

古代有些君王的「賢名」，其實是靠大臣造就的。比如春秋時期當了三十年齊國大臣的晏嬰，就是位著名的政治家。他經常勸齊景公要愛民，但齊景公卻總是擾民。

有一次，齊景公強令許多民工造高台，加重了老百姓的生活負擔，不少人陷於饑寒交迫的境地。正巧晏嬰出使回來，目睹這一情景，馬上去勸齊景公不要造台，齊景公總算同意了。晏嬰卻不急於回家，而是立即趕到工地，催促民工把握工作，稍有懈怠，就以鞭子抽打。百姓私下就說：「這個晏嬰啊，怎麼盡幫著昏君坑害百姓！」晏嬰罵累了、打累了，也就回家了。他剛離開工地，齊景公的傳令官就到了，下令停止施工，民工解散，可以回去和家人團聚了。民工一聽此令，齊聲歡呼，好像遇到大赦一般，高高興興地趕回家去了。

晏嬰這樣做，是故意把「賢名」讓給君王，把「惡名」留給自己。孔子對他大為欣賞，說他既糾正了君王的過失，又使百姓感受到了君王的仁義。

【名家點評】

王夫之評：

因於大始者無名，止於已然者有名。然既有名而能止之，則前名成而後名猶不立，過此以往，仍可為大始。天地，質也；甘露，沖也；升於地而地不居功，降自天而天不終有，是既止以後之自然，且莫令而自均，後天之沖，合於先天，況夫未始有夫有止者乎？

第三十三章　知人者智

【原文】

知①人者智，自知者明。勝人者有力，自勝者強。知足者富，強行者有志。不失其所②者久。死而不亡③者壽。

【注釋】

① 知：知道，熟悉了解。
② 所：處所；引申為適當的位置。
③ 亡：同「忘」，遺忘、丟失。

【譯文】

認識他人就是有智慧，認識自己就是高明。戰勝他人就是有力量，戰勝自己就是強大。知道滿足的人富有。持之以恆的人有堅定的意志。不失去合適位置的人能夠天長地久。死去而不被遺忘的人才是真正的長壽。

【延伸閱讀】

老子是個具有大智慧的聖哲。他精闢地分析了「知人」、「自知」、「勝人」、「自勝」等問題，讓人們去深深地思索：「知人」一定需要有智慧，「自知」就一定有超智慧；「勝人」一定需要有力量，「自勝」就一定有超力量。「知足」便沒有貧困的感覺，怎麼會不富？「強行」是作不懈的努力，必然會達到目的！

老子上述所說的道理，人們從理論上是可以接受的，但在實踐中往往會疏忽。比如以「知人」而言，現代人對古人的認識，往往覺得他們愚昧、落後，忘了現代人正是踩著古

【名家點評】

黃元吉評：

修身之道，不外性命。人欲盡性立命，必先存心養性，保命全形。予以修之煉之，積之累之，則本性長圓，天命在我矣。然欲盡心，必先知性，知得人生之本，純乎天理，不雜人欲，謂之睿智。由此遏欲存理，時時省察，刻刻防閒，務令私欲盡淨，天理流行，洞見本來面目，惺惺不昧，了了常明，即是圓明妙覺。

人的腳印走過來的，現代文明正是古代文明的發展。而且在某些方面，古人所表現出來的聰明才智，現代人實在難望其項背。

西元1798年5月，拿破崙率領三萬大軍浩浩蕩蕩地闖進了埃及，沿著尼羅河南下，妄圖將這個文明古國全部佔領。他們到達達魯克蘇附近時，雄偉的金字塔及一些古建築群出現在他們眼前，時光似乎一下子倒流了幾千年。這批侵略者驚呆了，面對著眼前的一切，情不自禁地放下手中的武器，頭腦呈現一片空白，好像領悟到了什麼，但又說不清楚。拿破崙最為激動，他打破沉寂，站到一個高處，對沉默的軍人們大聲說道：「士兵們，四千年的歷史今天從這些金字塔上面看著你們！」

讓拿破崙和他的士兵們感到震驚的，也許是初次見到金字塔的新奇，也許是金字塔的雄偉，但更是金字塔所散發出的一種內在的磁力——即古人智慧和力量的結晶。這種磁力超越時空，讓人心靈感到震顫。人們在傲然屹立的金字塔面前，覺得一切都顯得渺小、顯得沒有意義了。

金字塔是一座超脫生與死的紀念碑。它牢牢紮根於大地，又竭力與天空觸接，成為連接天地的階梯。胡夫金字塔由230萬塊巨石壘成，每塊巨石重約3噸。古人是怎樣將這些巨石運到建築工地、堆砌成這麼高的呢？胡夫金字塔的方位角十分精確，正北偏西二十三分三十秒，古人是如何測量並在建築中準確把握的呢？胡夫金字塔的高度乘上10億，約相當於地球和太陽之間的距離，即1.5億公里。穿過這座金字塔的子午線，正好把大陸和海洋平分成相等的兩半。這座金字塔的底面積除以兩倍的塔高，剛好是圓周率兀……拿破崙並不了解金字塔的這些特點，已經感到萬分震驚；今人對金字塔了解得越多，就越感到它的神祕。面對金字塔之類古代文

【名家點評】

李函虛評：

知人事者，得妙智。自知其本來者，得圓明。蓋已了性矣。勝人欲者，有定力。自勝其屍賊者，有真強。蓋已了命矣。知足守富，止火養丹。強行有志，面壁九年。一得永得，與地同久。心死神存，與天同壽。

明的象徵，我們不得不讚歎古人的偉大，也不得不承認對古人的認識還很膚淺。

古人在與自然奮戰的同時，更注重戰勝他人，以顯示自己的力量。長眠在金字塔內的古埃及法老是如此，以武力拓展疆土的古印度阿育王是如此，橫掃六合、統一中國的秦始皇也是如此。中國歷史上每次改朝換代，都要先定國號，以顯示新朝的力量。每個皇帝登基後，第一件事便是定年號，以顯示一個新的紀元的開始。這一點，與古埃及的法老曆十分相似。

法老曆符合古埃及人的韻律哲學及對秩序的觀念。在古埃及人的眼裡，萬物從生到滅再復生，不斷地交替循環，法老也是由登基、死去再繼之以新的法老登基。每位法老在位時的所作所為，隨著他的去世而固定在紀年法中。這種紀年法便是一座紀念碑，永遠鐫刻著法老的成敗得失。紀年法是對每位法老的在位作為，所有的一切功過都歸之於他本人。繼位的法老沒有理由為先王的功勞而自傲，也用不著為先王的罪過而背上沉重的包袱。從登基那一天開始，法老的歷史便由自己的所作所為來定奪了。

為了表明法老有異乎常人的力量，古埃及人把法老說成是最高神太陽神之子。每一位法老，作為太陽神的兒子都是平等的，死後都要回歸太陽神所駕駛的船上，回歸途中都要接受檢驗。這種檢驗，其實是對法老在位時功過的評判，以驗證其是否有統治萬民的智慧和力量。

法老也是人，帝王也是人，他們有的名垂千古，有的遺臭萬年，為什麼呢？除了其他各種複雜的因素外，還有最重要的一條，就是老子所說的「知人」、「自知」、「勝人」、「自勝」的道理。

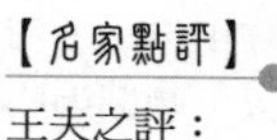

王夫之評：

以氣輔氣，以精輔精，自謂「不失其所」，而終歸於敝，豈但單豹之喪外，張毅之喪內哉？蓋智揣力特以奔其志，有「所」而不能因自然之「所」於無所失也。夫見其精氣之非有餘，可謂之死；而其中之婉如處女縈如流雲者、微妙玄通者未嘗亡也。非真用其微明，以屈伸於沖和之至，若抱而不離者，何足以與於斯哉？故有虞氏之法久，而泰氏之道壽；中士之算長，而有道者之生無極；言此者，以紀重玄之續也。

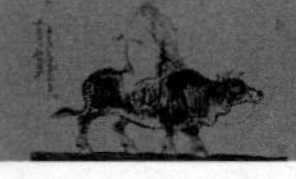

第三十四章　終不自為大，故能成其大

【原文】

大道氾兮，其可左右。萬物恃[1]之而生而不辭；功成而不有。衣[2]養萬物而不為主；常無欲，可名於小。萬物歸[3]焉而不為主，可名為大。以其終不自為大，故能成其大。

【名家點評】

黃元吉評：

聖人之道，何其費而隱哉？夫聖人與道合真，靜則守中抱一，渾同於穆之天。動則因物隨緣，儼寓時行之象。唯天為大，唯聖則之。聖實與天同其大也。然聖終不以為大也。唯不以為大，故能成其大，此所以為大聖人歟？

【注釋】

① 恃：依靠。

② 衣：包，包裹。

③ 歸：歸附，依靠。

【譯文】

「道」是非常廣泛的，到處都有它的存在。萬物依靠它而誕生，而它毫不推辭；成功了不求名，滋養萬物而不主宰它們。它永遠沒有欲望，這可以叫作「小」。萬物歸順於「道」，而「道」並不主宰萬物，這可以叫作「大」。由於它從來不自以為大，所以能真正成為「大」。

【延伸閱讀】

《老子》所說的「道」，因為它看不見，摸不著，因而人們很難體會它的「小」和「大」。如果將「道」人格化，闡述起來也許容易些。比如說，「道」之所以叫作「小」，是因為它永遠沒有欲望。普通人都有欲望，如佛經《大智度論》中有「六欲」之說：一為「色欲」，即見到赤橙黃綠青藍紫及男女等色引起的貪欲；二為「形貌欲」，即見到端容美貌者引起的貪欲；三為「盛儀姿態欲」，即見到行步舉止含笑嬌態引起的愛欲；四為「語言音聲欲」，即聽到巧言美語、適意的聲音、清雅的歌詠等引起的愛欲；五為「細滑欲」，即看到或接觸到男女細軟、滑澤的皮膚引起的貪欲；六為「人相欲」，即見到男女可愛的人相引起的貪欲。按照佛教的說法，「六欲」的存在，是對佛性的威脅，使人難以修得真果。

阿育王是印度古代最有名的君王，他最大的欲望便是一統天下。當他統一全國後，突然厭倦了戰爭，厭倦了武力，一夜之間「大徹大悟」，沒有了任何欲望，一心皈依佛門，侍奉「佛、法、僧」三寶。這時，他的頭銜成了「為神所寵愛的（善見王）」，從而把宗教的權威，抬到比世俗權威更高的地位。這時「無欲」的阿育王，卻成了一代英主。他統治的時期，被稱為印度的「黃金時代」。直至現在，印度三色國旗中的圖案是阿育王輪，國徽也是阿育王柱的四獅一身雕像。

據《阿育王傳》記載，阿育王全心全意奉行佛法，清心寡欲，但他的弟弟善容王卻對佛法頗有異議。

有一天，善容王到山林裡去打獵，看見許多面色蒼白、有氣無力的出家人在這裡修行。他們有的一絲不掛，全身赤裸著曬太陽；有的正在吃草木的嫩葉和枝條；有的在修煉吐氣納氣的功夫；有的故意躺在荊棘之上，讓刺刺入皮膚……善容王及其隨從看得目瞪口呆，想不到世上還有如此苦修之人。善容王上前問一個正躺在荊棘上的出家人：「你這樣修行，什麼時候才能修得神仙之道？」這個滿身都是傷疤而且還流著膿血的出家人回答說：「我現在還修行得不夠。剛才看到林中一群鹿多次在交配，心中就衝動起來，不能自制。所以我還需要更努力地修行。」這個出家人的聲音非常微弱，以至於善容王不得不俯下身去才聽清他在說些什麼。看

【名家點評】

李函虛評：

泛兮其無涯，是可左右逢源，隨人取用。萬物賴道生而道不辭，只運其時行而已，功成不名。有衣被不為主，生成廣被之德。本於無為，故莫能名不為主也。守真常而無欲，小莫破焉，故可名於小也。統會歸而不主，大莫載焉，故可名於大也。唯聖人亦不自形其大，此其所以為大聖人也。

到這些出家人苦修的模樣，善容王便沒有心思去打獵了，帶著隨從懨懨地打道回城。

半路上，善容王看見幾個面色紅潤的行腳僧人匆匆而過，心中就想：那個身體瘦弱、疲憊不堪的出家人，看見鹿群交配還會有淫欲之心，那些佛門弟子每天吃有四方齋供，睡有溫暖的床鋪，坐有柔軟的坐墊，同時又被香煙和鮮花的芬芳薰著，怎麼可能不生出淫欲之心來呢？他把這個想法說給周圍的人聽，大家都表示同意。

善容王的話傳到了阿育王的耳中，他為弟弟對佛門的偏見感到擔憂，便定好了計謀來幫助善容王，使善容王不再有偏見和欲望。阿育王告訴弟弟：「佛說，一個沙門一生中要思慮擔憂三世，死後復生，又要思慮擔憂各種事情三世。如此說來，不論他投生了多少次，經歷了多少世，每一次他都要為各種各樣的事情思慮擔憂，並且還會受苦，還會有不計其數的煩惱。人們正是考慮到做人的這些辛酸苦痛之處才出家當僧人，追求清靜無為，無欲無念，平安度過一生。假如不專心、不勤奮地修煉，那麼還會有痛苦和煩惱的折磨。」聽了阿育王的一番話，善容王頓時醒悟，欲念俱滅，剃度出家，終於修成了羅漢。

寫到這裡，也許有人會疑惑起來，覺得《老子》所云「常無欲」好像難以做到。其實欲望這東西，有點像彈簧，你要將它強壓下去，弄不好反跳起來，會比原來更高。抑制欲望要弄清目的，才會生出悟性。性天澄澈之時，就是饑餐渴飲，也能康濟身心；心地沉濁之人，即便坐禪念佛，也是浪費時間。

【名家點評】

王夫之評：

誰能以生恩天地乎，則誰能以死怨天地。天地者，與物為往來而聊以自壽也。天地且然，而況於道？荒荒乎其未有畔也，脈脈乎其有以通也；故東西無方，功名無繫，賓主無適，己生貴而物生不逆。誠然，則不見可欲，非以窒欲也；迭與為主，非以辭主也。彼亟欲成其大者，惡足以知之。

第三十五章　執大象，天下往

【原文】

執①大象②，天下往。往而不害，安③平太。樂④與餌⑤，過客止。道之出口，淡乎其無味。視之不足見，聽之不足聞，用之不足既⑥。

【注釋】

① 執：掌握，控制。

② 大象：指的是「道」。

③ 安：乃，於是。

④ 樂：音樂。

⑤ 餌：食物。

⑥ 既：窮盡。

【名家點評】

黃元吉評：

何謂大象？即生天生地生人生物之大道。以其無所不包，故曰大象。究何象哉？殆無極而已矣。顧無象為象，究將何所執乎？亦無執為執，斯於道不悖矣。人能常操常存，勿忘勿助，則大象執焉，大道在焉。

【譯文】

誰能駕馭「大象」，天下人就歸順他。歸順他而不受傷害，天下就安寧了。悅耳的音樂和可口的食物，會吸引住過路的行人。但是把「道」講出來，卻顯得平淡無味，看它看不見，聽它聽不到，用它用不盡。

【延伸閱讀】

老子所說的「大象」，意指大而無形的虛象，也就是天象之母。它不冷、不熱、不溫，所以能包統萬物，而不受到任何傷害。如果能掌握它，就不愁天下不歸順於己。老子欣賞「大象」，因為它就是「道」。然而，就是這神奇玄祕的「道」，說出口卻平淡無味，看上去不足以悅目，聽上去不足以娛耳，但它的作用則是無窮極的。確實，「道」太抽象，難以具體描述。然而，生活中的各種利害關係，人們通常都能辨別。

比如，《韓非子・內儲說》舉過這樣一個例子：

董闕于為趙上地守，行石邑山中，見澗深峭如牆，深百仞，因問其旁鄉左右曰：「人嘗有入此者乎？」對曰：「無有。」曰：「嬰兒、癡聾、狂悖之人，嘗有入此者乎？」對曰：「無有。」「牛馬犬彘嘗有入此者乎？」對曰：「無有。」董闕于喟然太息曰：「吾能治矣。使吾治之無赦，猶入澗之必死也，則人莫敢犯也，何為不治哉！」

董闕于很有悟性，從人們不敢入深澗而聯想到人都有避害的本能，因此，只要以死來懲戒世人，就沒有人敢犯罪了。這種說法未免太絕對了，安邦治國畢竟要複雜得多，即使能阻止犯罪，也未必就能出色地管理好國家。但董闕于的話也不無道理，避害之心確實是人人都有。嬰兒及癡呆、瘋癲之人，他們雖然沒有追求自身利益的能力，但也不敢去深澗峭壁之側，因為他們本能地知道避害，本能地會保護自己。從這個角度來說，統治者只要善於駕馭被統治者的避害之心，就能夠要求對方做什麼、不做什麼，讓對方在避害的過程中，不經意地迎合自己的意圖——這也是一種治國之「道」。

《老子》說誰善於駕馭「道」，天下人都會歸順他，而又不受傷害。這是一種統治策略。統治者要想天下太平，主觀上當然不想傷害被統治者，而且往往把被統治者的利害同自己的利害捆在一起，用以激起被統治者為自己效力的積極性。

這種策略，在軍事上屢有運用。如《孫子・九地》中說：「焚舟破釜，若驅群羊而往，驅而來，莫知所之。」這

【名家點評】

李函虛評：

大象者，無可象而象之，故曰大象，仍指大道也。能持大道者，則天下皆往而歸之。往游其宇，恬然淡然，而無所患害，但相安於平泰而已。夫美樂美餌，能使過客停車，以圖一快。然酒闌歌散，終不久留矣。大道則不然，出於口而生津補液，似覺淡然無味者。豈知見聞俱絕？正復取用不窮也。

就是「破釜沉舟」——一種「兵置死地而後生」的謀略。將這種謀略運用得最為出神入化的，當推西楚霸王項羽。

《史記・項羽本紀》記載：「項羽乃悉引兵渡河，皆沉船，破釜甑，燒廬舍，持三日糧，以示士卒必死，無一還心。」項羽這樣做，斷絕了將士們的退路，就使每個人的利害都捆在了一起，全軍上下齊心協力，拚死奮戰，以求一條生路。項羽成功了，將士勇不可擋，最終獲得了勝利。

駕馭「道」其實也是一門藝術，運用於社會生活，可以知己知彼，了解特定對象的心理。這一點，古今中外皆然。

比如，世界上第一家咖啡館叫做「普各伯咖啡屋」，誕生於法國巴黎的聖日耳曼街，店主人來自西西里島的普各比奧。他選擇在這裡開咖啡館，是因它離文人聚集的拉丁區很近，而咖啡館旁就是著名的法蘭西劇院。當時，拉・封丹的一些寓言劇都是在這家劇院首演的。普各比奧把拉・封丹請到咖啡館，這樣一來，不少文人騷客競相光顧這裡，為的就是一睹拉・封丹的風采。每當劇院節目彩排或演出前後，普各伯咖啡屋總是擠滿了演員、作家、詩人、評論家和哲學家等，他們圍繞一齣戲評頭論足，爭論得十分熱烈，使咖啡館的名氣隨之大增。伏爾泰、盧梭、狄德羅等名人都是這裡的常客。

平淡無味的「道」，一旦由高手來「主廚」，就能烹製出一桌「美味佳餚」，令人回味無窮。

【名家點評】

王夫之評：

蛇之制在項，人之制在限。繫其項，則廢其螫；「艮其限」，則「列其夤」矣。其象甚微，制之甚大。故清虛者物之湊，而重濁者物之司也。不棄其司，不奔其湊；於空得實，於實得空；扼其重濁，以致其清虛。嘗試念之：樂作餌熟，則雖有遄行之客，而遊情以止，非以其歸於情耶？

第三十六章　將欲歙之，必固張之

【原文】

將欲歙（ㄒㄧˋ）[1]之，必固[2]張之；將欲弱[3]之，必固強[4]之；將欲廢之，必固與之；將欲奪之，必固與[5]之。是謂微明[6]：柔弱勝剛強。魚不可脫於淵，邦之利器不可以示人。

【名家點評】

純陽子評：

張歙、強弱、廢興、與奪、往復相因。有自然之理勢。燭其幾於未萌。而貞其守於勿懈。唯知微知彰者能之。柔弱勝剛強，所謂不戰而屈人也。利器，國之事權，示人與人。太上此言。為兢意氣而昧知幾者發也。

【注釋】

① 歙：吸氣或透過呼吸吸入，引申為收斂。
② 固：姑且這樣。
③ 弱：削弱。
④ 強：增強，提高。
⑤ 與：給予，賦予。
⑥ 微明：微妙的明智。

【譯文】

將要收斂一對象，必須暫且張大它。將要削弱一對象，必須暫且增強它。將要廢除一對象，必須暫且支援它。將要奪取一對象，必須暫且給予它。這叫做微妙的明智。魚不能離開水，安邦治國的策略不能讓人知道。

【延伸閱讀】

老子是一位偉大的哲學家，同時也是一位傑出的軍事家。他有「柔弱勝剛強」的辯證思想和勇氣，也有一整套克敵制勝的戰略戰術原則。在佈陣對敵時，不妨先讓一步，誘敵深入，伺機予以殲滅——這就是所謂「將欲歙之，必固張之」的後發制人的策略。特別是遇到敵強我弱的局面，更應採取以退為進、以守為攻的策略，逐漸讓敵方陷於盲目被動挨打的境地，然後戰而勝之。

老子在觀察了事物的矛盾、鬥爭後發現，要想除強梁、去暴亂，最佳方案就是以柔克剛、因物之性。這真是一種大智慧，不用費力氣，不用耍手段，因勢利導，順水推舟，輕而易舉地達到自己想要達到的目的。

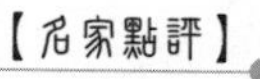

黃元吉評：

天有盈虛消長，人有壽夭窮通，此亦氣數之常。然只可以概凡夫，而不可以律聖人。聖人則有挽回天地之能，扭轉乾坤之德，要不外顛倒陰陽，逆施造化而已。即如時至秋也，萬物將收，而欲歙弱而難整，聖人則有張天地之氣運，強血氣之功能焉。時至冬也，萬物皆廢，而欲槁奪而難生，聖人則有氣象之重興，歲月之我與者。

在古希臘斯巴達統治雅典的第三年，一支一萬多人的希臘軍隊，出征去幫助波斯國王的次子居魯士打仗。不久，居魯士在與兄弟爭奪王位時死去，希臘軍隊失去了打仗的意義，滯留於離巴比倫不遠的一個小鎮附近。高級軍官們在與波斯人談判的過程中，全部中計被害，整個部隊失去了統帥，而四周又有敵軍的包圍。波斯人以為，這樣一來，希臘軍隊必然會自行瓦解。

在這支軍隊中，有一名尚未入伍的年輕辦事員，名叫色諾芬。他在這危急的時刻，動員了下級軍官們開會商議。會上，色諾芬充分發揮自己的演說才能，鼓起了大家的信心和士氣，全體下級軍官一致推選他出來統領部隊。色諾芬知道，希臘人是極難統領的。他們有強烈的個性，自己決定自己的生活方式，自己的行動由自己選擇。軍隊雖有嚴格的紀律，但希臘軍人更服從才能和智慧。一個無能的統帥或指揮失誤的將軍，士兵們會向他投擲石子，拋棄他，自行決定行動方案。

色諾芬深知這一情形，所以他立即召開全體士兵大會，作了更加激昂慷慨的鼓動。其中最激勵人心的，不是突出他的統帥地位，而是突出每一個戰士。色諾芬說道：「他們認為我們的指揮官死了，我們尊敬的老將軍克利亞庫斯死了，我們就會失敗。但我們要他們睜開眼睛看一看，我們每一個人都是將軍。這是他們的功勞，現在不只是一個克利亞庫斯，而是一萬個克利亞庫斯和他們戰鬥。」色諾芬的鼓動，以極為自然而又簡短的方式，把所有的責任和信心，都注入到每個戰士的心中，使得一萬名戰士產生了一股強大的凝聚力，而凝聚力的中心就是色諾芬。次日早晨，他們就踏上了返回希臘的路程。

但希臘軍隊已無法從原路返回，因為所有的道路都被波斯人封鎖了。於是，色諾芬帶領士兵進入人跡罕至的高山峻嶺，到達底格里斯河和幼發拉底河的發源地，與原始部落的蠻族人展開了生死搏鬥。重重困難擺在他們面前：冰天雪地，山高路陡，河深水冷，沒有糧食，沒有冬衣，而且隨時都會遭遇到蠻族人的襲擊。色諾芬清楚，在這種情況下，必須依靠每個人的智慧和力量來共度難關。

【名家點評】

李函虛評：

固，先也。歙，斂也。欲歙固張，散將復斂也。欲弱固強，進將復退也。欲廢固興，榮將復落也。欲奪固與，去將復返也。往來相因，理可見微知著，故曰微明。柔弱勝剛強，不戰而自服也。知魚之不可脫淵，則知道之不離乎身。知器之不可示人，則知道之必由乎己。

有一次，色諾芬騎馬從後衛到前鋒去商量一件事，道路被厚厚的積雪所覆蓋，士兵們步履艱難地前進著。這時，一個士兵對他大聲喊道：「你騎在馬上太輕鬆了！」色諾芬一聽，立刻從馬背上一躍而下，加入了士兵們的行列。

由於色諾芬能以身作則，發揚民主，愛護士兵，採取各種靈活的戰略戰術，戰勝了各種困難和敵人，在四個月中，轉戰二千多英里，終於勝利地回到了希臘。

色諾芬事後總結道：「應該相信，自覺自願的服從始終勝於強迫的服從，應該真正懂得如何才能得到人們的自願服從。只有這樣，他才能得到士兵們的服從。因為他使士兵們深信無疑：他知道得最全面、最正確。正好像一位病人服從一個醫生一樣。同時，他必須吃苦在前，忍受比戰士們更多的苦難，經受更多的嚴寒酷暑的煎熬。」

老子和色諾芬，一個東方的哲人，一個西方的賢才，他們的文化背景、生活環境都不同，但他們的觀點卻有十分相似的地方。尤其是在軍事理論上，他們都有避實就虛、以柔克剛的妙計，更有駕馭他人、統領全局的高招。

第三十七章　道常無為，而無不為

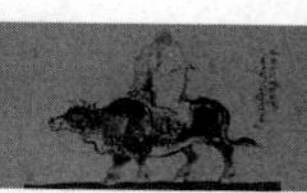

【原文】

道常無為①，而無不為。侯王若能守之，萬物將自化②。化而欲作，吾將鎮③之以無名之樸。無名之樸，夫亦將無欲。不欲以靜，天下將自定。

【注釋】

① 無為：順應自然不妄為、不作為。
② 自化：潛移默化，自然歸順。
③ 鎮：鎮伏。

【譯文】

「道」順應自然而「無為」，萬物無不由此而治。侯王如果能堅守「無為」，萬物就會自然地歸順他。萬物歸順後有欲望發生，我就用沒有名稱的「道」來鎮伏萬物。用沒有名稱的「道」來鎮伏萬物，人們便不會有意見。沒有意見就會平靜，天下就會自然地安定下來。

【延伸閱讀】

老子提倡「無為」，反反覆覆地講述「無為」的意義。他所說的「無為」即自然，以自然產生萬物、推動萬物生長。因為「無為」，萬物也會歸順自然，天下也就太平無事。

「無為」是相對於「有為」而言的，這是老子的一個重要思想，對後世影響甚大。而這一思想不僅產生於東方，在西方也同樣存在。

【名家點評】

純陽子評：

道體無為。而其用至廣。《中庸》所謂「費而隱」也。侯王能守之。則全體大用具矣。物有不化焉者乎。欲作，謂太平久而燕樂。興鎮以無名之樸。而民果返樸還淳。則欲作者亦將不欲。故夫本道化民者。不以一己之欲強民。而天下自正也。

【名家點評】

黃元吉評：

道常無為而無不為。侯王若能守之，萬物皆自化。化而欲作，吾將鎮之以無名之樸。無名之樸，夫亦將不欲。不欲以靜，天下將自定。

如古希臘的阿里斯底波、德謨克利特、阿那克薩哥拉、伊索格拉底、第歐根尼等人，他們在經歷了人生的種種波折後，終於厭棄政治，獨善其身，樂於安靜，避世寂處。阿里斯底波認為，拋棄政治的煩累，才能過好個人的恬適生活。阿那克薩哥拉以一個克拉左美奈人僑民的身分久居雅典，晚年因瀆神之罪被迫離開雅典，也不回故鄉，一生都不參加城邦政治。德謨克利特寧可辭去官職，過閒居生活。伊索格拉底則乾脆宣布，自己終生不擔任官職。

然而，古希臘高爾告亞、普魯塔戈拉、蘇格拉底、柏拉圖、亞里斯多德等人，則持「有為」思想。他們認為，最優良的生活寓於政治活動之中：人生一定要有「善行」而後可以獲致「幸福」，而一切「無為」的人們就沒有「善行」可言。

蘇格拉底曾勸導一心想逃避政治、歸隱山林的阿里斯底波：

神明所賜予人的一切美好的事物，都是需要我們透過辛苦地努力才能夠獲得。你只有向神明虔誠地禱告，你才能獲得神明的寵愛；你只有善待你的朋友，你才能得到朋友的友愛；如果你想在一個城市中獲得榮譽，你就得使這個城市脫離苦難；如果你希冀因你的德性而獲得全希臘的表揚，你就必須向全希臘做出有益的事情；如果你要土地給你帶來豐盛的果實，你就必須耕耘這塊土地；如果你決心想從羊群獲得財富，你就必須好好照管羊群；如果你想透過戰爭來發展、壯大自己，取得力量來解放你的朋友並制服你的敵人，你就必須向那些懂得戰爭的人學會戰爭的藝術，並在實踐中對它們作正確的運用；如果你要使身體強健，你就必須使身體成為心靈的僕人，用勞力出汗來訓練它。

亞里斯多德批評「無為派」將「無為」看得過高，認為「無為」勝於「有為」的觀點是一種謬誤。他指出：善性的見於思想不如善德的見於行事，參與政治是公民的正當生活，所以應該提倡在世不說窮達而應「兼善天下」。無論是城邦的集體生活，還是人們的個別生活，都應以「有為」為最優良的生活。

亞里斯多德進一步指出：所謂「有為」的生活，並不完全像有些人所說的，一定要涉及到人與人之間的相互關係。也不能說人的思想只在指向外物，由此引起他對外物的活動時，才說他正在有所思想。思想如果純粹是為思而思，只自限於它本身而不外向於他物，才是更高級的思想活動。

他還認為，我們當然應該做出各式各樣表現我們意志的行為，但就以這些外觀的活動為證，也充分說明思想為人們行為的先導。而思想既然本身也是一種活動，那麼，在人們專心內修，完全不干預他人時，也是「有為」的生活實踐。因此，獨處而自願與世隔絕的城邦也未必無所作為。

其實，老子的「無為」與古希臘的「無為」雖有相通之處，但差異卻是很大的。他用「無為」來反映自然，用「無為」來表述天道，用「無為」來替代政治。老子的「無為」，使人們在認識自然、認識社會的過程中，多一點冷靜，少一些急躁；多一點清醒，少一些冒進。

「無為」是一種人生態度，也是一種智慧。如果藉口「無為」，無所事事，一籌莫展，那只是懶漢、蠢才。如果藉口「無為」，只顧個人舒適、安逸，不管他人生死、國家存亡，那將會為人們所不齒。

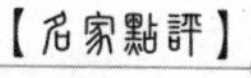

李函虛評：

無為無不為者，無為之為，即是有為。契所謂處中制外、凝神成軀者是也。侯王能守，萬物自化。恭己無為，可治天下。太古之遺風，不可想乎？唯是承平久而動作興，宴樂繁華，非國家之福也。吾將鎮之以渾然之樸，使彼守樸還真，庶幾欲作者不欲作焉。不欲作，則萬物恬靜，不求天下正，而天下將自正也。

第三十八章　大丈夫處其厚，不居其薄

【原文】

上德①不德，是以有德；下德不失德，是以無德。上德無為，而無以為；下德無為，而有以為。上仁為之，而無以為；上義為之，而有以為。上禮②為之，而莫之應，則攘臂③而扔④之。故失道而後德，失德而後仁，失仁而後義，失義而後禮。夫禮者，忠信之薄，而亂之首。前識者，道之華，而愚之始。是以，大丈夫處其厚⑤，不居其薄⑥；處其實，不居其華⑦。故去彼取此。

【注釋】

① 德：德性，如兒童般的淳樸天真。
② 禮：社會規範和道德規範。
③ 攘臂：捲起袖子，伸出胳膊。
④ 扔：引，拉。
⑤ 厚：淳厚。
⑥ 薄：澆薄。
⑦ 華：虛華，表象。

【譯文】

最有「德」的人能認識和掌握「道」，但並不表現為有「德」，所以有「德」；最少「德」的人不能認識和掌握「道」，卻一心要表現有「德」，所以無「德」。最有「德」的人任其自然，無意去作為。最少「德」的人有所作為，是有意去作為的。最講仁愛的人有所作為，卻不是有意去作為的。最講信義的人有所作為，是有意去作為的。

【名家點評】

黃元吉評：

上古之風，渾渾噩噩，一任其天；浩浩淵淵，各安其性；上下無為，君民共樂；忠厚成風，訟爭不起。何世道之敦龐若此乎？皆由安無為之天，率自然之性。一時各老其老、幼其幼、賢其賢、親其親，安耕樂業，食德飲和，不知道德之名，更不聞仁義禮智之說。然而抱樸完貞，任氣機之自動，而天地以同流，儼若不教而化，無為而成，自與道德為一，仁義禮智，不相違焉。夫以道德並言，道為體，德為用。以道德仁義禮智合論，則道德又為體，而仁義禮智又為用。

最講禮儀的人有所作為，但沒有人理睬他，便伸出臂膀強引人們尊敬他。因此，失去了完整的「道」就講「德」，失去了「德」就講「仁」，失去了「仁」就講「義」，失去了「義」就講「禮」。禮是忠信的衰退、大亂的禍首。所謂先知先覺的人，只看到「道」的表面，而這正是愚蠢的開端。因而大丈夫要立身淳厚之處，而不要居於澆薄；要掌握「道」的本質，而不要光看到事物的表象。所以，要捨棄原來不正確的認識方法，吸取這個正確的認識方法。

【延伸閱讀】

老子生活的時代，正是奴隸制向封建制轉化的社會大變革時代。一些沒落的貴族，在翻天覆地的變化中，有的喪失了社會地位，有的被剝奪了經濟特權，有的甚至被「降為皂隸」。所以，他們對這個動盪的社會、變革的社會十分不滿，但又感到無可奈何。然而，他們還有批評的權力、爭鳴的權力。老子的道家學派，就最主要反映了沒落貴族的思想意識。

《老子》既批評法家的革新、變法的理論，又反對儒家要求恢復周禮的主張。認為在當時的歷史條件下，再去恢復周禮，無疑是製造混亂，所以不客氣地指出：「夫禮者，忠信之薄，而亂之首。」《老子》是一部哲學著作，以哲學的高度，來俯瞰各種社會現象，並系統地作出歸納和總結。

老子將「道」、「德」、「仁」、「義」、「禮」依次排了順序，展現了他崇尚「道」而鄙薄「禮」的思想。老子認為，歷史就是這樣的墮落：失「道」而後「德」，失「德」而後「仁」，失「仁」而後「義」，失「義」而後「禮」。所以，只有丟掉仁義和禮治，才能回歸「小國寡民」的理想社會，才能恢復「道」的本來面目。

莊子是一位充滿想像力的大智者，同時也是一位嚴肅的

【名家點評】

李函虛評：

上德之士，不見有德之象，而且有德之量。下德之士，不欲自失其有德之名，而已先成為無德之人。上德不德，守無為也，亦因萬物自化而無以為也。下德不失德，喜有為也，反令群情好動，而有以為也。仁之所為者，親之是也。天下悅服，故亦無以為也。義之所為者，畏之是也，天下震撼，故亦有以為也。然仁，一仁也。義，一義也。至於禮，則朝有因革，野有殊俗，則為之甚難也。欲強而行之，民莫與應，反使攘臂相爭，自仍所從，天下事不將難為乎？

哲學家。他認為，「仁」是一種人理，一種因為人把握不住事理而人為建立的標準和尺度。所以《莊子‧知北遊》指出：

「道」不可致，「德」不可至。「仁」可為也，「義」可虧也，「禮」相偽也。故曰：失「道」而後「德」，失「德」而後「仁」，失「仁」而後「義」，失「義」而後「禮」。

莊子的意思是：「道」是客觀規律，就是「事理」；「德」是「道」的展現，是人在把握了「道」之後的「得」，是人駕馭事理的結果；而「仁」則是人為的，就是「人理」。通常情況下，人們在難以掌握「道」的時候，便去追求「道」的外部體現「德」；當「德」也得不到時，就只好借人為的「仁」來維持人際關係的秩序了。

《韓非子》記載：

魯國權臣季孫氏執政時，孔子的學生子路擔任郈地的首長。子路十分講義氣，有一次國君徵用民工開渠，子路便自掏腰包買了飯菜，請民工們在大街上就餐。孔子聽說後，馬上叫子貢去責備。子路非常氣惱，挽著袖子跑來責問孔子，自己行仁義之道，老師為什麼要派人來責備和搗亂？孔子便教訓他：「你真是不開竅！你知道禮儀嗎？怎麼能只顧行仁義，而越了禮制？愛護百姓應該是國君的事，你根本沒有權利去越俎代庖。」教訓還沒結束，季孫的使臣已經到了，責問孔子為什麼讓弟子中止工程，還給民工們飯吃，是不是想爭奪季孫的臣民？孔子一聽這話，只得登車起程，匆匆離開了魯國。

由此可見，行仁義本是出於一種無奈，是為了維持人際關係，弄不好，就會像子路那樣不合時宜，弄巧成拙。因為是人為的，所以沒有「道」來的自然，沒有「德」來的貼切。然而，不管怎麼說，仁義比起殘暴來，畢竟對百姓有利得多。所以，百姓總是頌揚仁君，反對暴君。

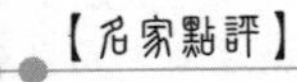

【名家點評】

王夫之評：

虎豹之行，進而前，則不能顧其卻。新木之植，盛其華，則不能固其根。然不能無所前矣，無已，其以樸者前乎！前者犯難，卻者觀變。以犯難者，敦重而不驚；以觀變者，因勢而徐辨。故不以識之銳抵天下之巇。何也？以失主樂取夫美名而昵之，以背眾美之涵也，是德、仁、義、禮之可名而不常者也。故出而逾華，反而逾薄。唯先戒其前者，為能不德而德，無為以為。嚴君平云：「至至而一不存。」豈不存哉？誠無以存之。

第三十九章　至譽無譽

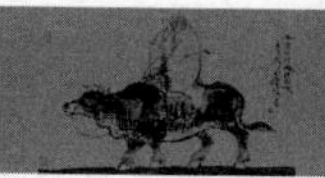

【原文】

昔之得一①者：天得一，以清；地得一，以寧；神得一，以靈；谷②得一，以盈③；萬物得一，以生；侯王得一，以為天下貞。其致之，天無以清，將恐裂；地無以寧，將恐廢；神無以靈，將恐歇；谷無以盈，將恐竭；萬物無以生，將恐滅；侯王無以貴高，將恐蹶。故貴以以賤為本，高以下為基。是以侯王自謂孤、寡、不穀。此非以賤為本邪？非乎？故至譽無譽。不欲琭（ㄌㄨˋ）琭如玉，珞珞如石。

【注釋】

① 一：指「道」的本身；亦指「道」的外化，即宇宙的本體。

② 谷：河谷。

③ 盈：水滿。

④ 廢：崩毀，傾覆。

【譯文】

自古以來，凡能得「一」的：天得「一」便清靜，地得「一」便安寧，神得「一」便靈驗，川穀得「一」便盈滿，侯王得「一」便能做天下的統治者。推而言之，天沒有這種清靜恐怕就要破裂，地沒有這種安寧恐怕就要傾覆，神沒有這種靈驗恐怕就要消失，川谷沒有這種盈滿恐怕就要乾涸，萬物沒有這種滋生恐怕要消滅，侯王不重視自己的高貴地位恐怕就要垮台。因此，貴必須以賤為根本，高必須以下為基礎。所以，侯王自稱「孤」、「寡」、「不穀」。這正是

【名家點評】

黃元吉評：

修士到此地位，一任天下事事物物，無不措之而咸宜，處之而恰當，所謂得一而萬事畢，其信然耶！倘著形著象，紛紛馳逐，與夫七情六欲，身家妻孥，死死牽纏，不肯歇手，則去道遠矣。莫說外物紛紜不可言道，即如存心養性、修道煉丹、進火退符、採取封固，一切名目，皆是虛擬其象，為後之學者立一法程。若其心有絲毫未淨，即為道障。太上所以說致數車無車，不欲琭琭如玉，落落如石焉。夫道只一道，學者又何事他求哉。

「以賤為本」，難道不是這樣嗎？世上最高的稱譽就是沒有稱譽，因為有了稱譽，毀謗也就隨之而來了。所以，不要高貴得像美玉、而要堅硬得像石頭。

【名家點評】

李函虛評：

自古人主謙尊而光，故貴以賤為本，高以下為基。孤、寡、不穀，侯王之自稱，亦甚賤而甚下也。而不知富有四海，貴為天子，玉食萬方者，即凜此孤、寡、不穀而得之也，豈非以賤為本乎？

凡侯王之守其賤，正侯王之守其一也。故由此而推致於物，有如造數車者，轉物車用，以其多而妄駕之，敗盡不覺也。又如玉之琭琭，石之落落，其具眾多之貌者，太上不欲取之矣。

【延伸閱讀】

老子是哲學家，也是語言學家，他的詞彙相當豐富。為了表述「道」這一概念，他使用了許多詞語，其中「一」就是與「道」相當的一個詞語。因為「一」是數字的開始，也是萬物的本源。「一」是事物的開端，也是宇宙的總結。沒有「一」，就沒有成千上萬；沒有一隅，就沒有全局。「一」是對立統一的高度概括，一是聚散離合的集中反映。

歷史上，凡是能「以賤為本」的帝王，通常都能有所作為；反之，不能做到這一點，或是忘了這一點，就往往會荒淫無度，甚至江山難保。

唐代李德裕《次柳氏舊聞》記載：

唐肅宗在當太子時，有一天陪唐玄宗一起進餐。餐桌上擺著各種佳餚，其中有一盤羊腿，唐玄宗就讓太子去割羊肉。太子割完羊肉後，手上都是油污，便順手拿起一張麵餅擦手。唐玄宗眼睛直盯著他看，面上露出了不高興的神色。太子擦完手，慢慢地把餅送到嘴邊，有滋有味地將餅吃了。這時唐玄宗轉怒為喜，對太子說：「人就應該這樣愛惜富貴的福氣。」

唐玄宗貴為天子，卻能愛惜糧食，是很不容易的。卻能愛惜糧食，是很不容易的。當他看到太子以麵餅擦手時，就很惱火，以為太子是在蹧蹋糧食；當又看到太子從容地將擦過手的麵餅吃掉時，便轉怒為喜，認為太子和自己一樣，能「以賤為本」。

唐玄宗後來沉迷女色、重用奸臣那是另外一回事，但在對待太子以麵餅擦手這件事上，他的態度是正確的。

如前所述，「一」還指原始混沌之氣。道教認為、採用「守一」之法，可以得到天地開闢的真諦，不但可以求得自身的長生，而且能夠實現太平之世。《太平經》對「守一」敘之甚詳：

守一者，天神助之。……故頭之「一」者，頂也；七正之「一」者，目也；腹之「一」者，臍也；脈之「一」者，氣也；五臟之「一」者，心也；四肢之「一」者，手足心也；骨之「一」者，脊也；肉之「一」者，腸胃也。能堅守此道意，得道者令人仁，失道者令人貪。

「守一」有「守真一」、「守玄一」及「守三一」等多種方法。《抱朴子》指出：

真一有姓字、長短、服色、耳目，玄一但此見之。

《道樞》則稱真一「在乎氣液」，「煉氣液以生龍虎，合龍虎以成變化，使九還九返，混一歸真」，可得長生之根；稱玄一「與真一同根」，「守玄一復易於守真一」，還能夠得「分形之道」。至於「守三一」，一說即「守三屍」。

《列仙傳》記載：

蘇林修道九百歲，又以涓子為師。涓子以三屍蟲真訣授之，並告誡他：「但守三一，長生不滅；能存三一，名刊玉劄。」

也有人認為，「守三一」就是守三丹田。

《老子想爾注》認為：

「一」者，道也。今在人身何許？守之云何？「一」不

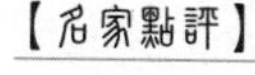

純陽子評：

致，與致之之致同。言推極具至也。數車、璣輪天之所以旋運也。無車，無車之真。形琭琭圭角落落不同羣也。承上文言。致一之道非可泥象滯形。夫至一者。莫如天。天運旋樞。數度無忒。然究其所以然。實唯一氣運行。非實有車之形器也。人唯不能如天之純一。是以執貴賤之形。自高則琭琭如玉。自賤則落落如石。致一者觀天之道。執天之行。不欲如此也。

在人身也，諸附身者悉世間常為伎，非真「道」也；「一」在天地外，人在天地間，但往來人身中耳，都皮裡悉是，非獨一處。「一」散形為氣，聚形為太上老君，常治崑崙，或言虛無，或言自然，或言無名，皆同「一」耳。今佈道誡，教人守誡不違，即為「守一」也；不行其誡，即為「失一」也。世間常偽指五臟以名「一」，瞑目思想，欲以求福，非也，去生遂遠矣。

太平道認為「守一」必須修身，天師道強調「守一」就是「守誡」。這是因為前者重視修煉長生，後者注重齋戒方術。

第四十章　反者，道之動

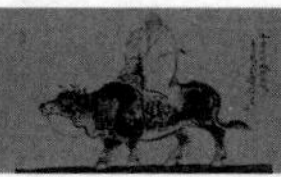

【原文】

反[①]者，「道」之動；弱[②]者，「道」之用。天下萬物生於「有[③]」，「有」生於「無[④]」。

【注釋】

① 反：通「返」，去而復回為返，即循環。

② 弱：柔弱。

③ 有：實；指天地，天地由無形的道產生，而天地是有形體的。

④ 無：虛；指「道」，道是無形體的。

【名家點評】

純陽子評：

反，復也。人知以動為動。而不知反本還元。正道之所以動而無動也。弱，致柔也。人知以強為用。而不知專氣致柔。正道之所以用而不窮也。有者道之跡。無者道之妙。

【譯文】

相反的力量相互作用，促成了道的運動。道可以使柔弱變剛強，亦可以使剛強變柔弱。天下萬事萬物有形有象，有形有象的背後隱藏了它們之間的內在規律。

【延伸閱讀】

這一章雖然只有兩句話，但含義十分豐富、深邃。在這一章老子重申道和德的關係，道無形、無言、無為，不能被我們真正認識，我們認識到的只是道的德性而已，因此可以說道是德的屬性。

「反者，道之動」，意思是說事物運行變化的規律是循環往復的，如果我們善於觀察就會發現，周圍的事物都處於永不停息的運行變化之中，蟬皮掛在枝頭，而蟬卻沒了蹤影，我們四處尋找，樹葉身處傳來蟬的鳴叫，原來牠的翅膀長硬了，躲到密葉深處唱歌去了。然而好景不長，隨著夏天的飛逝，牠的生命走到了盡頭，第二年的夏天蟬聲又起，如此循環往復，永不衰竭。

「弱者，道之用」，意思是說道在發揮的時候，用的是柔弱的方法，它一切順應事物的發展變化，任由萬物自然而然地發生和生長，而絕不強加自己的意志，不去干涉，給萬物足夠的發展生長空間。道孕育了萬物，而不據為己有，不使萬物感到自己的壓迫力量。如果天下的統治者能夠用這種柔弱的手段來治理天下，順應民心民意，自然會得到民眾的擁護和愛戴，自然會擁有大道的力量而永不枯竭。

由此可見，大道的德性就是循環往復和柔弱順應，宇宙萬物由道而生，自然應該合乎大道的德性，才能得以正常生長、發展、運行，一旦違背道的德性就無法得以運作，就會被淘汰出局，這是因為宇宙萬物都由大道孕育而生成，這就是老子開篇所提到的「有，名萬物之母」。而我們必須清楚的是大道的孕育狀態又來自於無的混沌未開的狀態，也即是第一章中老子所說的「無，名天地之始」。無的狀態也就是道的德性了。

【名家點評】

李函虛評：

反，復也。天地冥合，一陽來復，道之初動也。弱，柔也。身心恬靜，專氣致柔，道之妙用也。還丹之事，在乎以乾之有入坤之無，乾種之而坤產之，無中生有，故道生於有，有生於無也。天下萬物，皆是如此。

春秋末年，各諸侯國大權旁落，差不多都發生了內亂。西元前475年，韓、趙、魏三家瓜分了晉國，象徵著戰國時代的開始。列國紛紛稱王，相互爭雄，先後出現了秦、齊、楚、燕、韓、趙、魏七個大國，史稱「戰國七雄」。七個大國中，先是魏國獨霸中原。到戰國中後期，魏國逐漸衰弱，齊、秦成為東西對峙的霸主，夾在其間的各國只求圖存自保。各國在進行戰爭兼併的同時，也很重視外交鬥爭。這就使靠遊說獲取功名利祿的游士、食客有了施展才能的機會。這些人長於權謀、善於辭令，積極為各國君主或出「合縱」之策，或獻「連橫」之謀，成為群王爭雄中的風雲人物。

「合縱」（南北縱列的弱國聯合起來以阻止強國兼併）與「連橫」（東西橫列的國家聯合，即強國迫使弱國幫助它進行兼併）長期對抗，互為消長，推行這兩種路線的人被稱為縱橫家。張儀、蘇秦等人就是戰國時期縱橫家的代表。

張儀（？～西元前310年）是魏國貴族的後代。他不甘於已經敗落的命運，出走列國，遊說諸侯。但他在北方諸國沒有交上好運，便南下去投奔楚國的令尹昭陽。這位楚相見張儀能言善辯，留他在府中當了門客。一次，他們在一起喝酒，昭陽丟了一塊璧，四處尋找，不見蹤影。手下人就說，張儀窮而無行，一定是他偷的，便綁起來打了幾百下。張儀沒做這事，始終不肯招認，只好放了他。張儀回家後，妻子見他遍體鱗傷，抱怨說：「唉，要不是讀書遊說，哪會受這種氣！」他不理，只是說：「快過來瞧瞧，看我的舌頭還在不在？」妻子苦笑說：「到這般田地了，還開玩笑！舌頭是在的。」他說：「那就好。只要舌頭在，你就不用擔心。」經過這次屈辱，張儀發誓要憑他的三寸不爛之舌，去遊說各國，為自已獲取功名，報鞭打之仇。

西元前329年，張儀入秦。他依仗辯才，極力慫恿秦國攻魏，取得了戰果，得到了信任，做了秦相。執政期間又一次攻魏，迫使魏獻上郡15縣。西元前325年，他又幫助秦惠文君稱王，獻「連橫」之策，遊說各國，迫使各國服從秦國。當時齊楚合縱，威脅秦國，張儀又前往楚國，離間齊楚。那時楚相昭陽已死，張儀對楚懷王說：「大王如果聽我的話，和齊國斷交，我就勸秦王獻出商、於之地600里……」懷王昏庸無能，竟聽信了張儀的讒言，派人去齊國辱罵齊王，並與之絕交。齊王氣怒交加，立即和秦結交聯合，共同對楚。當楚使向張儀要商、於600里之地時，張儀佯裝不知，說：「我說奉獻6里地於大王，並沒有說600里地啊！」楚王大怒，發兵攻秦，卻受到齊秦聯軍的東西夾攻，連遭慘敗，只好讓漢中

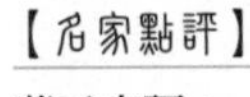

黃元吉評：

大道人人具足，個個圓全，又何待於復哉？不知人自有生以後，氣拘物蔽，知誘情生，斯道之為所汩沒者多矣。苟非內祛諸緣，外祛諸擾，凝神調息，絕慮忘機，安得一陽發生，道氣復返乎？故曰：「反者道之動。」

等地歸入了秦的版圖。張儀推行的連橫政策，對秦國的強大有所幫助，為秦日後的統一奠定了基礎。

秦最終統一了六國，建立了強大一時的秦帝國，但好景不長，沒過幾年，秦朝就滅亡了。人是萬物中的一份子，處於宇宙萬物中就如同滴水藏海一般，是那麼的微不足道。

人們偏偏喜歡誇大自身存在的價值，人類的虛妄致使人類忽略自然規律的存在而恣意妄為，恣意妄為是對大道的公然叛逆，其表現是多方面的，比如任意砍伐森林、任意捕殺野生動物、污染環境、自虐和虐他……人類自認自己的強大和睿智，是不自知的表現，其結果是自我毀滅。人類只有順應自然之道，明曉生死皆自然，短暫的人生不容許我們蹉跎歲月，也不容許我們陷入無謂的紛爭中。

人生一世，草木一秋。生命就如同一次短暫的旅遊，從起點出發最後又復歸於起點，這種循環往復不會以我們的主觀意志為轉移。有生就有死，這是大道的規律，沒有人能夠改變得了，既然無法改變，我們為什麼不能換一種方式對待它呢？順應它就合乎了道的大德，就能活得自然、坦然、悠然。

第四十一章　上士聞道，勤而行之

【原文】

上士[1]聞道，勤[2]而行之；中士聞道，若存若亡；下士聞道，大笑之。不笑不足以為道。故建言有之：明道若昧；進道若退；夷[3]道若纇（ㄌㄟˋ）[4]；上德若谷；大白若辱；廣德若不足；建德若偷[5]；質[6]德若渝[7]；大方無隅[8]；大器晚成；大音希[9]聲；大象無形；道隱[10]無名。夫唯道，善貸[11]且成。

【注釋】

① 士：古代男子的美稱。
② 勤：積極努力。是說上士僅僅能行道，不能發揚道。
③ 夷：平坦。
④ 纇：不平坦。
⑤ 偷：通「輸」，怠惰，懦弱。
⑥ 質：信實，純。
⑦ 渝：變污。
⑧ 隅：邊角。
⑨ 希：同「稀」。稀少，沒有。
⑩ 隱：幽隱不見。
⑪ 貸：施與，產生。

【名家點評】

唐玄宗李隆基評：

了悟故勤行。中士可上可下，故疑。疑則若存若亡。迷而不信，故笑。

【譯文】

資質優秀的人聞「道」後，會勤懇地去實行；資質良好的人聞「道」後，會覺得若有若無；資質一般的人聞「道」後，會一笑置之。不笑，「道」就談不上「道」了。因此

【名家點評】
宋徽宗趙佶評：
士志於道者也，上士聞道，真積力久，至誠不息。中士則有疑心焉。疑心生則用志分，其於道也，一出焉，一入焉。下士則信不足，以守智不足與明也，故笑。夫道無形色聲味之可得，則其去耳目鼻口之所嗜也遠矣。莊子曰大聲不入於俚耳，高言不止於眾人之心。

有這樣的格言：明白的「道」看起來好像很隱晦，前進的「道」看起來好像在倒退，平坦的「道」看起來好像很坎坷。最高的「德」好像低下，最潔白的東西好像污濁，寬廣的「德」好像不足，剛健的「德」好像懦弱，純真的東西好像虛偽。最方正的東西好像沒有稜角，最有才能的人成就得晚，最大的聲音反而沒有聲音，最大的形象反而沒有形體。「道」是隱晦而又不可名狀的。只有「道」才善於產生一切，而且還善於成就一切。

【延伸閱讀】

老子之所以反覆宣揚「道」，評述「道」的偉大、無所不包，是因為他深知「道」不是為一般人所能一下子就理解的。王弼談到「道」之玄妙時說：「在象則為大象，而大象無形；在音則為大音，而大音無聲。物以之成而不見其形，故隱而無名也。」「道」就是這樣玄妙神祕，難以捉摸。

「道」既然善於成就一切，就不會虧待萬物。雖然，有的東西大，有的東西小；有的東西美，有的東西醜——但任何事物都不是十全十美的，各有所長，也各有所短。所以明代葉子奇所撰《草木子》說：「造化無全功，巧其音者拙其羽，豐其實者音其花。」面對造化的遺憾，應該根據每一事物的特點，長則用其所長，短則用其所短。只有真正做到物盡其用、人盡其才，世界才會更美麗。

明代呂柟所著《涇野子》一書中，載有這樣一個故事：

某翁有五個兒子，老大木頭木腦，老二聰明機靈，老三雙目失明，老四彎腰曲背，老五一腿殘瘸。知子莫如父，當父親的對兒子們的生計作了妥善的安排：讓木頭木腦的大兒子種田，面朝黃土背朝天；讓聰明機靈的二兒子經商，精打細算不吃虧；讓雙目失明的三兒子算命，占卜算卦走江湖；

讓彎腰曲背的四兒子搓繩，駝著背做得蠻像樣；讓一腿殘瘸的五兒子織布，穩坐織機不費力。老父死後，五個兒子都能安身立命，一生不愁衣食。

每個人都有缺點、都有弱處，殘疾人的生理缺陷是明顯的，而其心理也許比常人更脆弱得多。然而，這位當父親的很高明，善於揚長避短，能將缺陷化為長處。比如，大兒子呆板，就不會見異思遷，能夠踏踏實實種好田；五兒子腿瘸，就不會東走西跑，在織布機前坐得住，也肯動腦筋織好布。反之，如果讓呆板的老大去經商，讓精明的老二去搓繩，讓瞎眼的老三去織布，讓駝背的老四去種田，讓瘸腿的老五去算命，便會一事無成，使各人抱憾終身。

一個人的優點也好，缺點也好，其實都是一種特點。健康人和殘疾人，都同樣可以根據自己的特點行事。比如保爾・科察金、羅斯福，不是人們公認的英雄嗎？不要為自己的缺陷煩惱，能將它變為長處，那就能成就令人難以想像的功業。

「道」雖然善於成就一切，但只有掌握「道」的人才能獲得成就。「道」是公平的、寬容的，對誰都一樣。適者有為——這是「道」對萬物的告誡，包括人。

【名家點評】

明太祖朱元璋評：

聖人無常心，以百姓之心為心。善者吾善之，不善者吾亦善之，得善矣。信者吾信之，不信者吾亦信之，得信矣。聖人之在天下，歙歙焉為天下渾其心，百姓皆注其耳目，聖人皆孩之。

第四十二章 物或損之而益，或益之而損

【名家點評】

純陽子評：

惡、父俱去聲。沖氣，沖虛無朕之氣。即上文所謂一也。和，調暢之意。王公貴謙下。體沖和以宜民也。損益無常，要歸於沖和為尚。人之所以教人者。太上自言，我亦猶人，唯不失沖和為難耳。強梁與沖和相戾故凶。教父，言教人必以此為先。太上以忍辱慈悲為教，故其言如此。孔子系易，于謙卦三致意焉。而金人、攲器之類示訓諄諄。其不以此歟。

【原文】

道①生一②，一生二③，二生三④，三生萬物。萬物負⑤陰⑥而抱⑦陽⑧，沖氣⑨以為和。人之所惡，唯孤、寡、不穀，而王公以為稱。故物或損之而益，或益之而損。人之所教，我亦教之。「強梁⑩者不得其死！」吾將以為教父。

【注釋】

① 道：宇宙的本源。

② 一：原始的統一體，指混沌之氣。

③ 二：由混沌之氣分出的陰陽兩氣，指天、地。

④ 三：陰陽兩氣相交會和形成的沖氣。

⑤ 負：在背後。

⑥ 陰：陰氣。

⑦ 抱：擁抱，在胸前。

⑧ 陽：陽氣。

⑨ 沖氣：陰陽兩氣相互交沖而形成的一種狀態，即和氣。

⑩ 強梁：疊韻聯綿字，強力，橫行霸道。

【譯文】

「道」產生混沌之氣，由混沌之氣分為陰陽兩氣，由陰陽兩氣結合產生沖氣，由陰氣、陽氣、沖氣共同產生萬物。宇宙萬物都包含有陰氣和陽氣，它們在相互衝動中形成統一。人們所厭惡的是孤、寡、不穀，但王公們卻以此自稱。所以說，事物有時減損它，反而會增益；有時增益它，反而會減損。別人所教給我的，我也照樣去教給人家。橫行霸道的不會有好結果，我將把它當作敬誡的依據。

【延伸閱讀】

老子一直在探索世界是如何形成的，萬物是如何產生的，他終於找到了答案，這就是「道」。而「道」產生天地萬物，也有規律可循：「『道』生『一』，『一』生『二』，『二』生『三』，『三』生萬物。萬物負陰而抱陽，沖氣以為和。」「道」生「一」，即「道」自生，所謂「自本自根，自生自成」；「一」生「二」，即「道」分化為陰陽二氣；「二」生「三」，即陰陽兩氣統一為沖虛之氣；「三」生萬物，即陰氣，陽氣、沖氣三者產生了萬物。因此，宇宙萬物都包含陰陽的對立，在沖虛之中求得統一。

「道」是萬物的本源，《老子》已作了詳盡的論述，老子說萬物都是由「道」產生的，那麼像音樂這樣一門藝術，是不是也產生於「道」呢？

是的，從本質上說，音樂也產生於「道」。當然，音樂的具體演奏及發生、發展，是由人來操作的；但美妙的樂聲，來源於自然之聲——亦即「道」。這一點，古人早有論述。

《呂氏春秋》有這樣一段話：

……音樂之所由來者遠矣：生於度量，本於太一。太一出兩儀，兩儀出陰陽。……萬物所出，造於太一，化為陰陽。萌芽如震，凝沫以形；形體有處，莫不有聲。聲出於和，和出於適。先王定樂，由此而生。……凡樂，天地之和，陰陽之調也。

震陽子評：

有言有一，非二如何，有一有二，遂生乎三，從無之有，數盡乎斯，過此以往，非道之流，故萬物之生，吾知其主，雖有萬形，沖氣一焉。百姓有心，異國殊風，而得一者，王侯主焉。以一為主，一何可舍，愈多愈遠，損則近之，損之至盡，乃得其極。既謂之一，猶乃至三，況本不一而道可近乎，損之而益，豈虛言也。

別看這段話似乎很深奧，其實卻是從唯物主義的觀點出發，闡述了自然的聲音與音樂的關係，認為美好的音樂是中和陰陽所產生的。這不就是所謂「『道』生『一』，『一』生『二』，『二』生『三』，『三』生萬物」嗎？當然，僅僅模仿自然的聲音，還不能成為音樂。音樂作為一門藝術，一定要人去加工、創造。所以，《呂氏春秋》還有下列一番描述：

昔古朱襄氏之治天下也，多風而陽氣蓄積，萬物解散，果實不成，故士達作為五弦瑟，以來陰氣，以定群生。昔葛天氏之樂，三人操牛尾，投足以歌八闋：一曰「載民」，二曰「玄鳥」，三曰「逐草木」，四曰「奮五穀」，五曰「敬天常」，六曰「建帝功」，七曰「依地德」，八曰「總禽獸之極」。……昔黃帝令伶倫作為律。伶倫自大夏之西，乃之阮隃之陰，取竹於嶰峪之谷，以生空竅厚薄均者，斷兩節間，其長三寸九分而吹之，以為黃鐘之宮。……次制十二筒。以之阮隃之下，聽鳳凰之鳴，以別十二律。……黃帝又命伶倫與榮將，鑄十二鐘，以和五音，以施《英》、《韶》，以仲春之月，乙卯之日，日在奎，始奏之，命之曰《咸池》。……帝顓頊好其音，乃令飛龍作樂，效八風之音，命之曰《承雲》，以祭上帝。……帝嚳命咸黑作為聲歌：《九招》、《六列》、《六英》。有倕作為鼙、鼓、鐘、磬，吹笙、管、塤、篪、鞀、椎、鐘。帝嚳乃令人抃，或鼓鼙，擊鐘磬，吹笙，展管篪；因令鳳鳥天翟舞之。……帝堯立，乃命質為樂。質乃效山林、溪谷之音以歌，乃以麋輅冥缶而鼓之，乃拊石擊石，以像上帝玉磬之音，以致舞百獸；瞽叟乃拌五弦之瑟，以為十五弦之瑟，命之曰《大章》，以祭上帝。舜立，命延乃拌瞽叟之所為瑟，益之八弦，以為二十三弦之瑟。帝舜乃令質修《九招》、《六

【名家點評】

李函虛評：

太上論造化，故必以道為始。大道無形，渾然無極。迨其靜中生動，而一乃見焉。一者，水也，在卦為坎。坎居北方，勞卦也。萬物之所以成始而成終者，皆在乎是。成終，則庶匯歸根。成始，則一陽來復。陽即火也，故言水而火在其中，一生二也。水火調勻，陰陽交泰，木情萌動，物類蕃昌，是故二生三，三生萬物也。此統言造化，而丹道亦在其中。

列》、《六英》，以明帝德。禹立，勤勞天下，……於是命皋陶作為《夏籥》、《九成》，以昭其功。殷湯即位，……率六州以討桀罪。功名大成，黔首安寧，湯乃命伊尹作為《大護》，歌《晨露》……

這段記述，將音樂的社會功能推到極致。音樂不僅與其他藝術休戚相關，而且對人們的哲學思想，美學思想，乃至社會生活，都有著巨大的影響。而音樂的來源都是自然之音：黃帝時伶倫聽鳳凰之鳴，以別十二律；顓頊時飛龍效八風之音，製作了《承雲》；唐堯時質效山林、溪谷之音，譜寫了令百獸起舞的歌謠……這些記載雖將音樂罩上神祕的面紗，但對它的源頭卻揭示得一覽無遺。

音樂和萬物一樣，也是產生於「道」、仿效於自然。

第四十三章　至柔至剛

【原文】

天下之至柔[1]，馳騁[2]天下之至堅。無有[3]，入無間[4]；吾是以知無為之有益。不言之教，無為之益，天下希能及之矣。

【名家點評】

唐玄宗李隆基評：

天下之至柔者，正性也。若馳騁世務，染雜塵境，情欲充塞，則為天下之至堅。無有入於無間，吾是以知無為之有益。

【注釋】

① 至柔：最柔弱。

② 馳騁：形容馬的奔跑；引申為穿越、戰勝。做動詞用。

③ 無有：沒有形體，沒有作為。

④ 間：夾縫，間隙。

【譯文】

天下最柔弱的東西，可以戰勝天下最剛強的東西，沒有形體的東西，可以滲入沒有空隙的地方，不用語言的教導，無為而治的好處，天下什麼也及不上。

【延伸閱讀】

老子一再強調柔能克剛，他是有理由的。老子認為，柔弱的東西也能馳騁天下，比如氣無所不入，水無處不至。在老子眼裡，虛無雖然柔弱，但卻無所不通，因其無而不可窮，因其柔而不易折。由此他得出結論：無為是有益的。水就是沒有形體、最柔弱的東西。它高興起來，可以造福人類；它發怒的時候，可以吞沒田野、村莊、城市。水真是能馳騁天下，什麼堅硬的東西都阻擋不了它。因此，人們對水都懷著敬畏之心。尤其在古代農業社會，水利便成了農業的命脈。

西周實行井田制，「井」字形的本身，就意味著水道縱橫。歷代一些想有所作為的地方官，都把興修水利當作自己的一大政績。興修水利不易，保持水利就更難了。

春秋時期，楚國令尹孫叔敖在芍陂一帶修建了一條南北水渠。這條水渠又寬又長，足以灌溉沿渠的萬頃農田。但一到天旱，沿堤的農民就在渠水退去的堤岸邊種植莊稼，有的甚至還把農作物種到了堤中央，等到雨水一多渠水上漲，這些農民為了保住莊稼和渠田，便偷偷地在堤壩上挖開洞口放水。這樣的情況越來越嚴重，一條辛苦挖成的水渠，被弄得遍體鱗傷、面目全非，因決口而經常發生水災，變水利為水害了。孫叔敖當初興修水利的本意被踐踏，渠水成了沿渠居民的災難了。

面對這種情形，歷代芍陂的行政官員都無可奈何。每當渠水暴漲成災時，便調動軍隊去修築堤壩，堵塞漏洞。宋代李若谷出任知縣時，碰到了決堤修堤這個頭疼的問題，便貼出告示說：「今後凡是水渠決口，不再調動軍隊修堤，只抽調沿渠的百姓，讓他們自己把決口的堤壩修好。」這佈告貼出以後，再也沒有人偷偷地去決堤放水了。

李若谷是宋代著名的政治家，治政以善用智術而聞名於世。他沒有下令不准決堤放水，只強調一旦水渠決口，便要抽調沿渠百姓修堤，卻立刻將毀堤這一難題解決了。為什麼呢？因為如果他硬性下令不准決堤放水，沿渠農民為了個人利益，可能照樣會偷偷地做，而且連誰做的都不知道。當地歷代行政長官都有過不准毀堤的禁令，但就是屢禁不止。李若谷了解這種情況後，知道光禁是沒有用的，為了防止再發生毀堤事件，就必須從根本上去解決。他考慮到，農民之所

【名家點評】

宋徽宗趙佶評：

堅則毀矣，銳則挫矣，積眾小不勝為大勝者，唯聖人能之。

【名家點評】

明太祖朱元璋評：

至柔者，氣與水也。氣無不達之竅，水無不通之徑，故能馳騁至堅而無間也。山吐石，泉穿山，可見也。

以會決堤放水，是因為這樣做對他們有好處，決堤之後，能夠保住他們的莊稼和渠田。官方禁止，百姓不聽，雙方達成不了共識。決堤放水造成水災，軍隊會來搶修，不關肇事者痛癢。如今水渠決口，要抽調沿渠百姓自己修，農民考慮到修堤費時、費力、費錢，再決堤放水便不划算了，自然不會有人再去做這蠢事了。

李若谷這樣做，可謂深得《老子》「不言之教」之三昧。如果你向農民喋喋不休地說一堆保護堤壩的大道理，或者板起面孔發出毀堤要重罰的禁令，農民根本不願聽，聽了也會置之腦後。所以，李若谷並不去宣傳護堤的重要性，也不去痛斥毀堤的破壞性。他只是申明要採取一個針對性的措施，而這個措施就是要觸及毀堤者的利益。對於沿渠農民來說，決堤放水，本為了保住自家利益；而現在要負責修堤，就顯得得不償失、弊大於利了。因此，當農民意識到，決堤放水對自己沒有好處、只有壞處時，就沒有再去破壞水渠了。

從此以後，這條水渠不再鬧水災了。渠水又變得溫順了、柔弱了，它灌溉著農田，滋潤著莊稼，造福於人類。

「不言之教」真是有用，「無為之益」實在明顯。

第四十四章　知足不辱，知止不殆

【原文】

名與身①，孰親？身與貨②，孰多③？得與亡④，孰病⑤？是故甚愛⑥必大費；多藏⑦必厚亡⑧。知足不辱，知止不殆⑨，可以長久。

【注釋】

①身：生命。
②貨：財產。
③多：重要，寶貴。
④亡：失。
⑤病：有害。
⑥甚愛：過分愛惜，極端吝惜。
⑦藏：儲存。
⑧厚亡：非常大的損失。
⑨殆：危險，失敗。

【名家點評】

純陽子評：

徇名殖貨自忘其身。貪得無已自蹈於亡。皆由不知權度其輕重也。大費，謂自耗其所有。厚亡，謂徒甚其悖出。知足知止安有此患哉。

【譯文】

名譽和生命哪個親切？生命和財產哪個寶貴？得和失哪個有害？所以說，極端的吝嗇，必定會造成很大的破費，過多的儲存必定會造成極大的損失。因此，知道滿足就不會遭受困辱，知道適可而止就不會遭到失敗，這樣才能長久地存在下去。

【延伸閱讀】

老子是一位傑出的哲學家。他善於將兩個矛盾的事物結合在一起研究，也善於將一個事物分解成兩個矛盾的對立面。矛盾雙方會相互轉化，「甚愛必大費，多藏必厚亡」，說的就是事物朝著相反方向轉化，是一種自我否定的運動。老子所運用的，就是樸素的辯證法。

老子所說的「知足不辱，知止不殆」的處世哲學，不僅對中國人有影響，對亞洲許多國家都有影響，尤其對東鄰日本影響最大。日本人十分強調：「不能過於貪求，過猶不及。」從這種觀念出發，日本人就很注意適度。所謂「九分不滿，十分則溢」，講的就是要滿足於「九分」的程度，不要追求「十分」圓滿的道理。因為追求過分的圓滿，會招致不幸，應了那句古話：「萬事滿至十分，其上無以復加，憂患之本也。」

日本有個民間故事，叫作《會唱歌的烏龜》，很能反映「知足不辱，知止不殆」觀念的本質。這個民間故事說的是：

在很久以前，有個地方住著一家四口人：一對夫妻和他們的兩個兒子。後來，丈夫去世了，妻子守寡，要帶大兩個孩子，生活過得很拮据。想不到大兒子貪得無厭，偷偷地將家裡稍值錢的財物席捲一空，獨自離家出走了。小兒子倒是十分孝順，與母親相依為命。為了贍養母親，他每天上山去砍柴，然後挑到集市去賣，賺到一些錢，買回米和母親喜歡吃的蔬菜。

有一天他砍柴時，遇到了一隻小烏龜。小烏龜告訴他，自己會唱許多動聽的歌，只要將牠帶到人來人往的集市上去表演，就可以賺到比賣柴多好多倍的錢。第二天，小兒子照烏龜的話做了，將牠帶到集市去唱歌，引來了很多行人觀看，果然獲得了許多作為謝禮的錢。此後，小兒子經常帶著小烏龜一邊賣柴，一邊表演，賺了好多錢，很快就成了一個

【名家點評】

震陽子評：

人多好名，名與身哪個親近？人多貪貨財，身和貨財哪個值得多？人多以得為樂，以失為病，不知必失而後才得，得和失哪個為病？所以甚愛名了，必大費精神。多貪貨財藏起來，必招眾人的怨恨，重重的失了。必知足不妄求，才不遭羞辱。知道止住不貪念，才不遭危險，可以長久呢。

富裕的人，使得母親過上了舒適安逸的生活。

那沒有良心的大兒子聽說弟弟發了財，便厚著臉皮回來，向弟弟打聽發財的奧祕。小兒子忠厚老實，念兄弟之情，便將來龍去脈都向兄長和盤托出。大兒子羨慕不已，認定小烏龜就是搖錢樹，死皮賴臉地向弟弟要去了小烏龜。

大兒子迫不及待地將小烏龜帶到集市，要牠表演，但小烏龜就是不吭聲，引起圍觀的路人的嘲笑，使他出盡了洋相。大兒子一氣之下，就將小烏龜給宰了。小兒子得知烏龜死了，非常傷心。他將小烏龜埋在自己家的附近，還在墳上栽了一棵小樹。奇怪的是，第二天早上一看，小樹已長成了參天大樹，樹上有幾百隻烏龜，每只烏龜嘴裡都叼著金塊。小兒子將金塊收起，一下子成了大富翁。

大兒子知道後，又跑來砍下這棵樹的枝條，插到自己家的院子裡。第二天，這根樹枝也長成了參天大樹，樹上也有幾百隻烏龜，但牠們口中都沒叼金塊。大兒子氣急敗壞，就爬上樹去捉烏龜。他爬得很高，烏龜沒捉到，手上抓著的樹枝卻突然折斷了。他從高高的樹上掉了下來，受了重傷，腿骨也摔斷了。

這個民間故事中的貪心的大兒子，實在是一個愚蠢的人。因為他不懂得期望值和滿足程度是成反比的。一個人的期望值越高，便越難獲得滿足。他想和弟弟一樣一夜之間成為富翁，卻既不肯進行辛勤的工作，又不肯付出愛心，更不肯積德行善，那金錢怎麼會憑空而來呢？

《會唱歌的烏龜》中的大兒子，想將小烏龜當作搖錢樹，結果沒有成功。那麼，世上究竟有沒有搖錢樹呢？日本人認為是有的。在這個國度中，盛行一本《處世百科事典》，它告訴人們說：「你有搖錢樹，知道嗎？它就在於你有沒有這種心。它就是知足。不論有多麼多的財產，如不滿

【名家點評】

李函虛評：

身親於名，身多於貨。得身無病，亡身有病。此理之曉然者也。故太上以孰親、孰多、孰病覺之，所以動其良心，使人自悟，非同乎後世訓文，一味責備，反令輿情不服。此太上謙和之德也。然世有親其名而疏其身，多其貨而少其身，得身不以為貴，亡身不以為痛者。如此沉迷，要皆名利心重，保身心輕者也。豈如喉中氣斷，大限來臨，名歸烏有，貨歸子虛，亡入鬼趣，難復人身，是則可痛也已！夫人生在世，成我名者損我神，入悖貨者亦悖出，即所謂甚愛大費，多藏厚亡者也。愛至於大費，是辱也。藏至於厚亡，是殆也。皆非長久之計也。太上以慈悲之心，立言覺以教人曰：「知足不辱，知止不殆，可以長久。」其斯為聖人之德也夫。

足，則與窮人一樣。貧困如果滿足，就與財主一樣。」

再回味一下老子說的「知足不辱，知止不殆」，我深深地覺得，人如果要過得愉快，一定要學會自我滿足。當然，滿足只是相對的、有條件的、有對象的。人們可以在滿足中發現不足之處，也可以在發現不足之處時覺得滿足。

「知足」和「知止」，實質上是一種平衡心理的技巧，可以得到精神上的滿足，還可以永久地感到幸福。知足長樂。

第四十五章　大成若缺，其用不弊

【原文】

大成[①]若缺，其用不弊[②]。大盈若沖[③]，其用不窮[④]。大直若屈[⑤]，大巧若拙[⑥]，大辯[⑦]若訥[⑧]，其用不屈。躁[⑨]勝寒，靜勝熱，清靜[⑩]為天下正。

【注釋】

① 大成：大的成就，最完美的東西。
② 弊：衰竭，衰敗，破敗。
③ 沖：空虛。
④ 窮：終結，窮盡。
⑤ 屈：彎曲。
⑥ 拙：笨拙，言語遲鈍。
⑦ 辯：辯才，巧言。
⑧ 訥：出言遲鈍，不善說話。
⑨ 躁：通「趣」，急走，活動。
⑩ 清靜：指無欲無為。

【名家點評】

唐玄宗李隆基評：

學行大成，常如玷缺，謙則受益，故其材用無困弊之時。

【譯文】

最完美的東西好像是有缺陷的，它的作用卻不會衰敗。最滿盈的好像是空虛的，它的作用卻不會窮盡。最直的好像是彎曲的，最靈巧的好像是笨拙的，最善辯的好像是不會說話的。活動能戰勝嚴寒，安靜能戰勝酷熱。清靜無為的人，能夠成為天下的統治者。

【延伸閱讀】

老子喜歡採用「正言若反」的方式，即用一些樸素辯證法的語言，來表達其深邃的哲學思想。「大直若屈」、「大巧若拙」、「大辯若訥」等論斷，都包含了辯證法的一個否定的必經環節。

《老子》第四十五章中一連串「正言若反」的論斷，都是在常人加以肯定的「第一個論點」中，提出否定的論點，並「用第二個論點去代替它」。老子所言確實很有道理。我們經常會遇到這樣的情況：最聰明的人，也許看上去是愚蠢的；最巧妙的辦法，也許看上去是笨拙的。舉例來說：

【名家點評】

宋徽宗趙佶評：

域中有四大，道居一焉，體道之全，故可名於大。無成與虧，是謂大成。不有其成，故若缺。知化合變，而不以故自持，故其用不敝。此孔子所以集大成而為聖之時。

唐代建都長安，糧食供應頗為困難。附近雖有號稱「糧倉」的關中沃野，但因耕地面積太少，產量不高，無法解決首都軍民的用糧。倘若遇到水旱災荒，糧價飛漲，難免出現餓殍遍地的慘狀。因此，唐初就有從江南至長安的千里漕運，專門負責首都的糧食供應。唐高祖、唐太宗時期，因為人口較少，朝廷用度也比較節制，所以雖然每年水陸漕運只有二十萬石，但已能滿足需要了。到了唐高宗時期，長安日益繁榮，人口迅速成長，對糧食的需求也越來越多，漕運的重要和困難都顯得突出了。

當時漕運的路線，是從淮河出發，經汴河而入黃河，再轉渭河抵達長安。千里漕運，船隻航行非常困難，尤其是經過北人門、中神門、南鬼門三門險峽時，常常會發生翻船事故，演出了一幕又一幕糧沉人亡的慘劇。在開元後期，宰相裴耀卿對漕運加以改進，變直運為接運，水陸分段運輸，盡量減少陸運，以提高運輸效率。這樣做雖有進步，但依然沒有解決漕運費用大、損耗大等困難問題。

面對這種現狀，唐代宗便委任理財能手劉晏專門負責千里漕運。劉晏以「富其國而不勞於民，儉於家而利於眾」著稱。他接任後，沿途勘察調查，尋找解決漕運困難的辦法。

劉晏辦漕運的方法很聰明，錢都花在刀口上，但看上去卻好像是笨辦法。比如，他看到許多河段因多年未加疏浚而淤泥沉積，運糧船難以通過，便調集民工，一段一段疏浚河漕，工作量之大可想而知，但為今後船隻航行提供了便利。又如，他了解到以往沉船，大多為船隻不牢固，經不起風浪險灘的挑戰，便建立了十個船場，花費重金打造了兩千艘「歇艎支江船」，船身堅固異常，每條船可裝運一千石米。再如，他知道以往運糧，官府並不實地操作，州縣只是出面叫當地富戶督辦漕運，稱之為「船頭」。「船頭」再組織民工運糧，稱作「船工」。「船工」由於待遇極差，沒有什麼積極性。他便不嫌麻煩，將漕運收回官辦，訓練士兵擔任「船工」，出錢雇傭熟悉河道的人領船。船工水手都有工錢，運輸十次不出事故還可以得到獎勵。

【名家點評】

明太祖朱元璋評：

使我介然有知，行於大道，唯施是畏。大道甚夷，而民好徑。朝甚除，田甚蕪，倉甚虛，服文采，帶利劍，厭飲食，資財有餘，是謂盜誇，非道哉。

然而，漕運畢竟不是簡單的事情，別的不說，運河、淮河、沛河、黃河、渭河水勢不同，用同一種方法航行，就有潛在的危險。據《新唐書・食貨志》記載，劉晏辦漕運，採用的是分段運輸的方法：「江南之運積揚州，汴船之運積河陽，河船之運積渭口，渭船之運入太倉。」分段接運風險小，但工作量卻十分大。以前潛糧都散裝在船艙裡，每次裝卸都很費勁，損耗率十分高。劉晏便規定用袋裝替代散裝，這樣到了水淺處可用小船分裝運輸，即使翻船也能打撈起來，不會出現粒米無存的情況。

劉晏主管漕運，每年從江南運到長安一百多萬石糧食，從來沒有發生過漕糧沉溺事故。首都由於糧食供應充足，物價平穩，遇到災荒也不再出現人心浮動的現象，所以當第一批糧食運抵長安時，唐代宗親遣衛士迎接，並把劉晏比作西漢開國功臣蕭何。

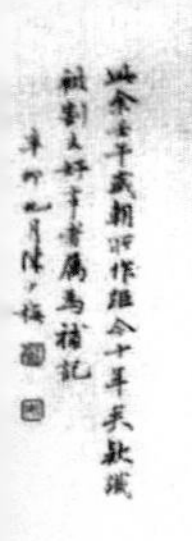

劉晏處理漕運之事，看上去很平常，沒有驚人之舉，有些甚至看上去是費時、費力的笨辦法，但卻收到了良好的效果。這就是藏巧於拙。

他善於抓住問題所在，要解決的都是關鍵問題、急需解決的問題及疑難雜症。前人苦思冥想無法解決的難題，都被他輕易解決了。老子說「大巧若拙」，實在是很有道理的。

當然，「拙」，不是不動腦筋，不想辦法，恰恰相反，正是動足腦筋，想盡辦法，將「巧」用到了極致，才看上去像「拙」。這個「拙」，是要能解決實際問題的，不是裝瘋賣傻。

第四十六章　知足之足，常足矣

【原文】

天下有道，卻①走馬②以糞③。天下無道，戎馬④生於郊⑤。禍莫大於不知足；咎⑥莫大於欲得。故知足⑦之足，常足矣。

【注釋】

① 卻：退下來。
② 走馬：善於奔跑的戰馬。
③ 糞：施肥，肥田；引申為播種、耕田。
④ 戎馬：戰馬，這裡借指戰爭。
⑤ 郊：國都之外五十里以內的地方，城外名郊。
⑥ 咎：過失，罪過、災害。
⑦ 足：滿足。

【名家點評】

唐玄宗李隆基評：

物足者，非知足。心足者，乃知足。心若知足，此足則常足矣。

【譯文】

天下人都理解了「道」，實現了和平，那就可以趕著戰馬去種田了；天下人都不理解「道」，兵戎相見，戰馬只能在沙場生小馬了。禍害沒有比不知足更大的了，過失沒有比貪欲更大的了。因此，知道滿足為滿足，便會永遠滿足。

【延伸閱讀】

老子細心觀察自然和社會的發展變化，並總結出這些發展變化的規律。他認為，人要適應自然和社會，就必須「知足」。如果天下有「道」，人們能知足、知止，無求於外，專修其內，那麼就不會發生國與國、人與人之間的紛爭了；

【名家點評】

宋徽宗趙佶評：

人見可欲，則不知足，不知足則欲得，欲得則爭端起而禍亂作。泰至則戎馬生於郊，然則知足而各安其性命之分，無所施其智巧也。日用飲食而已，何爭亂之有？

如果天下無「道」，人們貪得無厭，不修其內，各求於外，那麼就會兵戈四起、戰火連綿了。

老子的處世哲學，真是充滿了智慧！他指出，有些人為了謀私利，便爾虞我詐，你爭我奪，結果是兩敗俱傷，不僅違背了「道」，而且還敗壞了世風。老子冷眼旁觀，認為人們爭鬥的根源，是因為貪欲引起的。而人的貪欲，是沒有止境的，有時為了一丁點兒的蠅頭微利，有時為了些微小事，也會不擇手段，甚至殺人害命。

《古今小說》第二十六卷《沈小官一鳥害七命》中，有一段描寫：

一個箍桶匠偶然路過樹林，見一個人倒在地上，身旁有一隻可愛的畫眉，便起了貪心，伸手提起畫眉籠便要走。正巧發病暈倒後的沈小官此時醒來，看到箍桶匠要拿走他心愛的畫眉，便大聲罵道：「老忘八，你竟敢偷我的畫眉？」箍桶匠聽到沈小官的叫罵聲，心想：「這小烏龜，罵人也太刻薄了。我便拿去，他倘爬起趕來，我反倒吃他虧。一不做，二不休，弄死他得了。」想到這裡，便從桶裡取出一把工具刀來，按住沈小官的頭一横，那刀十分鋒利，他用力又猛，沈小官的頭一下子就滾到了一邊。箍桶匠怕被人撞見，抬頭看到旁邊有一棵空心楊柳樹，連忙將那頭提起，丟在樹中。這個案件在後來發展演變成牽連到七條人命的大案。

箍桶匠的貪婪導致他謀財殺人，這種手段是喪心病狂、令人震驚的。然而，更令人震驚的是，箍桶匠殺了沈小官後回到家裡，對老婆講了殺人的經過、銷贓的收入（他殺人後轉手就將畫眉賣了），不但沒有恐懼或不安，還對老婆說：「謀得這一兩二錢銀子，與你權且快活使用。」夫妻倆面對這帶著血腥味的一兩二錢銀子，居然「歡天喜地」！他們的人性，可以說完全被貪欲掩沒了。

貪欲可以使箍桶匠殺死一個毫不相干的無辜的人，貪欲還可以使兒子殺死自己的父親。還是在這篇小說裡，有一個窮老頭黃老狗，竟然讓兩個兒子將自己的頭割下來，冒充沈小官的頭去騙取賞金。而他的兩個既愚蠢又貪婪的兒子，竟然按照父親的辦法，果真割下了父親的腦袋去領賞。這種貪欲和愚蠢，導致了人性的泯滅和道德的敗壞，是社會的倒退、人類的恥辱！

老子說：「禍莫大於不知足，咎莫大於欲得。」這話是很有道理的。奢者富而不足，因為他揮金如土，永遠填不滿欲壑。野心家「不知足」，篡權奪位，最終會身敗名裂，遺臭萬年。

老子認為：知足之足，常足矣。這話是極有見地的。只有知道滿足，才能永遠感到滿足。身居高位要滿足，做個普通百姓也要滿足；春風得意要滿足，處於逆境也要滿足；腰纏萬貫要滿足，身無分文也要滿足……滿足本身是一種滿足、一種幸福。這就叫「知足常樂。」

【名家點評】

明太祖朱元璋評：

泰治盛而否亂伏，則生戎馬於近郊，天下事將有為也。亂而復始，泰定為福。見可欲而欲，罪莫大焉。已足不知足，禍莫大焉。不當得也欲得，咎莫大焉。故以知足為足者，則能常足矣。

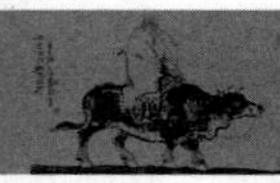

第四十七章　不出戶，知天下

【名家點評】

純陽子評：

萬物皆備。故不出戶而知天下。造化由心故。不窺牖而見天道。反是而馳騖以求周知。則見聞有窮，心思易涸。是以聖人養其本真。清明在躬，志氣如神。豈必歷九州而數名象。任智力以要近功哉。《中庸》言至誠之妙。曰不見而章。無為而成。即此意也。

黃元吉評：

君子萬物皆備，不出戶庭以修其身。而世道之變遷，人心之更易，與夫推亡固存，反亂為治之機，無不洞晰於方寸。此豈術數為之哉？良以物我同源，窮一己之理，即能盡天下之理。是以不出戶而知天下也。古人造化由心，不開窗牖以韜其光，而無言之帝載，不息之天命，與夫生長收藏，陰陽造化之妙，無不了徹於懷。此豈揣摹得之哉？亦以天人一貫，修吾身之命，即能契帝天之命。是以不窺牖而見天道也。

【原文】

不出戶①，知天下；不窺②牖（一ㄡˇ）③，見天道。其出彌④遠，其知彌少。是以聖人不行而知，不見而明，不為而成。

【注釋】

①戶：門。

②窺：看，張望。

③牖：窗。

④彌：越。

【譯文】

不用走出家門，就能知道天下大事；不用張望窗外，就能知道自然界變化的道理。與外界接觸得越多，反而知道得越少。所以，「聖人」不用行動就能掌握資訊，不用去看就能作出判斷，不用去做就能獲得成功。

【延伸閱讀】

老子生活的時代，沒有廣播、電視等傳播媒體，沒有電話、電傳等通訊設備，要了解天下大事，很難，也很慢。當時每一條「新聞」的傳遞，在今人看來早已失去時效，但在當時卻是很有價值的。至於其他知識的獲得，更需要透過學習和其他社會活動來逐漸累積。但老子卻從客觀唯心主義出發，片面強調理性認識，對社會實踐持否定態度，陷於唯心主義的先驗論之中。

老子認為，一個人不用透過社會實踐，也可以獲得知識；無所作為，也可以獲得成功。在求知這一點上，孔子、墨子等都要比老子來得客觀、實在。尤其是墨子，特別重視對生產和軍事知識的傳授，並總結出十分完整的認知方法。《墨子・經上》指出：「知：聞、說、親。」具體地說：所謂「聞知」，就是由他人傳授而得的知識；所謂「說知」，就是由推論說明而得的知識；所謂「親知」，就是由親身經歷而得的知識。由此可見，墨子不僅承認有間接獲取知識的途徑，更提倡直接獲取知識的方法。他教育學生的方法，並不是「填鴨式」，還讓學生思考，並讓學生去實踐。這與老子說的「不出戶，知天下；不窺精，見『天道』」是截然不同的。

墨子是反對先驗論的。他認為接受知識的通道，既不是神靈的力量，也不是自己的理性，而是五官的感受，《墨子・經下》明確指出：「知，唯以五路知。」所謂「五路」，就是五官，指的是耳、目、口、鼻、膚。但墨子也承認，要使五官的感覺得以昇華，心也必須入於求知過程，所以《墨子・經說上》認為：「循所聞而得其意，心之察也。」

墨子對五官與心在求知過程中的作用有很詳細的分析：首先，五官有認知的能力，比如耳朵能聽取教誨，眼睛能看到事物，嘴巴能提出問題。其二，心有求知的欲望，比如想探求人類的過去、自然的奧祕等；而倘若學習不用心，心猿意馬，心不在焉，就無法掌握知識。其三，五官能透過接觸事物了解事物，比如耳朵能判斷聲音的大小、方位，眼睛能認識物體的形貌、顏色，嘴巴能品嚐食物的滋味，鼻子能嗅出東西的氣味，皮膚能感覺周圍的溫度。其四，心透過五官的感受推導出對某一事物的概念，比如耳朵聽到音樂，到心理解音樂，便會對音樂更加熟悉；眼睛看到舞劍，到心理解劍術，便會對劍術更加熟悉。墨子認為，五官接觸的事物越廣泛，學到的知識也就越多。相反地，老子卻說「其出彌遠，其知彌少」，就顯得缺乏說服力了。

墨子不僅提倡多實踐、多學習，還強調要評判和衡量認識是否符合「義」。《墨子・非命上》提出了三個標準：第一個標準是「有本之者」，即以上古聖王和歷史的經驗為立論的依據，這像高懸的明鏡，

【名家點評】

李函虛評：

戶，小門。以不出而知天下事，匡居所以明世務也。牖，小窗也。不窺而見天之道，隱微所以伏見顯也。身心性命，道所寄焉。舍近圖遠，愚人也。視不可見，聽不可聞，搏不可得，彼從何處尋起？知此義者，道在戶牖之間。不知此義者，愈訪愈迷，愈問愈歧。條條皆是路，處處卻難周。所謂出彌遠而知彌少也。唯聖人不行而知，神定則意慧。不見而名，守無則生有。不為而成，抱一以還虛。

能讓人借鑑；第二個標準是「有願之者」，即以人民大眾的呼聲為判斷的根據，這像長鳴的警鐘，能讓人清醒；第三個標準是「有用之者」，即以國家和人民的利益為檢驗的根據，這像度量的準繩，能讓人效法。由此可見，墨子的求知標準，有明確的價值取向。而老子則說：「聖人不行而知，不見而名，不為而成」，就顯得空洞、消極了。賴在家裡不動彈，怎麼能掌握最新資訊（當然，現在可以上網瀏覽、聊天，那是另外一回事了。）？不到外面去觀察，怎麼對事物的發展作出判斷？不付出艱辛的努力，怎麼會獲得成功？

老子「不出戶，知天下」的觀點，後世就衍化為「秀才不出門，全知天下事」了，並成為一些人逃避社會實踐的理由。在科技落後的古代，這個說法是不科學的，至少是片面的。但在知識爆炸、科學技術日新月異的今天，傳播媒體無所不在，要是再借助於電腦網路，踏上「資訊公路」，那完全可以實現老子「不出戶，知天下」的理想。

第四十八章　為學日益，為道日損

【原文】

為學日益①，為道日損②。損之又損，以至於無為，無為而無不為。取③天下常以無事④。及其有事，不足以取天下。

【注釋】

① 益：日益增多。
② 損：減少，減損。
③ 取：取得，奪取。
④ 事：舉動。

【名家點評】

唐玄宗李隆基評：

為學者，日益見聞。為道者，日損功行。益見聞為修學之漸，損功行為悟道之門，是故因益以積功，忘功而體道矣。

【譯文】

學到的知識越是增多，修「道」的成果就越是減少。要不斷地破除和減少知識，以至於根本不用知識而任其自然，任其自然才能無所不為。要想奪取天下，就應該不做出什麼舉動；如果舉動表現了出來，就無法取得天下。

【延伸閱讀】

老子認為，認識自然、認識社會的最終目的，是要掌握「道」。在老子眼裡，越是學習、增加知識，離「道」就越遠。因此，他提出，要真正掌握「道」，就要不斷地破除已有的知識，以達到無為——無知無欲的境界。

《老子》是辯證的，將「為學」和「為道」區別開來，指出這是兩種認識方式；但它未免又過於極端，將學習知識和掌握「道」對立起來，宣稱學習會妨礙修「道」，而認識「道」是不依賴感覺經驗，也不需要理性思維的。這種神祕主義的「直觀論」，《老子》表述得淋漓盡致。

那麼，老子把「為學」和「為道」區別開來，有沒有道理呢？各家說法不一。我認為是有道理的。為什麼「有理」呢？因為有些貌似有學問的聰明人，往往被自己的聰明所誤：有的只會尋章摘句，不能把握事物的整體；有的只會高談闊論，不會進行實際的工作。更有甚者，有的用學到的知識去欺世盜名，有的用學到的知識去犯罪害人……這不分明如老子所云，知識越多，離「道」越遠嗎？

清代謝濟世的筆記《戇子記》中有這樣一段記載：

【名家點評】

宋徽宗趙佶評：

學以致其道，始乎為士，終乎為聖，日加益而道積於厥躬，孔子謂顏淵曰，吾見其進也。致道者，墮肢體，黜聰明，離形去智，而萬事銷忘，故曰損。蘧伯玉所以行年六十而六十化。

梅莊主人有三個僕人，一個是黠者（聰明人），一個是樸者（老實人），一個是戇者（愚笨人）。有一天，梅莊主人在自己居住的會館裡請客。酒至酣處，梅莊主人說：「如能請歌女來唱一曲助興就好了。」黠者應聲說：「行！」但他擔心戇者會阻攔，便將戇者支開，請樸者守住門，自己去召歌女。當黠者將歌女請來時，正巧戇者回來。看見兩個女子抱著琵琶要進門，戇者厲聲問道：「你們要做什麼？」黠者連忙說：「這是我奉主人之命召來的歌女。」戇者生氣地說：「我在主人門下十餘年，從未見過有歌女出入，這一定是主人醉了。」說完，就將歌女趕走了，客人們也掃興地離去了。還有一天晚上，梅莊主人燃燭酌酒在校書，天氣很冷，酒瓶空了，臉色尚未紅。這時黠者示意樸者再去沽酒，結果半路上又遇到戇者。他不讓樸者去沽酒，急急忙忙進去對主人說：「多沽傷費，多飲傷身，有損無益也。」主人聽了，也只得勉強點頭。不久，梅莊主人升任御史。有一天早晨，掌燈的書僮一不小心，將燈油潑到主人上朝穿的衣服上了。這時，黠者就說：「這是不吉利的。」梅莊主人非常生氣，命樸者去打書僮。這時戇者又在旁勸阻道：「我聽主人說漢代劉寬朝衣被侍婢的肉羹所汙，宋朝韓琦的鬍鬚被持燭侍衛燒著了，兩人都不動聲色。主人，您能說這些事，卻不能做到嗎？」梅莊主人還怒於戇者說：「你出頭為書僮說話，是否想得到一個耿直的好名聲，以換取人們的尊重吧？」戇者回答：「主人現在身居高位，常與皇帝爭是非，與大臣們爭論撤換官員的大事，能夠做到棄官如棄敝履，還謫如同歸鄉，難道主人也是為了換取耿直的好名聲嗎？是否有人也這樣說您呢？」梅莊主人一時語塞，但心中對戇者頗為不悦。從此以後，黠者經常揭戇者的短處，並聯合樸者一起勸主人趕走戇者。

後來，梅莊主人因罪下獄，等到他出獄，又被派往邊遠地區。這時黠者早已逃掉，樸者也要求辭職，只有戇者說：「這是我主人報國之時，也是我輩報主人之時。」於是，戇者就跟著梅莊主人前往邊遠地區了。

【名家點評】

明太祖朱元璋評：

為學與為道不同，學貴求益也，然有由博反約者，益又何嘗不損？特其先必求益耳。道貴求損也，然有事累而立基者，道又何嘗不益？特其後必知損耳。夫損者，抽減之謂也。損而又損，鉛氣乾，汞光現，以至於養神還虛，行我無為之事，斯無為而無不為矣。

這篇筆記將黠者、樸者、戇者三人進行對比，寫他們在主人得意時和落難後的不同態度。黠者善於見風使舵，事事順遂主人之意；但在主人落難時，他就趕快逃走了。樸者自己沒有主見，經常被黠者利用和差遣；到主人落難時，他便提出了辭職的要求。戇者經常違抗主人的命令，敢於仗義直言；在主人落難時，卻顯示出他的忠心耿耿。

戇者沒有什麼文化知識，說話直來直往，顯得很愚笨，但卻最接近老子所說的「道」。因為他忠厚、耿直、沒有私心，所以就顯得自然、率真、毫不做作。比起那些滿腹經綸而又趨炎附勢的人來，戇者更有道德、更講道義，也更有資格掌握「道」。

第四十九章　聖人無常心，以百姓心為心

【原文】

聖人無常[1]心，以百姓心為心。善[2]者吾善之，不善者吾亦善之，德[3]善。信者吾信之，不信者吾亦信之，德信。聖人在天下，歙（ㄒㄧˋ）歙[4]焉，為天下渾渾[5]其心。百姓皆注其耳目，聖人皆孩之[6]。

【名家點評】

震陽子評：

虛空無形，因萬物之形以為形，在方為方，在圓為圓，如使空自有形，則何以形萬物哉？是以聖人無心，因百姓之心以為心，無善不善皆善之，無信不信皆信之。善不善在彼，而吾之所以善之者，未嘗渝也，可謂德善矣。信不信在彼，而吾之所以信之者，未嘗變也，可謂德信矣。不然，善善而棄不善，信信而棄不信，豈所謂常善救人，故無棄人哉。

【注釋】

① 常：固定，不變。
② 善：善良，美好，友善。
③ 德：同「得」，得到，品德。
④ 歙歙：收斂、拘謹的樣子。
⑤ 渾渾：渾厚博大、無知無欲的樣子。
⑥ 孩之：將他們當嬰孩，引申為掩蔽百姓的耳目。

【譯文】

「聖人」沒有固定的想法，將百姓的想法作為自己的想法。對我友善的人，我對他友善；對我不友善的人，我也對他友善，就得到了他的好感。信任我的人，我信任他；不信任我的人，我也信任他，就得到了他的信任。「聖人」統治天下，要表現得拘謹無為；治理天下，要表現得無知無欲。百姓的耳目都注意著「聖人」的一舉一動，「聖人」將他們都當小孩看待。

【延伸閱讀】

老子推崇「聖人」，因為這是他理想王國中的統治者；老子美化「聖人」，因為這是他理想王國中理想的統治者。老子筆下的「聖人」，不與人爭，不與世爭，善於統治，而又像一無所能。「聖人」可以使百姓和睦而無欲，像嬰兒一樣聽話，易於操縱。「聖人」對待百姓，就像父母對待孩子，既有慈愛的本能，又有教誨的責任。

在通常情況下，人都有這樣的心理：你待我好，我待你也友善；你對我凶，我對你也不能客氣。投桃報李，是人際交往的一般準則。但老子所標榜的「聖人」卻不是這樣，無論別人對自己的態度如何，自己都要友好地對待別人。這是一種「馭人」的智術，能產生以誠感人的目的。這種智術運用得當，能融洽人與人之間的關係。

明代嚴訥辭相返回故鄉海虞，想在城裡造一座宅第，地基都已打好，但有一棟民房還夾在宅基地中間不肯搬遷，所以不能正式開工。那一戶人家是做醉腐乳生意的，房子是世代祖傳的產業。負責施工的人提出用高價買他的房子，但那戶人家說什麼也不答應。負責施工的人氣得沒辦法，只得跑來向嚴訥彙報。嚴訥說：「不要心急，我們就先造三面房子好了。」於是，施工就開始了。嚴訥特意關照，凡是工程隊每天要食用的醉腐乳，全都到那戶人家去購買，而且都是先付款後取貨。由於訂貨太多，那一家夫妻倆每天都從早忙到晚，還是供應不及，只得請人來幫工。後來請的雇工越來越多，腐乳店獲利越來越大，工具器物也增加了好幾倍，家中所積貯的米豆也多了，原有的房子顯得狹小不夠用了。這對夫妻感激嚴訥以德報怨的善舉，心中慚愧當初拒絕搬遷，於是就將房契獻給嚴訥。嚴訥收過房契，馬上替他們置換了一座附近的房宅，比以前寬敞明亮得多。這對夫妻極為滿意，

【名家點評】

純陽子評：

無常心，猶言無成心。善之、信之。與其善而孚以誠。亦善亦信之化不善而去其偽德。指民而言。慄慄，誠切貌。渾其心使歸於誠樸。注耳目則誠服而無他念也。孩之，以赤子育之也。

【名家點評】

李函虛評：

無常心者，無偏一之心也。心無所偏，則能憪幪百姓，浹洽民心。民心所望者，望聖人善之、信之也。不善者亦善，不信者亦信，聖德之誠孚大矣。故聖人在天下，惵惵為天下渾其心者，憪幪百姓耳。百姓皆注其耳目，仰視俯聽，各有所望，聖人皆孩之，斯渾之矣。迭迭，誠切貌。

迅速搬到新居去了。

一個退休的相爺，不與賣腐乳百姓斤斤計較，這在封建社會是難能可貴的。嚴訥在處理賣醉腐乳這家搬遷之事時，既以德性相感召，又用智術相配合。你想造深宅大院有你的道理，人家想保留祖傳宅基也有人家的理由，如果以相爺的勢力巧取豪奪，雖然不難達到目的，卻會失去仁義，失去民心。你想買人家的房子，或與人家交換房子，應該本著予人方便、於己方便的宗旨，買賣不成，仁義猶在——這是以德性相感召。三面造房圍之，是對那座房子志在必得；生意興隆擴大生產規模，是讓屋主勢在必遷——這是用智術相配合。明裡施恩德，暗中用智術。沒有逼迫，讓那屋主心甘情願地搬家、感恩戴德地離去。

那對做醉腐乳生意的夫妻，為什麼從堅絕不肯搬遷，到主動獻上房契？由拒而獻、由逆而順，其中有什麼奧祕呢？換房的整個過程，其實就是換心的過程。嚴訥以相爺之尊，終於贏得了「小民」之心，高高興興地換了房子，雙方都覺得交換得值得，是一筆「雙贏」的交易。嚴訥換房成功的關鍵，是用自己的德惠，既給人家以實利，又給人家以感動。在有心無心、有意無意之間，改變了對方的意向。

由此可見，老子說的「聖人無常心，以百姓心為心」是很有道理的。用現在的話來說，就是貼近群眾，了解群眾，將群眾的合理要求變為現實。反之，如果脫離群眾，不知群眾想些什麼、需要什麼，即使你的設想很好，也未必能使群眾接受。

第五十章　善攝生者

【原文】

出生入死[①]。生之徒十有三[②]；死之徒十有三；人之生，動之死地，亦十有三。夫何故？以其生生[③]之厚。蓋聞善攝生[④]者，陸行不遇兕[⑤]虎，入軍不被[⑥]甲兵；兕無所投其角，虎無所措其爪，兵無所容其刃。夫何故？以其無死[⑦]地。

【注釋】

① 出生入死：出現於世上，入於地下；生死交界點（動態的）。

② 十有三：十分有三分。

③ 生生：追求生存，求生的本能；養生。

④ 攝生：養生，保命；保持生命。

⑤ 兕：形似犀牛的獨角獸。

⑥ 被：披，穿、受。

⑦ 死：致死之處。

【名家點評】

唐玄宗李隆基評：

善攝衛生理之人，心照清靜，無貪取之意，則凡是外物不可加害，陸行不求遇虎兕，入軍不被帶甲兵，此不求害物也，則物無害心，故無投角措爪容刃之所矣。

【譯文】

戰爭使人們處於生死的交界點。生存有十分之三的可能，死亡有十分之三的可能，竭力追求生存而陷於死亡的可能也有十分之三。這是為什麼呢？由於人們竭力追求生存。曾聽說：善於保存自己的人，在陸地行走不用避兕虎，在戰場上不必穿鎧甲、帶武器。兕角觸不到他，虎爪碰不到他，兵器傷害不到他。這又是什麼緣故呢？因為他沒有可以致死的地方。

【延伸閱讀】

老子生活的春秋時代，正是戰爭不斷、烽火四起的時期。諸侯爭霸，列國兼併，干戈大動，殺聲震天。戰爭摧毀了原有的綱常秩序，社會在動盪中變革，時代在硝煙中前進。戰爭勾畫出一幅幅屍骨如山、血流成河的圖景。戰爭，使生命變得十分脆弱，一個個生龍活虎的大漢，可能在瞬間變成一具具死屍，因而戰爭在人們心頭籠罩著死亡的陰影。戰爭，使生命變得十分頑強，在極端艱苦的條件下有人能堅持下來，在浴血奮戰後有人能依然活著，因而戰爭成了人們保存自己、逃避死亡的一種遊戲。

真有這樣的「善攝生者」（善於保存自己的人）嗎？老子認為是有的。但「善攝生者」並不是銅頭鐵臂、刀槍不入的人，他也是血肉之軀。在殘酷的戰爭中，死亡的機率十分高。越是貪生怕死、追求生存，越有可能遭到死亡的威脅；越是無所畏懼、勇往直前，越有可能躲過死亡的厄運。勇敢和智慧，正是消滅敵人、保存自己的重要條件。

人們為什麼追求生存、害怕死亡呢？因為活著是美好的、溫馨的，死亡是可怕的、冰冷的。中國有句老話，叫做「好死不如賴活」，真是道出了常人的心態。人們都知道生命的寶貴，所以留戀生、厭惡死，古今中外是一樣的。

古希臘人由於眷戀生命，對死亡十分恐懼。《奧德修紀》中有這樣的描述——阿基里斯的鬼魂在陰間對奧德修說：「光榮的奧德修，我已經死了，你何必安慰我呢？我寧願活在世上作人家的奴隸，侍候一個沒有多少財產的主人，那樣也比統率所有死人的魂靈要好。」這番話，反映出古希臘人對生與死的鮮明態度。

死人是冷漠的，沒了感情，沒了生氣，所以奧德修說：「我真想擁抱我死去的母親的魂靈；我三次向她跑過去，心想要抱住她，但是三次她都像影子和幻夢一樣，從我手中溜

【名家點評】

宋徽宗趙佶評：

善攝生者，形全精復，與天為一，其天守全，其神無郤，港行不窒，蹈火不熱，行乎萬物之上而不栗，故物而不折，物莫之能傷也。《易》曰：通乎晝夜之道，而出入於死生之機者，物莫不然。知死生之說，而超然通乎物之所造，其唯至人乎？

走了；這使得我的心裡更加痛苦；我對她激動地說道：『我的媽媽，我很想擁抱你；雖然是在陰間，你為什麼不能留下，讓我們彼此擁抱，讓我們冰冷的悲哀得到安慰呢？你難道是可怕的波瑟芬妮遣來的一個幻影，只來增加我的悲傷痛苦的嗎？』」看來生死有別，陰陽相隔，就是這般無情、空虛。

古埃及人的眼中，生命是永恆的，死亡是暫時的。他們把死亡看作是生存的一種轉換形式，而這種轉換只是宇宙規律中的一個組成部分。也就是說，死亡是從一個世界走進另一個世界。生的世界光明，死的世界黑暗。與有始無終的死的長眠相比，生的旅程雖然短暫，但卻富有意義。

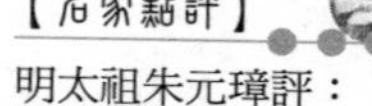

明太祖朱元璋評：

攝，衛養也。兕虎甲兵無道，則或罹其凶。善攝生者合陰陽之撰，通神明之德，命由我立，而何死地之有哉。

在古埃及的一塊碑刻上，有一段墓中的亡妻對丈夫傾訴的記錄：

我的哥哥，我的親人，我的朋友，最偉大的工匠，別不喝，不吃，不醉，不愛。要歡娛，日夜隨心所欲。別讓焦慮在心頭。人生幾何？西方（死者之地）只不過是寂暗之所，居住其中的人憂鬱不堪。最榮耀的人像神一樣長眠，不能醒轉來看看弟兄，不能看顧父母，無妻無子……我只願汲水而飲，迎著北風站在尼羅河畔。

可見，古埃及人對生存是多麼留戀！雖然，活著有痛苦、有挫折，但正因為生活有酸甜苦辣，才有滋有味、豐富多彩。與無聲無息、無情無義的死亡相比，生命太寶貴了。

老子要人們避開死亡，尋求生存之策，正是對生命的珍惜、對自然的回報。自然就是「道」，「道」生萬物，包括人。重視生命，就是重視「道」。老子說這番話，首先是針對戰爭中如何保存自己而言，但推而廣之，也可運用於向死亡挑戰的各個方面，諸如如何戰勝病魔、饑餓及各種自然災害等。一切對人生命構成威脅的東西，人們都要竭力避開它、戰勝它，這也是一種人生意義，這也是一種悟「道」。

第五十一章　萬物莫不尊道而貴德

【原文】

道生之①，德畜②之，物形③之，勢成之。是以萬物莫不尊道而貴德。道之尊，德之貴，夫莫之命而常自然。故道生之，德畜之，長之育之，亭④之毒⑤之，養之覆之。生而不有⑥，為⑦而不恃，長而不宰⑧。是謂玄德。

【名家點評】

純陽子評：

道統名德。則其真實無妄者也。生以資始言。畜以含煦言。品物咸章則有形矣。暢茂條達則勢成矣。萬物莫不由此。是以道德至為尊貴。莫之命，無命令也。此言道德之在天地者，本於自然如此。

【注釋】

①之：指萬物。
②畜：畜養，養育。
③形：形成，物成其形。
④亭：通「成」，成長，穩定。
⑤毒：通「熟」，成熟，安撫。
⑥有：佔有。
⑦為：輔助，推動。
⑧宰；主宰。

【譯文】

「道」產生萬物，「德」畜養萬物。萬物都有各自的形態，從而成為有個性的各種具體事物。所以萬物都尊重「道」而又珍貴「德」。「道」之所以被尊重，「德」之所以被珍貴，並不是出於誰的意志，而是因為它們永遠處於自然無為的狀態。因此，「道」產生萬物，「德」畜養萬物，生長萬物，發育萬物，穩定萬物，安撫萬物，薰陶萬物，保護萬物。「道」產生萬物而不佔為己有，輔助萬物而不自恃有功，長養萬物而不主宰它們，這稱作「玄德」。

【延伸閱讀】

老子作為一名偉大的哲學家，他既要探求萬物的本源，又要回答有關自然和社會的許多問題。萬物千姿百態，問題千頭萬緒，如何探求、如何回答？老子的高明在於，他不去就一事一物作具體的分析、解釋，而是緊緊抓住一點：宇宙萬物的本體是「道」，它體現於萬事萬物之中。老子將體現於具體事物中的「道」，稱之為「德」。萬物由「道」而生，萬物誕生後又靠自己的本性畜養生長。萬物的誕生和成長全依賴於「道」和「德」，因此，「萬物尊『道』而貴『德』」。

《老子》認為，「道」和「德」是相通的，萬物的本性能展現作為其本源的「道」的性質。所謂得「道」，完全是出於自然，而不是誰的意志所能決定的。

老子所說的「道」與萬物的關係，顯示出「道」的高尚、高明。如果產生萬物而佔為己有，「道」便顯得小氣，而且會為物所累；如果輔助萬物而自恃有功，「道」便顯得俗氣，而且會為名所累；如果長養萬物而主宰它們，「道」便顯得霸氣，而且會為權所累。正因為「道」沒有為物所累、為名所累、為權所累，才如此灑脫、自然、無為、永恆！

人也是如此，應該瀟灑些，不要追名逐利，不要沽名釣譽。然而，這又多麼不易。有的人野心勃勃，什麼都想霸佔，到頭來竹籃打水一場空；有的人做了一點好事，便以「功臣」自居，免不了為人所譏；有的人大權在握，恐怕有權不用，過期作廢，卻種下以權謀私的禍根。人們如果學習「道」，掌握「道」，就會有清醒的頭腦、高尚的情操。

生活中，我們不乏這樣的經驗：花看半開，最富情趣；酒飲微醉，最有韻味。如果花已開得美豔爛漫，便即將謝

【名家點評】

震陽子評：

世間萬物皆是道生的，然道的生物不能見。道一動而為德，德付萬物以性，生出萬類。又借陰陽之氣成了形，順其自然之勢長成了。因此萬物沒有不尊崇道貴重德的。

去；如果酒已喝得酩酊大醉，便俗不可耐。追求完美、喜好極致，是人的優點，也是人的缺點。物極必反，卻是誰也無法改變的規律。

人往往害怕失敗。雖然誰都知道「失敗乃成功之母」，卻往往難以排解遇到失敗時的不快情緒。這是因為，成功不知何日何時，失敗卻是眼前的事實。人們往往把成功者奉為「英雄」，把失敗者貶為「狗熊」，這就導致了人們害怕失敗，追求成功、追求完美的心態。

其實，真不應該以成敗論英雄。

曹操、劉備、孫權，哪個不是英雄？英雄也有失敗、落難之時。三國時代，人才輩出，論文韜、武略、智計、勳業，首推曹操。連智慧過人的諸葛亮也不得不承認「曹操智計，殊絕於人，其用兵也，彷彿孫吳。」

由此可見，曹操是位大英雄。就是這樣一位聲名顯赫、手握百萬雄師的曹丞相，卻在赤壁之戰中一再中計，導致幾乎全軍覆沒的失敗。然而，曹操畢竟是真英雄，即使敗得如此之慘，依然極有風度。他在烏林、葫蘆口、華容道三次中埋伏之前，不是「仰面大笑」，就是「揚鞭大笑」，還有心境指點、評論一番，顯示出作為一個統帥的鎮定自若。華容道遇關羽斷路，曹操軍隊人困馬乏，已無力復戰。這時曹操又以機智說動關羽放行，在生死關頭再次顯示出遇險不餒的英雄本色。

成功和失敗，往往只有一步之遙。老子言「道」，是指點人們走向成功之路，避免走彎路。然而，老子並不貶損失敗，因為通向成功的路，往往是由失敗中所取得的經驗作鋪墊的。

【名家點評】

李函虛評：

道生之，德畜之，物形之，勢成之。是以萬物莫不尊道而貴德。道之尊，德之貴，夫莫之命而常自然。故道生之，德畜之、長之、育之，成之、熟之，養之、覆之。生而不有，為而不恃，長而不宰。是謂玄德。

第五十二章　天下有始，以為天下母

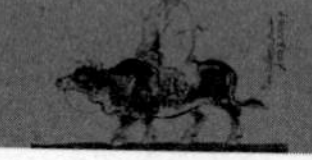

【原文】

天下有始①，以為天下母②。既得其母，以知其子③；既知其子，復守其母：沒身不殆④。塞其兌⑤，閉其門⑥，終身不勤⑦。開其兌，濟其事，終身不救。見⑧小曰明，守柔曰強。用其光，復歸⑨其明，無遺⑩身殃，是為襲⑪常。

【注釋】

① 始：本始，開端；指「道」。
② 母：本源，根源；指「道」。
③ 子：比喻天下萬物都是道之子。
④ 殆：危險，失敗。
⑤ 兌：耳目口鼻。
⑥ 門：指耳目口鼻等感知認識的門戶。
⑦ 勤：疾病，疲勞。
⑧ 見：察見。
⑨ 歸；返回，回復。
⑩ 遺；招致，留下。
⑪ 襲：因襲，遵循。

【譯文】

天下萬物有一個起點，以作為天下萬物的本源。既知道了本源，就可以認識萬物；既認識了萬物，就應該守住本源。只有這樣，才能終身不會失敗。塞住口，閉上眼，終身不會疲勞。張開嘴，做事追求完美，終身難以自拔。能看到精微之處叫作「明」，能保持柔弱的地位叫作「強」。能以自己的智慧之光，回復到明察秋毫的境界，便不會給自己留下災禍。這就是遵循不變的常道。

【延伸閱讀】

老子從自然和社會的發展規律中，思考出「見小曰明，守柔曰強」的樸素辯證法思想。儘管這一思想，很難為人們所接受，但老子還是不厭其煩地對它進行宣傳。而在宣傳這一思想時，老子又要人們閉目塞聽。這又為什麼呢？老子過分強調了理性在認識過程中的作用，從而忽視了感性認識的重要意義。

純陽子評：

天下有始。以為天下母。所謂有物渾成。先天地生者是也。神是母。炁是子。神炁相抱終身不殆。

老子為什麼要說「守柔曰強」呢？這也是他的一個重要的辯證思想。老子認為，強與弱在一定條件下可以相互轉化。當然，這種轉化是有條件的，只能在一定的環境中才會產生變化。尤其是有些看上去柔弱的事物，實際上卻是很強大的。

明武宗朱厚照有一次南巡，提督江彬護駕。江彬率領的將士，都是西北地方的壯漢，身材魁偉，虎背熊腰，力大如牛。南京兵部尚書喬宇就讓親信在江南習武拳師中，挑選一百多個高手，個個都很矮小很精悍。喬宇和江彬相約，每天都在校武場上比武。這批江南拳師，長得矮小，極其靈活，跳躍如飛。那些西北壯漢雖然人高馬大，但比較粗笨，反應較慢。他們一開始不把江南拳師放在眼裡，自恃力大，出拳極重，卻總是打不中目標。好不容易與江南拳師交上手，不是被莫名其妙地撞擊了肋骨，就是被稀裡糊塗地觸到了腰部，須臾之間，全都被打倒在地，趴在地上動彈不得。江彬從京都南下，原本驕橫跋扈，不可一世，但因與喬宇較量，屢戰屢敗，氣焰頓時消滅，樣子十分沮喪。他原有蓄謀篡位的企圖，也因此悄悄地打消了。

喬宇所用的，就是「守柔」的策略。面對高大的西北漢子，他沒有勉為其難地從江南人中挑選體形最壯碩者。因為他知道，在體形上，江南人絕不會佔優勢。所以，他故意挑選身材矮小，但必須武功高強的江南拳師去比武。這樣，從表面上看來，喬宇是以弱旅迎戰強師，而這正是「守柔」——不是真的以弱擊強，而是以假弱偽裝真強，以己之長，擊敵之短。身材短小只是表面的柔弱，但這「柔弱」卻蒙蔽了對手，使之輕敵，不能及時調整戰術，結果一敗塗地。喬宇敢於以弱擊強、以矮擊高，關鍵在於他既能正確估計自己的力量，又能正確估計對方的力量，所以能屢屢得手，大獲全勝。

「守柔」有其積極的一面，也有其消極的一面。如果面對激烈的競爭，不思進取，那也是沒有出息的。而知己知彼，揚長避短，擊敗對手，才是真正的「漢子」。當然，在競爭中，大可不必鋒芒畢露，以免讓對手洞悉了實力。因此，在競爭激烈的現代社會，「守柔」也好，「養晦」也好，如運用得當，便能出奇制勝，穩操勝券。

現代社會，競爭激烈，遠非古人所能想像。因此，宜提倡積極進取，而不宜宣揚甘居下游。但在不同的人身上，又有不同的反應。一般來說，年輕人接受新生事物較快，沒有思想包袱，顧慮較少，說做就做，積極性高，所以不怕其沒衝勁，只怕其衝勁太大，過於魯莽，因而要告訴其「守柔」的奧妙，是以柔克剛，以靜制動。老年人生活閱歷較多，飽經風霜，有過各項「實戰」的經驗教訓，不肯輕舉妄動；所以不怕其不穩重，只怕其穩重過頭，過於保守，因而要告訴其「守柔」的奧妙，是守住陣腳，永不退縮。

【名家點評】

震陽子評：

天下的一切有個起源，為天下的母親，人要尋著這本源。既然能得到他母親，就能知道他的兒子。既然知道他兒子，又要返回守他的母親。這樣能返本還原，就是沒了身也不危險。

第五十三章　大道甚夷，而民好徑

【原文】

使我介①然有知，行於大道，唯施②是畏。大道甚夷③，而民好徑④。朝⑤甚除⑥，田甚蕪⑦，倉甚虛⑧；服文彩⑨，帶利劍，厭⑩飲食，財貨有餘，是謂盜竽⑪。非道也哉！

【注釋】

①介：確實，智慧。

②施：邪，斜，不正。

③夷：平坦。

④徑：斜徑，小路。

⑤朝：朝廷。

⑥除：整潔。

⑦蕪：荒蕪。

⑧虛：空虛。

⑨文綵：豔麗、漂亮的衣裳。彩，又作「綵」。

⑩厭：飽食。

⑪盜竽：意即強盜頭子。竽，又作「夸」，即大盜、盜魁。

【名家點評】

蘇轍評：

大道夷易，無有險阻，世之不知者，以為迂緩，而好徑以求捷。故凡合其自然而有所施設者，皆欲速者也。

【譯文】

假如我確實有智慧，走在大道上，只怕誤入邪路。大道十分平坦，而人們卻愛走小路。宮殿非常整潔，田地非常荒蕪，倉庫非常空虛。他們穿著華麗的衣裳，佩帶著鋒利的寶劍，吃著山珍海味，財產多得數不清。這樣的人就叫做強盜頭子。這是不合乎「道」的。

【延伸閱讀】

老子雖然也當過官，但只是小官，比較接近下層百姓，知道百姓的疾苦。在當時的剝削制度下，勞動人民處於水深火熱之中，辛苦所得被剝削者攫奪，這是一種多麼不合理的社會現象啊！面對這種現狀，作為哲學家的老子，不能不思考，不能不反對，不能不吶喊！

老子把統治者攫奪黎民百姓的勞力，看作是強盜行徑。他提醒統治者：只知攫奪、奴役人民，貪圖花天酒地，與強盜頭子無異，是不合乎「道」的，必然會走上窮途末路。因為，統治者的荒淫無度、奢侈享受，必然會激起人民大眾的反抗。

這種情緒，在《詩經》中屢有反映。如〈伐檀〉一詩中寫道：

坎坎伐檀兮，置之河之干兮。河水清且漣漪。不稼不穡，胡取禾三百廛兮？不狩不獵，胡瞻爾庭有懸貆兮？彼君子兮，不素餐兮。

這裡說的是，伐木者整天在河邊工作，卻一無所有，那些「君子」不種地、不打獵，卻稻穀滿倉、獵物掛滿了庭院。伐木者面對這種現狀，情不自禁地發出了質問，問那些「君子」為什麼能不勞而獲。這種質問直率、尖銳，表現了人民對於不合理的社會的清醒理解。

又如〈碩鼠〉一詩中寫道：

碩鼠碩鼠，無食我黍！三歲貫汝，莫我肯顧。逝將去汝，適彼樂土。樂土樂土，爰得我所。

這裡說的「碩鼠」，就是指〈伐檀〉中不勞而獲的貴族大官。用「碩鼠」去罵他們，確實很恰當，因為這一罵詞能

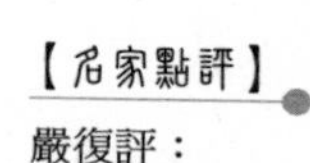

【名家點評】

嚴復評：

有知者，有使我知者。知者自謂久知，而使我知者用其「介然」而已。知「介然」之靡常，則已無留好。已無留好，而天下不羨其留，雖施不足畏，而況於知？

揭示出剝削階級的貪婪本質。而勞動人民要「適彼樂土」，則是對於一個沒有剝削、沒有壓迫的社會的嚮往，顯示出當時下層人民敢於反抗的決心。

諸如《詩經》中下層人民的心聲，老子是目有所睹、耳有所聞。因此，他告誡統治者，如果無休止地搜刮人民的辛苦所得，是一種強盜行徑，是不合乎「道」的。歷史上，凡是有作為的統治者，都有富民強國之策，而不是光知攫取。

【名家點評】

王弼評：

言若使我可介然有知，行大道於天下，唯施為之是畏也。言大道蕩然正平，而民猶尚舍之而不由，好從邪徑，況復施為以塞大道之中乎。

比如春秋時，齊國原是一個不很強盛的國家，其井田中的徭役田極為貧瘠，誠如《詩經・齊風・甫田》所云：「無田甫田，維莠驕驕」；「無田甫田，維莠桀桀」。齊國的貴族只知剝削、壓榨人民，用以大肆揮霍，如〈齊語〉描述：「九妃六嬪，陳妾數百，食必粱肉，衣必文繡」。在這種情況下，人民對於種植公田沒有積極性，甚至大批逃亡，使得公田大量荒蕪。

齊桓公執政時，對這種現狀十分憂慮，問管仲有什麼辦法。管仲說：「應當按照土地的好壞，實行地租的差等徵收制，農民就不會逃亡。」管仲之所以把分等級徵收地租作為改革政策，因為農業是當時經濟的基礎，也是富民強國的基礎。管仲還制訂了兩條政策：一是「均地分力」，即按勞動力平均分配包括公田在內的全部耕地；二是「與之分貨」，即實行按產量分成的實物地租制。這兩項政策，展現了管仲富民強國的思想。這樣做，既發展了農業經濟，改善了農民的生活，又使齊國富強了起來，有了「凝聚力」，人民逃亡的現象消除了。

齊桓公實行了管仲提出的方案，終於稱霸諸侯，成為當時最出名、最具實力的君主。

宋代王安石變法，其實也像管仲那樣，以富民強國為目的。但王安石變法涉及面較廣，是全方位展開的，內容包括制置三司條例田、青苗法、均輸法、市易法、方田均稅法、農田水利法、專利案法、免役法、免行錢法、保甲法、保馬法、減兵置將法、軍器監、科舉改革法、教育改革法等。面對宋朝當時「積貧」、「積弱」的現狀，王安石採取了兩種方法：一是透過發展生產來增加財富；二是利用經濟政策來調節社會各階層的收入，從而把豪富商賈中的一部分剝削收入轉為國有。而這兩種方法，都不會增添農民的負擔，卻能達到富民強國的目的。

同樣是統治者，管仲、王安石就顯得比較高明。他們不採取強盜般攫奪的手段，而是以發展生產、提高人民的生活為前提，從而達到使國家逐漸富強起來的目的。

第五十四章　善建者不拔，善抱者不脫

【原文】

善建者不拔[①]，善抱[②]者不脫[③]，子孫以祭祀不輟[④]。修之於身，其德乃真；修之於家，其德乃餘；修之於鄉，其德乃長[⑤]；修之於邦，其德乃豐[⑥]；修之於天下，其德乃普[⑦]。故以身觀身，以家觀家，以鄉觀鄉，以邦觀邦，以天下觀天下。吾何以知天下然哉？以此。

【名家點評】

唐玄宗李隆基評：

善能以道建國立本者，不可傾拔也。善能以道懷抱百姓者，不可脫離。言善以道德建抱之君，功施於後，愛其甘棠，況其子孫乎？

【注釋】

① 拔：拔出，動搖。
② 抱：緊抱，保持。
③ 脫：脫離，喪失。
④ 輟；停止，斷絕。
⑤ 長：長久。
⑥ 豐：豐厚，昌盛。
⑦ 普：普及，博大。

【譯文】

善於創建功業的人不會使功業動搖，善於保持功業的人不會使功業喪失，這樣的人作為統治者，子子孫孫都會不斷地祭祀他。用「道」來修身，他的「德」就會真實；用「道」來治家，他的「德」就會充裕；用「道」來治鄉，他的「德」就會長久；用「道」來治國，他的「德」就會昌盛；用「道」來治天下，他的「德」就會普及。按以上所說的去做，就可以透過自己觀察自己，透過家庭觀察家庭，透過鄉里觀察鄉里，透過國家觀察國家，透過天下觀察天下。

為什麼我能知道天下的所以然呢？就是運用了以上的道理。

【延伸閱讀】

老子希望統治者不要只知享受，過奢侈的生活，而應該多考慮人民的利益，為人民做些好事。這樣做，就是用「道」來治理天下，用「德」來處理世事，便會逐漸形成「道普德溢」的局面，天下就能太平，人們就能仁愛。

若想用「道」來治理天下，使「德」真正得以普及，必須有戰略優勢。用現在的話來說，整體國力強，才能造成這種戰略優勢，使鄰國乃至遠國都心悅誠服。我國歷史上，常有「來遠國」的說法，意思是：中原政治昌明，有堯舜之君，王化大行，便能使遠方四夷的小國自動前來歸降、朝貢。「來遠國」的「來」字，是個使動用法，即「使人家來」的意思。為什麼能「使人家來」呢？比如盛唐時期，氣象恢弘，國力鼎盛，中國無論在政治、軍事方面，還是經濟、文化方面，都有很大的優勢，所以四方鄰國懾於強大的威勢，紛紛前來修好。

然而，整體上的戰略優勢，並不說明在所有方面都佔優勢。但出於中原帝王的虛榮，同時也因為外交上的需要，往往連小小的劣勢也不想示之於人，巧妙地加以掩飾了。

如唐代張鷟所著《朝野金載》說：

太宗時，西國進一胡，善彈琵琶。作一曲，琵琶弦撥倍粗。上每不欲番人勝中國，乃置酒高會，使羅黑黑隔帷聽之，一遍而得。謂胡人曰：「此曲吾宮人能之。」取大琵琶，遂於帷下令黑黑彈之，不遺一字。胡人謂是宮女也，驚歎辭去。西國聞之，降者數十國。

一首曲子並不能說明一個國家的實力，但唐太宗就是不願讓「堂堂天朝」在任何方面稍遜於外國人，於是就讓著名

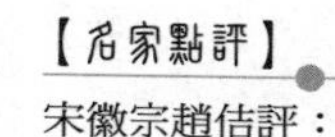

宋徽宗趙佶評：

建中以該上下，故不拔。抱一以應萬變，故不脫。建中而不外乎道，抱一而不離於精，若是者，豈行一國與當年，蓋將及天下與來世，其傳也遠矣。

【名家點評】

明太祖朱元璋評：

為無為，事無事，味無味。圖難於其易，為大於其細，天下難事，必作於易，天下大事，必作於細。其安易持，其未兆易謀，其脆易泮，其微易散。為之於未有，治之於未亂。合抱之木，生於毫末。

樂師羅黑黑先是隔帷偷聽一遍西域胡人演奏的琵琶曲，再讓羅黑黑假冒普通宮女，在琴弦上重現那首曲子，一下子震住了胡人。而這小小的一場比試，竟贏得了西域幾十個小國前來歸降的效果。然而，我們必須清醒地看到，這幾十個小國前來歸降，並不是因為大唐宮中有人能彈胡曲，如果沒有文治武功的實力，曲子彈得再好也無法使他國來歸順。

大唐天子喜歡誇耀中原威風，但確有廣闊的胸襟和風度，所以能溝通各國，南來北往，造成一派繁榮祥和的景象。尤其是透過與各國的文化交流，培養了許多各國派來的「留學生」，將中原的氣息及一切文明成果，都傳播到各國去了。這些「留學生」回國時，滿載著大唐從器物文化到制度文化的所有精粹，從政治思想到科技教育的所有資訊，從而加速了他們國家的發展。

貞觀十四年，留學大唐而畢業回國的新羅留學生和其他人員，一次就有一百多人，崔致遠是其中最出名的新羅留學生。他12歲入唐，18歲考中進士，是同儕中的佼佼者。新羅留學生回國後，仿照唐制建立了教育制度，規定了以儒家經典為主的教育內容，促進了中韓文化教育的交流。

日本奈良時代，在向中國派出遣唐使的同時，還派出了留學生和留學僧，每次多達數百人。唐朝對東瀛使者和留學生頗為關照，不僅皇帝親自接見，還對留學生的衣食住予以免費，並提供學習和研修方面的種種方便。這些留學生回到日本，將唐文化融合於日本文化之中，使日本在政治制度、文化藝術、科技教育等領域，都有了飛速的發展。

老子所說的「其『德』乃普」的境界，其實都是以實力來實現的。但這種實力不是用來黷武擴張，而是向外傳播文明，用以顯赫國家，嘉惠人類。

第五十五章　物壯則老

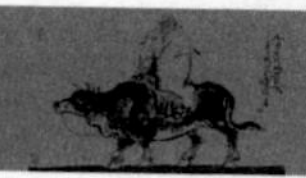

【原文】

含德之厚，比於赤子。毒蟲不螫（ㄕˋ）[2]，猛獸不據[3]，攫（ㄐㄩㄝˊ）[4]鳥不搏[5]。骨弱筋柔而握固。未知牝[6]牡[7]之合[8]而朘（ㄗㄨㄟ）[9]作[10]，精之至也。終日號而不嗄（ㄕㄚˋ）[11]，和之至也。知和曰常，知常曰明，益生[12]曰祥[13]，心使氣曰強[14]。物壯[15]則老，謂之不道，不道早已。

【注釋】

①毒蟲：指蜂、蠍、毒蛇之類。
②螫：刺人，毒害。
③據：獸類用爪擒拿的動作。
④攫：猛禽用爪疾取的動作。
⑤搏：捕捉，搏擊。
⑥牝：雌性鳥獸。
⑦牡：雄性鳥獸。
⑧合：交合，陰陽調和。
⑨朘：小男孩的生殖器。朘作：嬰孩的生殖器勃起。
⑩作：勃起，翹起。
⑪嗄：啞。
⑫益生：助益，過分縱欲貪生。
⑬祥：妖祥，災殃。
⑭強：勉強。
⑮壯：強壯，壯大。

【名家點評】

蘇轍評：

益生使氣，不能聽其自然。日入於剛強而老從之，則失其赤子之性矣。

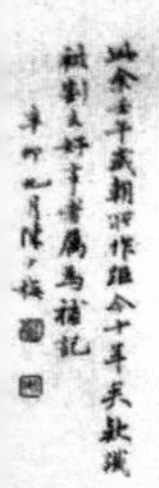

【譯文】

有深厚之「德」的高人，就好像無知無欲的嬰兒。蜂蠆毒蛇不能傷害他，猛獸不能侵犯他，巨禽不能搏擊他。嬰兒筋骨柔弱，但東西卻握得很牢固。嬰兒還不懂得男女交合，但小生殖器卻經常勃起，這是因為精氣十分旺盛的緣故。嬰兒整天號哭而嗓子不啞，這是因為元氣十分淳和的緣故。懂得陰陽和合的道理，這就叫懂得了常「道」。懂得了常「道」，這就叫明智。過分縱欲貪生，這就叫自找災禍。不顧一切地意氣用事，這就叫勉強。萬物壯大了便逐漸走向衰老，不知這個道理而強求壯大，這就叫不符合「道」，不符合「道」就會提早滅亡。

【延伸閱讀】

老子對有「德」之人極力推崇，希望人們去仿效。因為有「德」之人將「道」人格化了，顯得輕鬆、自然，與世無爭。有「德」之人純樸、無邪，所以能戰勝醜惡、凶橫。有「德」之人不走向極端，不走向頂點，因為物極必反，所有的事物，當它成熟、壯大之日，便是走向衰老、死亡的開始。

老子將有深厚之「德」的高人比作無知無欲的嬰兒，是有他深刻的道理的。其關鍵，就是「無知無欲」。嬰兒因為無知無欲而精氣旺盛，所以儘管小生殖器經常勃起，但絕不會妨礙健康。成人因為有欲念，所以如果生殖器老是勃起，就會因縱欲而傷身。嬰兒因為無知無欲而元氣淳和，所以儘管日夜啼哭，但嗓子不會嘶啞。成人因為有欲念，所以如果長時間說話，就顯得聲嘶力竭。而有「德」之人就是要像嬰兒那樣，進入無知無欲的狀態，這樣便會精氣旺盛，元氣淳和，祛病除疾，延年益壽。

老子之學，本屬傳統的「內聖外王」之道，也就是以哲學意義上的「道」，來統領個人修身養性及治政、用兵之「道」，其中雖包含有煉養術，但絕不止於煉養術。老子從不追求成仙升天，但後世研究者在研究《老子》時，卻發現其中有極為豐富的養生之道，如河上公就是從煉養長生的角度來解釋《老子》的。又如道教將老子神化為「太上老君」，將他奉為教主或教祖之一，既有宗教的含義，也有養生的角度。

《老子》所論述的「專氣致柔」、「抱一處和」、「致虛守靜」等原則，被道教煉養家所傳承發揮，成為道教煉養思想的主要淵源。

老子有關「含『德』之厚，比於赤子」的論述，給道教煉養家以很深刻的啟發。道教煉養家認為，如果人能夠返還於嬰兒時期的無知無欲狀態，最好能返還於胎兒時期的混沌守一狀態，就能斷後天生死之路，升天成仙了。

《延陵君修養大略》指出：

人能依嬰兒在母腹中自服內氣，握固守一，是名曰胎息。

《太清調氣經》亦有類似的說法：

胎息者，如嬰兒在母腹中十個月，不食而能長養成就，骨細筋柔，握固守一者。

「胎息」之說，出於《老子》「專氣致柔，能嬰兒乎」一語。

南北朝時，胎息已在道教中普遍流行。其鍛鍊方法，包括行氣、服氣、守竅、存思、存神、內丹等。這些功夫，能調節呼吸，以達胎息。

《胎息銘》云：

三十六咽，一咽為先。吐唯細細，納唯綿綿。坐臥亦爾，行立坦然。戒於喧雜，忌以腥羶。假名胎息，實曰內丹。非只治病，決定延年。久久行之，名列上仙。

這個銘文不僅介紹了習練胎息功的方法，還提出了習練

【名家點評】

王弼評：

生不可益，益之則夭也，心宜無有使氣則強。

這個功法的禁忌，即「戒於喧雜，忌以腥羶。」

有關胎息的論著有多種，較為有代表性的如晉代葛洪在《抱朴子・釋滯》中，介紹其從祖葛玄所傳胎息法是：

行氣或可以治百病，或可以入瘟疫，或可以禁蛇虎，或可以止瘡血，或可以居水中，或可以行水上，或可以辟饑渴，或可以延年命，其大要者，胎息而已。

唐代司馬承禎在《胎息精微論》中，認為胎息的精微，在於：

每入靜室，守玄元氣。玄中有玄是我命，命中有命是我形，形中有形是我精，精中有精是我氣，氣中有氣是我神，神中有神是我自然。

司馬承禎這一說法，很能展現老子返璞歸真、回歸自然的思想，可謂抓住了胎息的「精微」。

胎息有不同的功法。如《胎息口訣》介紹的胎息法是：

存思五臟，意念為臟腑中各出現與其相應的青赤白黃黑五色氣，三丹田中出現素雲，和五色氣合而為一，從頭頂而出，上騰三丈有餘。再想自身在氣中，閉息，想像氣海中胎氣出入，直到忍不住時；才從鼻中稍微放氣出。

又如《胎息雜訣》介紹的胎息法是：

一心入靜，百脈調暢，關節通利，鼻引清氣，緩緩而行，勿令至喉，吞嚥內氣，閉氣存想。

並指出：

胎息之妙，切在無思無慮，體合自然，心如死灰，形如槁木。

【名家點評】

陳澧評：

心使氣曰強。物壯則老，謂之不道，不道早已。

所謂「體合自然」，正符合了老子有關「道」的論述——即與自然融為一體，不分彼此，沒有彼此。

道教服氣、導引等還常用一個手式，稱作「握固」，即以四指握大拇指成拳，仿胎兒之狀，男以左手，女用右手。

《道樞・眾妙篇》云：

> 握固者何也？吾以左右拇指掐其三指之文，或以四指總握其拇，用左右手以拄腰腹之間者也。

握固是道教煉養的一個重要手式，有促使心氣歸一、避邪毒之氣的作用。而最早使用「握固」這一詞的，正是老子。《老子》中描繪嬰兒「骨弱筋柔而握固」，成為後世養生家所追求的一種境界。

老子騎青牛飄然而去，他的行蹤便是一個謎——是隱居還是成仙、是登天還是入世？他肯定是長壽的，因為他是個傑出的養生家。他闡述的養生之道，如果我們細細去品味，夠一輩子受用的了！

第五十六章　知者不言，言者不知

【原文】

知①者不言，言者不知。塞其兌②，閉其門③；挫其銳，解其紛，和其光，同其塵④；是謂玄同⑤。故不可得而親，不可得而疏；不可得而利，不可得而害；不可得而貴⑥，不可得而賤：故為天下貴。

【名家點評】

唐玄宗李隆基評：

知，了悟也。言，辯說也。

【注釋】

① 知：通「智」，聰明，智慧。

② 兌：口。

③ 門；指耳目口鼻等感覺器官。

④ 和其光，同其塵：一種解釋為「將光芒（或光榮）與塵埃同樣看待」；一種解釋為「掩飾光芒，混同塵俗」。

⑤ 玄同：指玄妙齊同的「道」。

⑥ 貴：作「貞」，尊崇。

【譯文】

聰明的人不夸夸其談，夸夸其談的人絕不聰明。塞住嘴巴，閉上眼睛，挫掉鋒芒，去掉紛擾，遮蔽光芒，混同塵俗，這就叫做「玄同」。所以，對於做到「玄同」的人，既不能親近他，也不能疏遠他；既不能對他有利，也不能對他有害；既不能使他尊貴，也不能使他卑賤。因此，天下都對他極為尊崇。

【延伸閱讀】

老子是個絕頂聰明的哲人，見聞廣博，但他一點也不囉嗦。因為他知道，多言就顯得無知、顯得淺薄。尤其是說那些沒用的空話、廢話，更是浪費口舌。至於說那些虛偽的假話、謊話，則是自欺欺人。他寫下流傳千古的《老子》，只用了五千個字，多麼概括、多麼凝練，真是惜墨如金啊！

世上的事總是奇妙得讓人不可思議：越是滔滔不絕說個不停，越是沒人要聽你的話。塞住嘴巴，人們會認為你深奧；閉上眼睛，人們會認為你聰明；挫掉鋒芒，人們會認為你含蓄；去掉紛擾，人們會認為你超脫；遮蔽光芒，人們會認為你真實；混同塵俗，人們會認為你親切。所以，越是不表現自己，越能得到人們的尊重。反之，自我吹噓的人，人們未必會承認他的功勞；自以為是的人，人們未必會承認他的成績；自高自大的人，人們未必會承認他的地位；自作聰明的人，人們未必會承認他的智慧。

我國古代很講究言不在多，但必須守信的道理，因為守信就能得到人們的信任。一般老百姓講不講信用，只是關係到人際關係，而政治家、軍事家講不講信用，則關係到——治國、治軍的大事。

比如，商鞅準備在秦國變法，制訂了新的法律，為了使百姓相信新法是能夠堅決執行的，他便在京城南門口豎立了一根大木，對圍觀者說：「誰要能將這根木頭從南門搬到北門，就賞他五十金！」大多數人都不相信有這等好事，唯恐商鞅的許諾不兌現。在大家猶豫不決時，有一個人卻扛起木頭，從南門一直走到北門。商鞅當場兌現，賞給他五十金。

這樣一來，人們都相信商鞅說的話是算數的，他立的法人們也就遵守了。

又如：著名的軍事家孫武去見吳王闔閭，與他談論帶兵打仗之事，說得頭頭是道。吳王心想：「紙上談兵有什麼用，讓我來考考他。」便出了個難題，讓孫武替他操練姬妃宮女。

【名家點評】

宋徽宗趙佶評：

道無問，問無應，知道者默而識之，無所事言。齧缺問於王倪，所以四問而四不知，多言數窮，離道遠矣。

【名家點評】

明太祖朱元璋評：

道非言說所能盡，多言者妄也。孔子曰：「予欲無言。」即是此意。

孫武挑選了一百個宮女，讓吳王的兩個寵姬擔任隊長。宮女們嘻嘻哈哈，議論紛紛：「女人也要操練，真是稀罕！」孫武將列隊操練的要領講得清清楚楚，但正式喊口令時，這些女人笑作一堆、亂成一團，誰也不聽他的。孫武便說：「可能我沒有將要領講清楚。」便又複述了一遍，但一喊口令，她們還是老樣子。孫武再次講解了要領，並要兩個隊長以身作則。但他一喊口令，宮女們還是滿不在乎，兩個當隊長的寵姬更是笑彎了腰。孫武嚴厲地說道：「這裡是演武場，不是王宮；你們現在是軍人，不是宮女。我的口令就是軍令，不是玩笑。你們不按口令操練，兩個隊長帶頭不聽指揮，這就是公然違反軍法，理當斬首！」說完，便叫武士將兩個寵姬殺了。場上頓時肅靜，宮女們嚇得誰也不敢作聲，當孫武再喊口令時，她們步調整齊，動作劃一，好像訓練有素的軍人。孫武派人請吳王來檢閱，吳王正為失去兩個寵姬而惋惜，沒有心思來看宮女操練，只是派人告訴孫武：「先生的帶兵之道我已領教，由你指揮的軍隊一定紀律嚴明，能打勝仗。」

商鞅和孫武沒有說什麼廢話，而是從立信出發，來維護國法、軍法的嚴肅性。前者使用的是獎賞的方法，以五十金的代價，讓人們相信按照法律辦事是必須的、正確的；後者使用的是懲罰的手段，以兩顆人頭的籌碼，換得了軍紀森嚴、令出必行的效果。

話不要多說，要說就說在關鍵上；話無須多說，說了就要算數。精闢的理論，需要語言來傳達，但語言也必須精闢；深刻的思想，需要語言來表述，但語言也必須深刻。語言是理論的外殼，語言是思想的載體。我們不要忽視它的作用，但我們也不要過分去追求它的效果，一切任其自然。老子及其《老子》，為我們提供了駕馭語言的楷模。

第五十七章　我無為，而民自化

【原文】

以正①治國，以奇②用兵，以無事③取天下。吾何以知其然哉？以此：天下多忌諱④，而民彌⑤貧；朝多利器⑥，國家滋昏；人多伎⑦巧，奇物⑧滋起；法令滋彰⑨，盜賊多有。故聖人云：「我無為，而民自化⑩；我好靜，而民自正⑪；我無事，而民自富；我無欲，而民自樸⑫。」

【注釋】

① 正：平正，正統。
② 奇：特殊，變化無常的。
③ 無事：自然的，無為。
④ 忌諱：禁忌，禁令；人們所不敢談論的。
⑤ 彌：越，更加。
⑥ 利器：精良的器物。
⑦ 伎：同「技」；技巧，技能。
⑧ 奇物：奇異的器物。
⑨ 彰：明白，明確，明顯。
⑩ 自化：自然歸化。
⑪ 自正：自然安穩。
⑫ 自樸：自然純樸。

【名家點評】

唐玄宗李隆基評：

無為則清靜，故人自化。無事則不擾，故人自富。好靜則得性，故人自正。無欲則全和，故人自樸。此無事取天下矣。

【譯文】

用常見的、正統的方法治理國家，用特殊的、變化的方法佈陣打仗，用自然的、無為的手段來取得天下。我怎麼會知道這個道理呢？是因為下列原因：天下的忌諱越多，百姓就越貧困；百姓掌握的器械越多，國家就越亂；人們掌握的技能越多，奇異的事物就越會出現；法律條文越明確，強盜小偷就越多。所以聖人說：「我無為而百姓就自然地歸化，我好靜而百姓就自然地安穩，我無事而百姓就自然地富裕，我無欲而百姓就自然地純樸。」

【名家點評】

宋徽宗趙佶評：

天無為以之清，地無為以之寧，兩無為相合，萬物皆化，聖人天地而已，故民曰遷善，而不知為之者。鑑水之與形接也，不設智故，而物之方圓曲直不能逃也，夫豈待鈞繩規矩而後正哉？天下本無事，庸人擾之耳。無以擾之，民將自富。不尚賢則民不爭，不貴難得之貨，則民不為盜，同乎無欲，而民性得矣。

【延伸閱讀】

老子的治國之道，乃是「無為」二字，一切聽任自然。他反對制訂繁瑣的法律，覺得法律條文越多，帶來的麻煩也越多。因此，他對法家變法、革新的主張提出了尖銳的批評，甚至說：「法令滋彰，盜賊多有。」這種責難，確含偏頗。法家講「法」，是「以道為常，以法為本」。這個「法」，包括了政策、法令、制度，是與其政治上要求建立封建大一統國家的法治思想相適應的。如法家集大成者韓非提出：「世異則事異」，「事異則備變」，這種要求革新的呼喊，是以歷史進化觀念為基礎的。而老子推崇上古聖人的「無為而治」，就走上了「是古非今」的復古主義道路。

老子不主張法治，所以會有「法令滋彰，盜賊多有」的說法。歷史上，確實也有不以法律條文來懲治盜賊的官員。宋代鄭克所著《折獄龜鑑》中，即有一則這方面的記載：

南齊王敬則為吳興太守，錄得一偷，召其親屬於前鞭之。令偷身長掃街路，久之，乃令舉舊偷自代。諸偷恐為所識，皆逃去，境內以清。

這位吳興太守的方法是：抓住小偷，不用刑律來處罰，而讓他每天到街上去掃地，既維護了環境衛生，又讓行人都認識小偷的面貌，以後碰上了就能提防。當小偷的，也要臉面，不想在眾人面前曝露，現在人們都用異樣的目光看自己，如「芒刺在背」，滋味當然不好受。怎樣來免受此罪呢？也不難，只要供出一個同夥來，就能代替自己掃地示眾了。當小偷的，當然都認識幾個「同行」，被罰掃地的小偷，為了使自己早日脫離這尷尬的境地，便會指認一些同夥。所以，吳興境內的小偷怕被供出來，都嚇跑了。

吳興太守處置小偷的辦法，也許是有效的，但用今天的眼光來看，卻是不合法的。老子所設想的不用法律的「無為而治」的社會，在他那個時代行不通，在今天依然行不通。俗話說：「無法無天」，說明沒有法律或藐視法律是多麼危險。一個健康的社會，一個法制健全的國度，法律能懲治犯罪，法律能保障公民的合法權益。

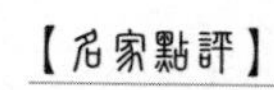
【名家點評】

明太祖朱元璋評：

故天鑑之外有四善，吾不審何？智者能之非凶善，盡此四善，篤同天地，此章皆言有道之兵，奉天討偽，將不妄為，存仁厚德，君將無憂，而禍平矣。

第五十八章　禍兮，福之所倚；福兮，禍之所伏

【原文】

其政悶悶①，其民淳淳②，其政察察③，其民缺缺④。禍兮，福之所倚；福兮，禍之所伏。孰知其極⑤？其無正⑥！正復為奇⑦，善復為妖⑧。人之迷，其日固久。是以聖人方⑨而不割，廉⑩而不劌⑪，直⑫而不肆⑬，光而不耀⑭。

【注釋】

① 悶悶：是說國家的政治不清明，沒有制度、法律、教育、文化，不辨善惡，不用賞罰。

② 淳淳：淳樸，忠厚。

③ 察察：水清明。其政察察，是說國家的政治清清明明，有制度、法律、教育、文化，辨善惡，行賞罰。

④ 缺缺：狡詐，狡猾。

⑤ 極：結果，界限。

⑥ 正：準則。

⑦ 奇：異常，反常。

⑧ 妖：妖孽。

⑨ 方：方正。

⑩ 廉：稜角。

⑪ 劌；尖刺。

⑫ 直：正直。

⑬ 肆；韁繩拉緊的樣子。

⑭ 耀：耀眼的陽光。

【名家點評】

唐玄宗李隆基評：

倚，因也。伏，藏也。上言其政悶悶，俗則以為無政理之體，人反淳淳然而質樸，此則禍為福之所因也。其政察察，而俗則以為有政理之術，人乃缺缺然而凋弊，此福為禍之所藏。

【譯文】

當政者營造寬厚、寬鬆的政治環境，百姓就淳樸；當政者營造明察、嚴謹的政治環境，百姓就狡猾。災禍啊！緊靠著幸福；幸福啊！埋伏著災禍。誰知道它的界限呢？有沒有固定的準則呢？正常可以變為異常，善良可以變為妖孽。人們的迷惑不解，由來已久了。因此，「聖人」行事，方正並不像刀切成的那樣，稜角並不像尖刺那樣，正直並不像繮繩拉緊那樣，光亮並不像耀眼的陽光那樣。

【名家點評】

宋徽宗趙佶評：

昭昭生於冥冥，有倫生於無形，德慧術智，存乎疢疾，高明之家，鬼瞰其室，知時無止，知分無常，知終始之不可故，則禍福之倚伏，何常之有？

【延伸閱讀】

老子作為古代偉大的哲學家，對於矛盾雙方相互轉化的問題，有著深刻的認識。他看到了「禍兮，福之所倚；福兮，禍之所伏」的轉換；他認識到「正復為奇，善復為妖」的變化。這種轉換和變化，符合矛盾轉化的普遍法則。而這種法則，主要反映的是事物的內在運動規律，展現出事物的自我否定特性。

壞事可以變好事，好事可以變壞事，禍福之間，實在沒有天壤之別。權貴可以貶為平民，囚徒可以成為宰相，兩者之間只是一步之遙。

《史記》記載：

殷高宗武丁德性非常高尚，他登基後，便立志要使殷朝復興起來，但卻找不到一個賢臣來輔佐自己。因此，他很煩悶，在父親去世居喪的三年中，一句話也不願說，就像個啞巴。如果一定要說話，也只是透過書面傳達。一天，他做了個夢，夢見天帝給他推薦了一個賢臣，此人背有點駝，身穿一件粗麻布衣服，胳膊上套著繩索，正彎著腰在工作。武丁見他模樣像個囚徒，就過去和他談話。恍惚中，武丁覺得那個囚徒對自己說了許多有關天下的大事，句句都打動了自己的心。武丁正要問那囚徒的名字，卻被一陣早朝的鐘聲驚醒了。

上朝時，武丁將夢中那個囚徒的形象刻畫在一塊木板上，讓群臣看個仔細，然後要他們照著圖像去尋訪此人。大家找了很久，終於在北海的傅岩，找到一個名叫說的囚徒。這個囚徒身穿一件粗麻布衣服，胳膊上套著繩索，背有點駝，面容也像武丁所畫的人，便趕緊將他帶入宮中。

武丁一見此人，就覺得和夢中所見一樣，非常高興，馬上和他交談起來，這還是武丁自父王去世三年來第一次開口說話。這個囚徒見到武丁，態度沉著穩重，侃侃而談，顯示出他是一個學問淵博、胸襟開闊的人。他的才能非常契合武丁的心意，武丁立刻任命他為宰相。由於他來自傅岩這個地方，便以「傅」為姓，稱他為「傅說」。傅說做了宰相後，沒有辜負武丁的期望，將國家治理得井井有條，使武丁實現了復興的夢想。

【名家點評】

明太祖朱元璋評：

甚易知，云文與字意，甚易行，此大道大德。善能知者，不過文內之意，莫能行，言文奧而愚不解者。言有宗，文有首也。事有君，借物為主也。經云夫唯無知，言人不知我。知我者希，老子方貴，戲云聖人，被布抱，懷抱美玉，以其外賤內貴也。

傅說從囚徒一躍而為宰相，其變化在一夜之間。他人生道路的轉機，看上去好像是武丁的一個夢，但如果他沒有淵博的學問、治國的良策，怎麼會得到武丁的賞識，給予他這樣高的地位和權力呢？武丁夢天帝賜輔臣，只是傅說得見國君的一個機會，而真正使傅說改變命運的，是武丁對他的考察。

歷史上，頗多禍變福、福變禍，凶變吉、吉變凶的例證，如《戰國策・宋策》記載：

宋康王之時，有雀生鸇於城之陬。使史占之，曰：「小而生巨，必霸天下。」康王大喜。於是滅滕伐薛，取淮北之地。乃愈自信，欲霸之亟成，故射天笞地，斬社稷而焚滅之。曰：「威服天下鬼神。」罵國老諫者，為無顏之冠以示勇。剖傴之背，鍥朝涉之脛，而國人大駭。齊聞而伐之，民散，城不守。王乃逃倪侯之館，遂得而死。見祥而不為祥，反為禍。

一句「見祥而不為祥，反為禍」，道出了宋康王得吉兆反而帶來災禍的悲劇。他得「小而生巨，必霸天下」的吉兆，本是一樁好事；滅滕伐薛，使他堅定了擴張的決心。但好事沒有一直好下去，因為宋康王的一連串所作所為，背離民心，使得吉兆無法再顯驗，倒是「禍不遠矣」，最終被齊打敗，死於非命。明明是吉兆，卻變成了凶災。這一轉換，不能怪占卜不靈，不能怪軍民不忠，不能怪齊國不義，只能怪宋康王自己倒行逆施。

老子所說的事物朝著矛盾的對立面的轉化，其法則是：內因是變化的根據，外因是變化的條件。傅說由賤變貴是如此，宋康王由吉變凶也是如此。

第五十九章　深根固柢，長生久視之道

【原文】

治人，事①天，莫若嗇②。夫唯嗇，是以早服③。早服謂之重④積德。重積德則無不克⑤。無不克則莫知其極⑥；莫知其極，可以有國。有國之母⑦，可以長久。是謂深根固柢⑧，長生久視⑨之道。

【名家點評】

唐玄宗李隆基評：

積德有國，則根深花蒂固矣。深固者，有國長生久視之道。

【注釋】

① 事：侍奉，奉行。

② 嗇：儉嗇，吝惜；引申為積蓄。

③ 服；通「備」，準備。

④ 重：多，厚，不斷。

⑤ 克：勝，勝任。

⑥ 極：最高點，邊際，頂點。

⑦ 母：根源，根本，宇宙的本體。

⑧ 柢：樹根向下紮的根鬚。

⑨ 久視：長生不老。

【譯文】

治理社會和侍奉自然，沒有比積蓄力量更重要的了。如要積蓄力量，就該早作準備。早作準備就是不斷地累積「德」。不斷地累積「德」，就能攻無不克；攻無不克，就無法知道它力量的窮盡；無法知道它力量的窮盡，就可取得國家。有了國家的根本，就能永久地維持統治。這就是根深柢固、長生不老的「道」。

【延伸閱讀】

老子以哲學家的深邃眼光，來研究治理社會和侍奉自然的方法。他不去對某一具體的事件作分析，而是從宏觀上把握「治人事天」的技巧。他抓住了這種技巧，就是積蓄力量。唯有積蓄了足夠的力量，才能安邦定國，永遠處於統治地位。

累積「德」的作用，可能短時期看不到，但它卻能展現長遠利益。其最著名的例子，就是戰國時期孟嘗君的食客馮諼的「以錢市義」。

孟嘗君是赫赫有名的戰國「四大公子」之一，非常富有，養有許多食客。有一次，門下食客馮諼自告奮勇替孟嘗君去他的封邑薛地討債。馮諼臨行前，問孟嘗君是否要順便買點什麼東西回來。孟嘗君覺得好笑，自己家裡應有盡有，什麼也不缺，這個馮諼不是多此一舉嗎？於是他便隨口敷衍馮諼說：「你看我家裡缺什麼，就替我買什麼吧！」馮諼欣然領命而去。到了薛地，馮諼召集應當還債的百姓，一一查對了他們所欠債務的憑證，然後假託孟嘗君之命，將債款悉數賜給這些老百姓，並將一車借據當場焚毀。薛地百姓喜出望外，感恩戴德。

馮諼回去向孟嘗君交差，孟嘗君問他：「此去薛地，討債是否順利？」馮諼回答：「十分順利，把債務都了結了。」孟嘗君問：「那你要回來多少錢？」馮媛說：「我一文錢也沒有帶回來，把錢都買了您家裡所缺的東西了。」孟嘗君好奇地問：「你究竟買了些什麼呢，要花去這麼多錢？」馮諼回答：「我看您家中珍寶堆積如山，門外肥馬滿廄，身邊美女如雲，真是要什麼有什麼，唯獨缺少『義』而已。您既然要我看您家裡缺什麼買什麼，所以，我就替您買了『義』。」孟嘗君不以為然地問：「什麼是買

【名家點評】

宋徽宗趙佶評：

聰明智識，天也。動靜思慮，人也。適動靜之節，省思慮之累，所以治人。不極聰明之力，不盡智識之任，所以事天，此之謂暗。天一在臟，以腎為事，立於不貸之圃，豐智原而嗇出，則人事治而天理得。

『義』？」馮諼就一五一十彙報了此去薛地討債及燒毀借據的經過。孟嘗君聽後哭笑不得，又不便發作，以免丟失風度，只是訕訕地說了聲：「你去休息吧，先生！」對這件事未置可否，其實心裡對他很不滿意，對失去這麼多錢很是心痛。

一年後，孟嘗君失寵於齊王，被罷了官，遣返封邑薛地。當時孟嘗君真有些心灰意懶，一路上打不起精神來。在他的車馬距薛地還有百里之遙時，老百姓已經扶老攜幼，爭先恐後地在路上迎接他了。這時，孟嘗君精神為之一振，心中燃起了重振雄風的希望。同時，他也理解了當初馮諼之所以要買「義」，就是為了替自己積「德」，使自己立於不敗之地。面對眼前百姓熱烈歡迎自己的場面，孟嘗君感慨地對馮諼說：「先生替我買『義』，為我積『德』，其好處我今天見到了！」

【名家點評】

明太祖朱元璋評：

若言王，大禍即大威，士庶則刑憲乃大威矣。又無狎其所居，無厭其所生，王勿多花囿，勿多離宮，慎勿微行，勿近優伶，勿費民用，非理勿勞，動必以時，臣庶平日勿近愚頑兇暴，勿毀人技藝是也。

馮諼的所謂「買義」，其實就是收買人心。其主觀上是為孟嘗君營造一個安全的據點，使他退可守，進可攻；但客觀上確實是積了「德」，使窮困百姓免去了沉重的債務，他們當然要擁護孟嘗君了。買「義」就是積「德」，積「德」就能得到百姓的擁護，得到百姓的擁護就能立於不敗之地。

馮諼買「義」，是有政治眼光的。孟嘗君當時對他擅自燒毀一車借據雖然不悅，但畢竟沒有責怪他，說明孟嘗君還是很有器度的。在孟嘗君有權有勢時，有個門客與他夫人私通，孟嘗君不僅原諒了他，還舉薦並資助他去衛國擔任要職。孟嘗君沒有埋沒人才，這也是一種積「德」，所以也得到了回報。後來這個門客冒著生命危險，勸諫衛君不要攻打齊國，使齊國度過了一次危險。

老子要人們重視積「德」，其意義往往被人們所疏忽。積「德」不僅能提高自身的素養，而且還能避免潛在的危險。積「德」應該是經常的行為、下意識的行為；不要矯揉造作，不要虛情假意；沒有私心，沒有欲念。明代洪應明在《菜根譚》中說：「進德修行，要個木石的念頭，若一有欣羨，便趨欲境；濟世經邦，要段雲水的意思，若一有貪著，便墮危機。」這番話，真是卓見。

第六十章　以道莅天下，其鬼不神

【原文】

治大國，若烹①小鮮②。以道莅（ㄌㄧˋ）③天下，其鬼不神④。非⑤其鬼不神，其神不傷人。非其神不傷人，聖人亦不傷人。夫兩不相傷，故德交歸焉。

【名家點評】

純陽子評：

鮮，平聲。治國者和民而已。故譬之烹鮮。小鮮極言其易也。無道之國德薄而沴。重鬼或能神。以侵害於人。聖人以道莅天下。陰陽和而萬民育。各不相害。故幽明交格。德甚神也。

【注釋】

① 烹：煎、煮食物。
② 小鮮：小魚。
③ 莅：臨；引申為統治。
④ 神：靈驗，作用；作動詞用。
⑤ 非：「不唯」二字的合音；不僅，不但。

【譯文】

治理大國要如同煮小魚那樣輕鬆自如。用「道」來統治天下，鬼就不靈驗；不但鬼不靈驗，神也不傷害人。不但神不傷害人，「聖人」也不傷害人。鬼神不傷害人，人便不反對鬼神；「聖人」不傷害人，人也不反對「聖人」——兩者互不相傷，因此「德」就融合在一起了。

【延伸閱讀】

老子看問題站得高，氣魄大，將「治大國」比作「烹小鮮」，確實是前無古人，後無來者。他雖然也談「神」說「鬼」，但絕不疑神疑鬼，因為他基本上是個無神論者。他用「道」來代替傳統的形象化的鬼神，因而鬼神就沒了權威，就不可怕了。人們無須對鬼神懷有敬畏之心，但必須尊重「道」，效法「道」，這樣才能治理好天下，以保國泰民安。

德國的神話學派研究家施瓦茨和曼哈特，曾經提出關於「低級神話」的學說，希望研究者注意力首先不要放在大的神話形式上，而要放在反映原始觀念的處於萌芽狀態的初級神話形式上。他們認為，迷信活動不是神話發展的結果，是神話的萌芽或胚胎，而魔鬼、精靈、妖怪等民間傳說，才是神話的先聲。鬼神本是人創造出來的，有什麼可怕的呢？

老子筆下的鬼神，與自然界萬物一樣，既是神聖的，又是平凡的，只要人們用「道」來統治天下，鬼神也就與人「井水不犯河水」。你不必崇拜祂，也不必害怕祂，或者乾脆不理祂、忘掉祂。老子對於鬼神的觀點，對後世的影響很深。

相傳清初名士王元章，是個不信鬼神的人。他家住在寺廟附近，每逢家裡沒有了柴火，他就去廟裡砍神像。他的一個鄰居篤信鬼神，見他砍毀神像，心中很是不高興，就自己刻木補上。王元章見他補得勤快，砍得也就更迅速了。這樣，王元章砍，鄰居補，砍砍補補，持續了好長日子。奇怪的是，王元章砍去神像當柴燒，家裡的人卻平安無事；鄰居虔誠雕刻神像，家裡妻兒卻經常生病。有一天，鄰居請來巫師降神，從而問神：「王元章屢次砍毀神像，神不降禍於他；我補刻神像，神卻不保佑我——這是什麼原因呢？」神怒氣沖沖地回答：「如果你不去補刻神像，他砍什麼啊？」

這個故事的寓意，很值得思考。信神的人，神並不去保佑他；不信神的人，神亦不去降禍於他。砍毀神像的人，神對他無可奈何；添補神像的人，神對他橫加訓斥。這樣看來，神不也有點欺軟怕硬嗎？

鬼神不僅欺軟怕硬，而且還很勢利，怕地位高的人，欺地位低的人。在眾神譜系中，土地神級別最低，俗稱「土地公」，僅能管理一小塊地面，一般沒有祠廟，只附在神廟或橋亭等處祭祀。明代郎瑛的《七修類稿》中，有這樣一個記載：

太祖常微行，遇一監生，同飲於酒家。奈座已滿，回觀唯有土神之几，太祖遂移神於地曰：「且讓我！」因對飲。問生曰：「何處人？」

生曰：「重慶。」帝因出對曰：「千里為重，重水重山重慶府。」生對：「一人成大，大邦大國大明君。」帝甚喜。散後，酒主復延土神上座。是夜夢神曰：「皇帝命我不可上座。」方疑之，則聞朝廷召昨日飲酒監生與官矣，然後知太祖焉。故今天下土地，多坐於下。

這個傳說當然不足為憑，但它卻表述了這樣的思想：鬼神也不可畏。像土地公這樣的小神，遇上明太祖朱元璋，一副戰戰兢兢的樣子，要祂暫時委屈坐地下，祂卻從此不敢上座了。

各個國家、各個民族，都有自己創造的鬼神。由於文化背景不同，對鬼神的態度也不同。

【名家點評】

李函虛評：

猶言以道立治，魔雖靈而不擾。非不擾人也，聖人以靜治而不擾人，魔又何敢擾人哉？故魔與人兩忘，而為聖德治伏也。

在豐富絢麗的希臘神話中，作為古希臘精神之象徵的並不是威嚴的天帝宙斯，而是偉大的泰坦神普羅米修斯。他不願看到人類被毀滅，冒著觸怒宙斯的危險，盜火給人類，結果被宙斯鎖在高加索山的峭岩上，長年累月忍受著一隻老鷹的折磨。當朋友勸告普羅米修斯，要他服從上天的意志，他卻回答：自己得罪宙斯是因為盜火種給人類，這是對的，所以絕不會向宙斯屈服。普羅米修斯這種堅決的態度，正展現了古希臘人的精神面貌。

古埃及人對神有一種感恩的思想和感情，認為是神賜福於人類，所以樂於向神獻祭。然而，古埃及人清醒地看到，只有透過自己雙手辛勤的工作，才能得到神的恩賜。所以，他們理智地把神拉向人，而不是把自己交給神。古埃及人善於將虛幻的神物化和自然化，從而使之成為人們可以理解、可以駕馭的東西。

古印度人尋求神的和諧與人的和睦，這種傳統一直延續到今天。維韋卡南達在美國芝加哥召開的「國際宗教大會」上的講演，就展現了這種精神：「哦！『神聖的主宰』，印度教徒稱之為梵天大神，瑣羅亞斯德信徒呼之為馬自達，佛教徒謂之佛陀，希伯來人名之耶和華，基督教徒稱之為上天之主。讓這『神聖主宰』贈與我們精神。……我堅信在不久的將來，我們將在所有宗教的旗幟上，讀到如下誓言：互相幫助，絕不互相抗爭。和睦共處，絕不詆謗他人。維護和諧與和平，不作無益之爭。」這番話，正展現了印度民族對神的寬容與對人的期望。

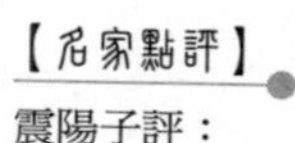

震陽子評：

非鬼不靈，乃其靈氣潛處於幽陰不出而驚擾生人也。

猶太人認為，人類必須在上帝面前「自卑」。除此之外，任何一個人都用不著，而且不應當向任何一個人、任何一種物「自卑」。因為向他人、他物的「自卑」，就是「跪拜他神」。猶太人強調：人不怕下跪，就怕下跪在他人跟前；人不怕受神的約束，就怕有人可以不受神的約束；人不怕唯一的神，就怕假冒偽劣的「人」神！猶太民族的這種人與神的關係，是維繫其人際關係及社會活動的準則。

錢鍾書先生引用我國古代大量典籍，證明神的最初身分是鬼，鬼發跡了便為神；這就像一些後來成為帝王者，最初為寇一樣。如漢高祖劉邦、梁太祖朱溫、後周太祖郭威、前蜀高祖王建、吳越王錢鏐、明太祖朱元璋等。「亂世出英雄」還說得過去；「亂世出真命天子」，乃是騙人的鬼話。

中國人喜歡造神，善於造神，那神仙譜系，真是五花八門，不斷補充，常翻常新。有的人就愛用神來壓人、嚇人、制人，以達到自己不可告人的目的。

至於鬼，那就名堂更多了，什麼餓死鬼、吊死鬼、……名稱就怪嚇人的。造鬼嚇人，必定心懷鬼胎，就是想以陰森恐怖來鎮住膽小鬼。

有句人人皆知的俗話，叫作「裝神弄鬼」，說得極為傳神。「裝神」和「弄鬼」，看起來是兩碼事，其本質是一樣的——都是騙人的鬼把戲。

說到底，怎樣看待鬼神並不重要，重要的是人要有自信，如老子所云，「治大國若烹小鮮」，將國家治理好，讓人民過上安寧、富裕、幸福的生活。

第六十一章　大國者下流

【原文】

大國者下流①，天下之交②。天下之牝（ㄆㄧㄣˋ），牝③常以靜勝牡（ㄇㄨˇ）④，以靜為下。故大國以下小國，則取⑤小國；小國以下大國，則取大國。故或下以取⑥，或下而取⑦。大國不過欲兼畜⑧人；小國不過欲入事人。夫兩者各得所欲，大者宜為下。

【名家點評】

唐玄宗李隆基評：

下流者，謙德也。大國當下流開納，則天下之人交至矣。

【注釋】

① 下流：指地位低下。
② 交：強健有力。
③ 牝：雌性物類。
④ 牡：雄性物類。
⑤ 取：取得，獲得。
⑥ 以取：取小國。
⑦ 而取：取於大國。
⑧ 畜：畜養，收撫；也作包容。

【譯文】

大國應當像江河的下游，應當像天下物類雌雄交合時的雌性。雌性總是以安靜戰勝雄性的，以安靜處於下位的。所以大國甘居小國之下，便能取得小國；小國甘居大國之下，便能被大國取得。因此，或是大國居小國之下而取小國，或是小國居大國之下而被大國所取。大國不過想收撫小國，小國不過想侍奉大國。如果大國和小國都想達到自己的目的，那麼大國應當甘居小國之下。

【延伸閱讀】

老子生活的春秋時代，列國兼併非常嚴重。大國以大欺小，強國以強凌弱，所以孔子一言以蔽之——「春秋無義戰」。面對這種社會動盪不安、戰爭連續不斷的局勢，老子希望統治者能夠理智些，無論是大國還是小國，大家都甘居柔弱的地位，就能彼此相安無事，從而使社會秩序穩定，人民安居樂業。

事實上，大國、強國往往喜歡用兵，兼併小國、弱國，怎麼肯居於下位呢？而弱小之國為了生存，不得不採用謀略來應付大國的擴張政策，不然就會有滅頂之災。

宋徽宗趙佶評：

人莫不有趨高之心，而趨高者常蹶。江海所以能為百谷王者，以其善下之也。

《戰國策・東周》記載：

秦國有一次向東周提出要借路去攻打韓國。周君擔心答應秦國這一要求後，會同韓國關係惡化，如果不答應秦國這一要求，會惹惱強大的秦國。正在周君左右為難之際，史厭便給他出了個主意：「您可以派使臣去對韓國說『秦國敢於穿越周境來進攻韓國，是因為相信我們。韓國如果割讓給我們一塊土地，同時又派遣重要的使臣到楚國去求援，秦國必定猶豫不決，不信任我們了，這樣就不會再進攻韓國。』然後，您再派使臣去對秦國說『韓國一定要將土地送給我們，目的就是為了使秦國對我們產生懷疑，但我們又不敢不接受。』秦國沒有理由要我們不接受土地。這樣一來，我們既從韓國獲得了土地，同時也依然與秦國保持友好的關係。」

東周在強國的夾縫中求生存，史厭的計策的確絕妙，破解了不是得罪秦，就是得罪韓這一難題，還得到了韓國送來的一片土地。

老子看問題比較深刻。他認為，天下列國構成一張網絡，大國和小國都是這張網絡中的一部分，局部的不協調，就會引起全域的連鎖反應。一旦打起仗來，無論是大國還是小國、戰勝國還是戰敗國，都會受到不同程度的損失。要本國安寧，就必須天下太平；天下太平了，本國也就能得到安寧。從這個根本利益出發，大國和小國都要為和平作出努力，就能保持天下太平。

國家之間的關係是如此，人際關係也是如此。如果一方恃強凌弱，雙方的關係就會惡化。如果一方處處想佔便宜，雙方的關係就不會長久。如果人人都不肯吃虧，不肯為他人作點犧牲，其實對每個人都是不利的。

【名家點評】

明太祖朱元璋評：

治天下務專常道，以利群生，勿尚苛暴。若苛暴，民為所殺者多矣。若果而行此，是謂勇。

清代學者唐甄在所著《潛書・良功》中，以一件真實的事情為例，來說明上述問題：

其妻小時候，和姐姐同床而睡。姐姐要她驅趕帳子中的蚊子，她很不耐煩。鑽進蚊帳內，只把自己枕邊的蚊子趕走，就塞好蚊帳睡了。奶娘覺得好笑，問她為什麼這樣做，她回答：「我為什麼要給別人趕蚊子？只要將自己頭邊的蚊子趕走就行了。」

這個小女孩自私得可笑，不知道蚊子是會飛的，不把蚊子「趕盡殺絕」，就誰也睡不安穩。不想為別人花費力氣，也就白費了為自己所花的力氣。社會其實就是一個大蚊帳，大家生活在其中，如果人人都吝嗇自己的力氣，不肯為他人「趕蚊子」，那麼自己也將永遠處於「蚊子」的騷擾之中，不得安寧。

有時候，動物也許比人「聰明」，懂得有取有予、各得其所的「共生」關係。

《呂氏春秋・不廣》記載：

北方有獸名曰蹶，鼠前而兔後，趨則跲，走則顛，常為蛩蛩、距虛取甘草以與之。蹶有患害也，蛩蛩、距虛必負而

走。此以其所能托其所不能。

蹶實在可以說是一種「智慧型」的動物了。牠很清楚自己的弱點：走快了就會絆倒，跑起來容易跌跤。怎樣來彌補這一生理上的缺陷呢？

牠找到蛩蛩和距虛這兩種行動神速的動物，不是拜牠們為師學跑，而是與牠們交朋友，打好關係，經常「取甘草」供牠們食用。蹶正是因為平時肯吃虧，所以當牠遇到危險時，蛩蛩和距虛就會主動馱著牠逃跑。

從這一點上，我們是否能得到一點啟示：用自己擅長的能力，為他人、為社會做一點好事，在自己需要幫助時，必定會得到回報。

第六十二章　美言可以市尊，美行可以加人

【原文】

道者，萬物之奧①，善人之寶②，不善人之所保③。美言④可以市尊⑤，美行⑥可以加人⑦。人之不善，何棄之有？故立天子，置三公⑧，雖有拱璧⑨，以先駟馬⑩，不如坐進⑪此道。古之所以貴此道者何？不曰：求以得，有罪以免邪？故為天下貴。

【名家點評】

唐玄宗李隆基評：

甘美其言，可以求市，尊高其行，可以加人，以況聖人，以甘美法味之言，尊高清靜之行，以化不善之人，亦如市賈之售，相率而從善矣。

【注釋】

① 奧：奧妙所在；主宰。
② 寶：寶貝，法寶。
③ 保：保持。
④ 美言：美好的言詞。
⑤ 市尊：換取別人的敬仰。
⑥ 美行：良好的行為。
⑦ 加人：見重於人。
⑧ 三公：古代太師、太傅、太保三個要職的總稱。
⑨ 拱璧：一種中間有圓孔的玉器。
⑩ 駟馬：用四匹馬拉的車子。
⑪ 進：古代地位低的人送東西給地位高的人。

【譯文】

「道」是萬物的奧妙所在，善人的寶貝，也是不善人的護身符。美好的言詞可以換取別人的信任，高尚的行為可以出人頭地。人有不好的行為，可以用「道」來感化他，怎麼能將他拋棄呢？所以天子登基、三公就職時，雖然有拱璧在先、駟馬在後的儀式，但不如安然把「道」獻上去。古時候為什麼這樣尊崇「道」呢？難道不是由於它有求必應、有罪可免嗎？因此「道」為天下人所尊崇。

【延伸閱讀】

老子是樸實的、誠摯的。他不喜歡繁瑣的禮節、浮華的儀式，而主張實實在在地按「道」行事。他知道，很多時候，禮節是虛偽的，儀式是空洞的，並不能解決實際問題。唯有「道」是永恆的、真實的，可以指導人們的言行，解決生活中遇到的各種難題。

世俗社會，繁文褥節很多，人們追求形式，但卻忽略了「道」的實質——亦即事物的本源。比如佛門弟子，有三皈五戒的約束，有念經拜佛的功課，然而真正能修成正果的畢竟不多。這是因為，穿上袈裟，並不等於領悟了佛法要義。

曹洞宗有位得道高僧，法號松雲。他的父親在他出生不久就去世了，從此他便與母親相依為命，形影不離。後來，他出家為僧，母親也跟著他去了。松雲甚至到禪堂打坐，也帶著母親一起去。這樣當然很不方便，他每次參訪禪院時，無法與其他和尚同住。所以，他每雲遊一個寺院，就在寺院附近搭建一個簡陋的小屋，既方便與寺中和尚交流學佛心得，也方便照顧母親的生活起居。有空的時候，常為人抄寫佛經等，以此來解決經濟來源問題。

松雲時常為母親改善伙食，買些魚蝦什麼的供她食用。有人因此而恥笑他：「和尚怎麼也可以沾染葷腥呢？」但松雲並不介意。母親見他被人譏笑，心裡很難受，便對松雲說：「你不要為了我破戒了，我決心出家為尼，皈依佛門，

【名家點評】

宋徽宗趙佶評：

言，風波也。行，實喪也。皆非道所貴。言美而可悅，行尊而可尚，猶可以市，且加於人，而人服從，況體道之奧，遍覆包含，而無所殊乎？

只吃素食了。」母親做了尼姑，還是和他一起學佛。

松雲喜歡音樂，精於彈奏豎琴，母親與他有同樣的愛好。母子倆常在明月當空之夜，一起演奏豎琴。一個晚上，有位年輕的小姐從他們的住處經過，聽到了美妙的樂聲，深為感動，便邀請松雲第二天晚上到她那裡去演奏。他如約而去，認真地作了表演。幾天之後，松雲在街上又遇見了那位小姐，便為那晚她的盛情款待表示謝意。人們因此又取笑他，因為他去演奏豎琴的那個地方，正是一個妓女的住處。

【名家點評】

明太祖朱元璋評：

治國務欲民實，無得重斂而厚科，若重斂而厚科，則民乏用矣。民既乏用，則盜賊之心萌，盜賊之心既萌，將必持戈矛而互相戕，是謂難治。為天下君，勿過為。過為者何？五荒是也。若有為此者，民多失養，既多失養，無所不為，尤其難治。

松雲禪師不受形式的束縛，既能學佛精進，又承擔了贍養母親的責任。他可以為母親買魚買蝦而不妨礙自己持守五戒，他可以出入妓女住處演奏而不妨礙自己潔身自好，他可以任人諷刺取笑而不妨礙自己學佛坐禪。正是因為他跳出了世俗觀念的樊籠，才顯得悠閒自在、輕鬆自如，從而成為一個得道高僧。

佛門中有許多戒律，社會上有許多規矩，它可以成為束縛人手腳的枷鎖，也可以成為激勵人奮進的動力。關鍵看你怎樣看待它、怎樣遵循它。也許，沒有文化的人，不知引經據典，少了些束縛，也少了些借鑑。飽讀詩書的人，喜歡尋章摘句，多了些智慧，也多了些糊塗。書中自然告訴了我們許多道理，但怎樣去運用、怎樣去實踐呢？千萬不可生搬硬套，而應該結合當時當地的實際去做。

明代陳于陛的《意見》中，有一番議論看似平淡，卻意味深長：

道理載在典籍者一定而有限，天下事千變萬化，其端無窮。故世之苦讀書者往往處事有執泥處，至於作官更歷事變多者，又看得世故太通融而無執，此皆是偏處。吾人當讀書要思量泛應世務，庶乎臨事不滯；當應事通達無礙時，卻又要思量據著書本行，如此方免二者之弊。

陳于陛所云極是。我們需要書本知識的指點，但不能執泥於書本知識；我們需要規矩條例的約束，但不能執泥於規矩條例。形式不能不要，但不能為了服從形式而丟棄內涵。比如讀《老子》，講得頭頭是道，但到底為了什麼？就是為了學「道」，為了悟「道」。所以，應竭力少一些形式的束縛，多一些隨意的快活。

第六十三章　聖人終不為大，故能成其大

【原文】

為無為，事無事，味[1]無味。大小多少，抱怨[2]以德[3]。圖[4]難於其易；為大於其細；天下難事，必作[5]於易；天下大事，必作於細。是以聖人終不為大，故能成其大。夫輕諾[6]必寡信；多易必多難。是以聖人猶難之，故終無難矣。

【注釋】

①味：品味，品嚐。
②抱怨：有怨恨。
③以德：以德報答。
④圖：考慮，解決。
⑤作：開始，做起。
⑥諾：應允，許諾。

【名家點評】

唐玄宗李隆基評：

因云大事必作於細，將明聖人所以能成其大者，以不為其難事大事，故能成其尊大耳。

【譯文】

有為要像無為，有事要像無事，有味要像無味——使人家捉摸不透。無論別人對我有多大的怨、多大的仇，我都要報之以「德」。解決困難要從容易處入手，做大事要從細小處開始。天下的難事，從容易做起；天下的大事，從小事做起。「聖人」看上去好像不在做大事，所以最終能夠做成大事。輕易就許諾的人，必定很少講信用；把事情看得太容易的人，必定會遇到困難。因為「聖人」重視困難，所以最終就沒有困難了。

【延伸閱讀】

老子的話，時時閃爍著智慧的火花。他以樸素辯證法思想論述的許多觀點，就尤為可貴了。比如，他指出了困難與容易、大事與小事的辯證關係，從而認為，克服困難要找出容易的地方入手，做一番大事先要從小事做起。這種思考運用於軍事，就是在戰爭中要時刻謹慎小心，不可輕敵，應當重視困難，找出敵人的薄弱環節加以擊破，便能克敵制勝，無堅不摧。

老子有關「天下大事，必作於細」的告誡，很容易被人疏忽。有些人不屑於做小事，覺得做大事轟轟烈烈；但當做不成大事時，便心灰意懶，什麼事都不想做了。其實，小事是大事的基礎，包括行善積德、改正錯誤等，也應該先從細小處著手。

從前有一個國王，黷武擴張，征服了許多國家，殺了不少人。後來他逐漸醒悟，知道自己罪孽深重，就開始懺悔、改過，關心臣民，連對侍衛都和顏悅色。有一天，他微服私訪，看到一個老人在沿街乞討，便同情地上前詢問情況，了解到這位老人孤苦伶仃，無依無靠，而國內像這樣的孤老到處都有。因為他們的兒子，都在前些年打仗陣亡了。

國王回宮後，馬上發出一道命令，從國庫中撥出一批銀兩，在各地建立敬老院，專門供養孤老。這一決定在滿朝文武中引起了強烈的迴響，群臣議論紛紛，弄不明白國王為什麼要這樣做。國王便向大臣們解釋道：「過去我只知擴張領土，連年用兵打仗，不知死了多少戰士。現在這些犧牲者的父母成了沿街乞討的孤老，這不是我造下的罪孽嗎？」有個大臣便說：「大王過去東征西討，死了多少無辜的人！現在雖然開始做善事，為民積德，但建立敬老院等這些小事，怎麼能彌補您過去那麼深重的罪孽呢？」

【名家點評】

宋徽宗趙佶評：

為之於小，故能成其大。亂已成而後治之，不亦晚乎？

【名家點評】

明太祖朱元璋評：

若君及臣庶，君用此道天下治，臣用此道忠孝兩全，匡君不怠，庶人用此，家興焉。反此道者，豈不堅強枯槁？然人欲久調氣血以生之，木若久迎春和而植，以水灌之，此人木久矣。

國王明白，大臣們一方面對自己從前的所作所為還耿耿於懷，另一方面對自己現在的一言一行還難以理解。於是，他想了個啟發大家的辦法，對大臣們說道：「你們替我架一口大鍋，裡面盛滿水，點火燒上七天七夜，不得讓火熄滅。」手下人按國王的命令去做了。到了第七天，國王將大臣們召集到沸水翻騰的大鍋旁，隨手將一枚戒指扔進了這口鍋中，便問大家：「諸位愛卿，誰能從熱鍋中將這枚戒指取出來？」大臣們面面相覷，跪伏於地，誰也不敢吭聲。國王顯出不悅之色，連聲催問：「 誰能從沸水中取出戒指？」有個膽子較大的大臣誠惶誠恐地說：「仁慈的大王啊！您就是把所有的罪都加在我的頭上，讓我馬上去死，我也無法從沸騰的熱鍋中取出戒指來。」國王的臉色緩和了些，問道：「那麼，你是否有什麼妙計，可以從熱鍋中取出戒指？」這個大臣想了想回答：「有個不成辦法的辦法，那就是熄掉鍋子下面的火，往鍋中加冷水，這樣就會毫不燙手，輕而易舉地從這口鍋中取出戒指。」國王聽了大笑，因勢利導地說道：「諸位愛卿，你們的話都很有道理。過去我凶惡暴虐，就如同這口燒著沸水的熱鍋，現在我修善積德，就好比熄掉鍋子下面的火、往鍋中加冷水一樣。『熄火』和『加冷水』，看上去都是微不足道的小事，但卻能逐漸使熱鍋的溫度降下來。敬重老人、關心窮人，看上去都是可做可不做的小事，年長日久，能夠使自己的本性越來越善良，從而使自己從根本上解脫罪孽。」大臣們聽了國王這番話，才恍然大悟，認識了什麼事都得從小事做起的道理，包括悔過、贖罪也不例外。

親愛的讀者，讓我們仔細回味一下上述故事，就會覺得老子所云：「天下大事，必作於細」是極有哲理的。我們行為處世，不要一下子就想如何去討千萬人的歡心，應該先從處理好周圍人的關係做起；不要一下子就想做千百樁好事，應該先從不做一樁壞事開始。

第六十四章　千里之行，起於足下

【名家點評】

唐玄宗李隆基評：

言人正性安靜之時，將欲執持，令不散亂，故雖欲起心，尚未形兆，謀度絕之，使令不起，並甚易耳。欲心初染，尚自危脆，能絕之者，脆則易破。禍患初起，形兆尚微，將欲防之，微則易散耳。覆上易破易散也，所以易者，為理之於未成禍亂耳。此三者喻其不早良圖，使後成患。

【原文】

其安①易持②，其未兆③易謀。其脆易泮④，其微易散。為之於未有，治之於未亂。合抱⑤之木，生於毫末⑥；九層之台⑦，起於累土⑧；千里之行，始於足下。為者敗之，執者失之。是以聖人無為故無敗，無執故無失。民之從事，常於幾⑨成而敗之。慎終如始，則無敗事。是以聖人欲不欲，不貴難得之貨⑩；學不學，復⑪眾人之所過。以輔⑫萬物之自然，而不敢為也。

【注釋】

① 安：安穩，安定。
② 持：支持，維持。
③ 兆；事物發生前的徵候，端倪，跡象。
④ 泮：分離，分解。
⑤ 合抱；兩臂圍攏。
⑥ 毫末：細小的幼芽。
⑦ 台：古代可供人們遊玩、眺望的建築物。
⑧ 累土；一筐土。
⑨ 幾：接近，差不多。
⑩ 難得之貨：指珍珠寶貝等珍貴的東西。
⑪ 復：還原，挽回。
⑫ 輔；輔佐，輔助。

【譯文】

事物在安定的時候易於維持，在沒有跡象的時候易於圖謀，在脆弱的時候易於分解，在微小的時候易於分散。防止事故要在沒有發生的時候，治理動亂要在沒有開始的時候。高大的樹木，由細小的幼芽長成；九層的高台，由一筐筐泥土堆起；遙遠的旅程，由腳下第一步走起。想有作為就有失敗的可能，拿著東西就有失掉的危險。因為「聖人」無為而治，所以不會失敗；不拿東西，所以不會失去。人們做事，經常功敗垂成。在快要完成事情時要像開始時一樣謹慎，那麼就不會失敗。因此，「聖人」把沒有欲望作為欲望，不稀罕難得的東西；把沒有學問作為學問，挽回眾人在修「道」上的過錯。以自然規律輔助萬物的運行，不敢有一點勉強。

【名家點評】

宋徽宗趙佶評：

有形之類，大必滋於小，高必基於下，遠鈴自於近。其作始也簡，其將畢也必巨。聖人見端而思末，睹指而知歸，故不為福先，不為禍始，躊躇以興事，每以成功。

【延伸閱讀】

老子看問題，總是用哲學家的頭腦去思考。他一再敘述事物會向對立面轉化，但這種轉化，必須經過一個量變的累積過程，「合抱之木，生於毫末；九層之台，起於累土；千里之行，始於足下。」量變引起質變，是一種飛躍；人對「道」的認識，也會有一種飛躍。而達到這種飛躍的途徑，老子認為是「學不學，復眾人之所過」。「復」者，返也，挽回也。挽回眾人在修「道」上的過錯，這不是一大飛躍嗎？而能達到這一飛躍的就是「聖人」，因為「聖人」「以輔萬物之自然，而不敢為」。「聖人」效法「道」，按照「無為」的原則輔助萬物自然運行，絕不敢違背自然規律。老子所推崇的這種「聖人」，能夠尊重客觀自然法則，具有唯物主義精神，所以能立於不敗之地。

《老子》頌揚「聖人」，分析了「聖人」處理問題的方法、解決矛盾的訣竅，彰明了「學不學，復眾人之所過」的觀點。這話有點難以理解，但仔細捉摸，就覺得有深刻的道理。舉個例子：

以擅長考據聞名的清代乾嘉學派中，有個得力幹將，就是曾做過湖廣、雲貴總督的大學士阮元。他在封疆大吏的高位上，羅致大批學者，刻印了《十三經注疏》、《皇清經解》等宏篇鉅著。他本人在處理公務之餘，主要精力都用於做學問，從經籍訓詁，發展到求證古代金石，並對天文、曆算、地理都進行了系統的研究。特別是對古文字學的探索，阮元可謂獨樹一幟。他編纂的《積古齋鐘鼎彝器款識》一書，著錄有商器173件、周器273件、秦器5件、漢晉器99件，除摹錄其文字外，並附有詳細的考釋，研究金石學的人，幾乎都必備此書。

就是這樣一位學識淵博的金石學家，竟然也會上當。

還在阮元當浙江巡撫時，門下有個弟子，家境貧寒，生性幽默，愛開玩笑。有一次這個門生上京城參加會試，因為盤纏較少，只能住小店，吃大眾食品。他途經通州時，在一家小客棧住下後，便去買燒餅充饑。吃著吃著，突然發現一塊燒餅十分奇特，背面斑斑駁駁，好像古文字一般。他便用紙將燒餅的背面拓下來，看上去如同鐘鼎銘文。這位門生想與老師開個玩笑，就把燒餅拓片冒充「銘文」寄給阮元，還附上一封信，「學生在通州古董店中見到一個古鼎，遺憾的是錢不夠，無法購買。學生也不清楚這是哪朝哪代的遺物，特將銘文拓出，寄請師長與各位專家共同考訂，以證其真偽。」阮元收到這封信及其「銘文」，十分重視，馬上召集嚴小雅、張叔未等學者一起商量。這個「銘文」似曾相識，又很陌生，一時難以定奪。他們各抒己見，展開了熱烈的討論。有的說是殷商的鼎器，有的說是周秦的銘文，最後還是由阮元總結，認為這是《宣和圖譜》中著錄過的某個鼎，頗有來歷。他在門生拓來的「銘文」後面寫了跋文，肯定它不是贋物。阮元在跋文中一一指出哪些字和《宣和圖譜》相

【名家點評】

明太祖朱元璋評：

君天下者及臣庶，能行大道者，其大道之理，若張新弓乎？或勁弱而不均，則減勁而起弱，此譬云爾。亦天道惡盈而好謙，所以大化如常，無昂而中不下，其功安在？乃損有餘而補不足是也。凡治天下，國足用而無餘，若乃有餘，民窮矣。誠能以有餘給民之不足者，則天下平，王道昭明焉。其臣民無有稱誦者，天相邦家，國永而且昌，何在乎譽美耶？如此者，君身乎上，臣足乎下，長健期朝，豈不恆乎？士庶行此道者則家和鄰里睦，朋友終身而不惡，貧者給之而不利，乃貞。

合，哪些字因為年久「銘文」剝蝕，哪些字因為拓工不精而漫漶。這個門生收到這張經過考據專家精心考證並加了跋文的「銘文」後，不禁哈哈大笑，想不到作為當時第一流的考據家的老師，竟會鬧出「考證」大餅為鼎器銘文的笑話。

如果阮元不是考據專家，沒有金石學方面的學問，就不會上當，不會將燒餅的斑紋「考證」為鼎器的銘文。面對這張拓片，換了個目不識丁的人，沒有任何古文字和金石學知識，絕不會進入考據的盲點，如老子所云：「學不學，復眾人之所過」，也許憑直覺就會說：「這是燒餅啊，什麼稀罕物！」

第六十五章　以智治國，國之賊

【原文】

古之善為道者，非以明民①，將以愚之②。民之難治，以其智多③。故以智治國，國之賊④；不以智治國，國之德。知此兩者，亦稽式⑤。常知稽式，是謂玄德⑥。玄德深矣遠矣，與物反矣，然後乃至大順⑦。

【名家點評】

唐玄宗李隆基評：

以，用也。人君任用多智之臣，使令治國，智多必作法，法作則奸生，故是國之賊也。若不用巧智之臣，但取純德之士，使偃息蕃醜，弄丸解難，自然智詐日薄，淳樸日興，人和年豐，故是國之福也。

【注釋】

① 明民：使百姓聰明。

② 愚之：使百姓淳樸。

③ 智多：多智巧詐。

④ 賊：敗壞者，這裡指禍患。

⑤ 稽式；法則，法式，準則。

⑥ 玄德：玄妙的德性。

⑦ 大順：順乎自然，即歸於「道」。

【譯文】

古代善於行「道」的人，不是用「道」來使百姓聰明，而是使百姓淳樸。百姓之所以難以統治，是因為他們智慧太多。因此，以智慧治理國家，是國家的禍患；不用智慧治理國家，是國家的福澤。懂得這兩者之間的道理，也是一個準則。經常記住這個準則，這叫作「玄德」。「玄德」是多麼深奧啊！遼遠啊！和萬物一起返回於自然啊！然後就完全順乎於「道」了。

【延伸閱讀】

老子看問題的視角，往往與眾不同。通常人們總是認為，聰明比愚昧好，但他卻說，愚昧比聰明好！這是什麼道理呢？老子的觀點是：聰明的人，見多識廣，難免巧詐，其純樸的本性逐漸就消失了；愚昧的人，沒有知識，安分守己，其真誠的天性能夠順從於自然。一個國家，巧詐狡猾的人多了，就難以治理；安份守己的人多了，就易於治理。

讀了《老子》這一章關於「智慧」的論述，我馬上聯想到《聖經》中的伊甸園。

園中有兩棵特殊的樹，一棵是人吃了它的果子就能永生的生命樹，另一棵是人吃了它的果子就能分辨善惡的智慧樹。上帝將亞當安置在伊甸園中作看守，並對他說：「園中各種樹上的果子，你可以隨意採來吃，只是那棵分辨善惡的知識之樹上的果子，你不可吃，因為你吃了後必死無疑！」

【名家點評】

宋徽宗趙佶評：

法出而奸生，令下而詐起。焚符破璽，而民鄙樸，掊斗折衡，而民不爭。

按照《聖經》的說法，亞當是上帝造就的，上帝見他一人獨居太寂寞，又乘他熟睡之際，取下他的一根肋骨，造了一個名叫夏娃的女人，讓他倆匹配為夫妻。當時他們由於無知無欲，所以雖然赤身露體，但並不覺得羞恥。唆使他們偷嚐禁果的，是狡猾的蛇。

《聖經》中記載：

一天，一條狡猾的蛇問夏娃：「上帝真的不許你們吃園子中央那棵樹上的果子嗎？」夏娃回答：「是啊！園子裡所有樹上的果子都可以吃，只有一棵樹除外。上帝說過，我們不能吃園子中央那棵樹上的果子，甚至不許摸它，不然，我們就會死。」蛇狡詐地笑了笑，低聲說：「你們不一定會死！」夏娃聽信了蛇的話。她走到那棵樹下，見果子已經熟透，十分誘人，便摘下一個吃了，覺得香甜可口，就又摘了一個給亞當吃。他們吃下果子以後，馬上感到自己赤身露體、一絲不掛是多麼羞恥。一切都變了。

過去，在美麗舒適的伊甸園裡，他們最幸福的時刻就是在園中漫步，同上帝交談，而現在，他們感到羞愧和恐懼，躲避著上帝。上帝呼喚他們：「亞當！夏娃！你們在哪裡？」亞當應聲答道：「我在這裡。因為我赤身露體，不敢見您，就藏了起來。」上帝問：「你們是不是吃了智慧樹上的果子？」亞當回答：「是夏娃給我吃的。」上帝生氣地對夏娃說：「你知道自己闖了多大的禍嗎？！」夏娃答道：「是那條蛇騙了我！」

亞當和夏娃真是「聰明反被聰明誤」，上帝從他們恥於自己赤身露體，發現了他倆偷吃禁果的祕密。上帝震怒之下，詛咒了蛇、女人和男人。蛇必須終生用肚子行走，女人必須經歷懷胎生養的苦楚，男人必須艱辛耕種，汗流滿面才能餬口。

上帝怕人再吃生命樹上的果子，從而得以永生，就把亞當和夏娃趕出了伊甸園，並派天使手執發出火焰的寶劍把守在那裡，不准他們重返伊甸園。

亞當和夏娃偷嚐禁果，成為人類罪孽的根源，世代相傳，全人類在上帝面前都成了罪人——這就是基督教所說的「原罪」。

據《聖經》說，人類的始祖是因為偷吃智慧果而被趕出伊甸園的，這是對上帝的背叛。因為上帝不准他們吃智慧果，不希望人類獲得智慧。人類一旦有了智慧，就能明辨是非，分清善惡；就能主宰自己，擺脫上帝。

人類有了智慧為什麼會觸怒上帝？因為上帝無法再操縱人類，人類有了自律自立的能力。同樣，世間的統治者也不

【名家點評】

明太祖朱元璋評：

從勇則害，從不敢勇則利。又戒曰，天道幽微，惡盈而好謙，唯上帝好生，善與不善，禍福之降，有不可測者。雖上古聖人，嚴恭寅畏，乃不敢自安，難之又難。天不與萬物爭，天常健而不息，萬物順時而自安，四序之交，若赴召者，不期而然。若有謀乎？此天道之昭昭。為君者，敢侮天下而賤萬物，天憲不昏，雖不速而必報，其有畏乎？民不怕死，乃以極刑以禁之，是為不可。若使民果然怕死，國以此為奇。

希望人民充滿智慧，因為充滿智慧的人民就會不服擺布。你剝削他們，他們也會算帳；你壓迫他們，他們就會反抗。所以老子要說「非以明民，將以愚之」。愚昧的百姓肯定容易統治，但這樣一來，國家就不會發達，社會就不會前進了。

第六十六章　不爭，天下莫能與之爭

【原文】

江海之所以能為百谷①王②者，以其善③下之，故能為百谷王。是以聖人欲上民④，必以言下之；欲先民⑤，必以身後之。是以聖人處上而民不重⑥，處前而民不害⑦。是以天下樂推⑧而不厭⑨。以其不爭，故天下莫能與之爭。

【名家點評】

唐玄宗李隆基評：

謙為德柄，尊用彌光，以言謙下之，百姓欣戴，故處其上而人不以為重，以身退後之，百姓子來，故處其前而人不以為害也。是以天下樂推而不厭。以是不重不害之故，故天下之人樂推崇為之主，而不厭倦。以其不爭，故天下莫能與之爭。聖人謙退，不與物爭，天下共推，誰與爭者？

【注釋】

① 谷：山谷、溪澗，河流。
② 王：歸往，彙集。
③ 善：善於，能夠。
④ 上民：處於百姓之上，統治人民。
⑤ 先民：處於百姓之前，領導人民。
⑥ 重：沉重，負累，壓迫。
⑦ 害：受害，危害，妨礙。
⑧ 推：推薦，擁戴。
⑨ 厭：厭惡，反對。

【譯文】

江海能使百川匯集其中的原因，是由於它善於位居下游，所以便成了百川歸往之處。因此，「聖人」要想統治百姓，必須用謙卑的語言對待百姓；要想引導百姓，必須把自身放在百姓的後頭。所以在統治百姓的時候，使百姓不感到沉重；在引導百姓的時候，使百姓不感到危害。這樣，天下的人都樂意推舉他，而不討厭他。由於他不跟人相爭，所以天下人都無法跟他相爭。

【延伸閱讀】

老子是古代的大聖人，胸襟寬闊，思路敏捷。他理解自然界的運動規律，體察人們的心理變化，並用精煉的語言來闡述自己處世為人的哲學。

老子的話是極富哲理的。「水往低處流」是人所皆知的常識，江海在低窪處，所以能匯集百川。人如果也像江海那樣甘居於下，在人際關係上就會處於主導地位。然而，人們往往自高自大、自以為是，喜歡抬高自己，貶低別人，所以難免與人發生矛盾。大多數人不願居於下位，是因為沒有江海那樣博大的胸懷，心中只裝著自己，沒有別人，那怎麼能影響別人、策動別人，讓人群以你為中心呢？而現實又往往事與願違，大多數不願甘居下位的人，卻無法擺脫永遠居於人下的事實。

人和人之間應該是平等的，但事實上又往往是不平等的。有些人口口聲聲喊「公平競爭」，但又有許多人埋怨競爭的不公平，不是在一個起跑線上。

田忌賽馬的故事可謂家喻戶曉。

田忌和齊王各出三匹馬，按上馬、中馬、下馬的順序，依次分為三組進行比賽。齊王以國君雄厚的實力來豢養駿馬，所以他參賽的馬，種類品質絕對要比大臣的好。

田忌每次和齊王賽馬，都輸給了他。這其實就是一種不公平的競爭，雙方不是在一個級別上，有點像現代拳擊比賽，重量級對次重量級，一方幾乎穩操勝券，另一方則先天不足。

可是，軍師孫臏卻認為田忌還是有機會獲勝的。他建議田忌用下馬與齊王的上馬比賽，用上馬與齊王的中馬比賽，用中馬與齊王的下馬比賽。結果第一場輸了，後兩場卻贏了。田忌很高興，齊王則很驚異。前者實力不如後者，卻擊

宋徽宗趙佶評：

《易》於屯之初曰：以貴下賤，大得民也。得其民者，得其心也。處上而人不重，則從之也輕。處前而人不害，則利之者眾。若是者無思不服，故不厭。《易》曰：百姓與能。以其不爭，故天下莫能與之爭。行賢而去自賢之行，安往而不愛哉？

敗了後者，全靠孫臏幕後策劃。

其實，孫臏這一謀略，也沒有十分的把握，只是有了獲勝的機率。如果田忌參賽的馬與齊王的馬差距過於大，那麼不但下馬對上馬是必輸無疑的，而且上馬對中馬、中馬對下馬還是贏不了，比賽的結果將仍是三局三負。

因此說，競爭還是要憑實力的，沒有實力作後盾，連玩弄智巧的餘地都沒有。

烏龜和兔子賽跑的寓言，同樣是婦孺皆知的。這則寓言主要講兔子的驕傲自大，所以才會輸；如果按照正常的賽程規則，牠中途不去睡大覺，烏龜是無論如何都贏不了牠的，因為雙方實力太懸殊了。但即使在這種力量對比處於劣勢的情況下，寓言中的烏龜還是敢於和兔子比賽，不是有點不自量力嗎？如果兔子中途沒有睡覺，一口氣跑到了終點，那勝利的歡呼絕對與烏龜無緣了。

老子說：「以其不爭，故天下莫能與之爭」，看你怎樣去理解。不該爭的，不要去爭；不必爭的，不用去爭。無法爭的，何苦去爭；無人爭的，何必去爭？應該爭的，一定要爭；必須爭的，必定要爭。人不要爭名，但要爭氣；人不要爭利，但要爭義。

人生應該有追求，這就是爭取。運動員夢想拿金牌，戰士夢想當將軍，都需要競爭，需要努力，需要奮鬥，需要拚搏。

老子強調「不爭」，既是一種謙虛，更是一種策略。唯有不爭，人家也就沒有了與你爭的藉口。

【名家點評】

明太祖朱元璋評：

若果有貪，即納逋逃，致鄰邦有問，安得如是耶？如民人豪富者，彼此各有佃田之人，納粟以奉其主家，若富者能綏之以德，所取者微，所與者厚，則人人皆蒙恩而按堵，能安其生業。若富民取不以道，役不以時，則其人將挈家而逃於他鄰矣。雖大小不同，理勢皆然。噫！君道敷民，特聽上天，誠有驗乎！

第六十七章　我有三寶

【原文】

天下皆謂我道大，似不肖[①]。夫唯大，故似不肖。若肖，久矣其細也夫！我有三寶，持而保之。一曰慈，二曰儉，三曰不敢為天下先。慈[②]故能勇；儉[③]故能廣[④]；不敢為天下先，故能成器[⑤]長。今舍慈且勇；舍儉且廣；舍後且先；死矣！夫慈，以戰則勝，以守則固。天[⑥]將救之，以慈衛之。

【名家點評】

唐玄宗李隆基評：

我道雖大，無所象似，然有此三行甚可珍貴，能常保倚執持，可以理身理國也。慈則廣救，儉則足用，不敢為天下先，故樂推而不厭也。

【注釋】

① 肖：像，相似；人不賢，道不美。
② 慈：柔慈。
③ 儉：儉樸。
④ 廣：寬廣，寬裕。
⑤ 器：萬物；在這裡比喻人。
⑥ 天：上天，天道。

【譯文】

天下都說我「道」大，和具體事物大不相似。只因為大，所以和具體事物不相似。如果和具體事物相似，那早就是很細小的了。我有三個法寶，永遠保持著它們：第一叫作柔慈，第二叫作儉樸，第三叫作不敢走在天下事物之前。因為柔慈，所以能讓將士勇敢；因為儉樸，所以能使財政寬裕；因為不敢走在天下事物之前，所以能做天下的事物的領袖。現在捨棄柔慈，但要將士勇敢；捨棄儉樸，但要財政寬裕；捨棄謙讓，但要成為領袖——這就必然會覆滅！柔慈這一法寶，將它運用於攻戰必定能取勝，運用於防守必定能堅

【名家點評】

宋徽宗趙佶評：

異乎世俗之見，而守之不失者，我之所寶也。慈以愛物，仁之實也。儉以足用，禮之節也。先則求勝人，尚力而不責德。

固，上天要成就誰，便用柔慈來保護誰。

【延伸閱讀】

老子既有哲學家深邃的目光，又有政治家博大的胸懷。他把居於柔慈的地位、愛惜將士及在一定情況下作必要的讓步，作為用兵打仗的原則之一。他又把節約開支、生活儉樸和控制消費，作為財政管理的原則之一。實行前一個原則，可以攻則必勝，守則必固；實行後一個原則，不會捉襟見肘，入不敷出。

老子將儉樸作為「三寶」之一，自有他的道理。崇尚儉樸，必定要反對奢侈。因為奢侈既會耗盡國家的財力，也是亡亂的徵兆。過奢侈的生活，必定要有奢侈品。這些奢侈品如《淮南子・齊俗訓》所云：「車輿極於雕琢，器用逐於刻鏤，求貨者爭難得以為寶。」大量生產奢侈品，既費時，又費工，使大批農業工作力流失；大量銷售奢侈品，刺激了人們的消費欲望，逐漸會形成崇尚侈靡的不良社會風氣。老子提倡儉樸，極力批評並抑制侈靡之風，對當時物質財富很不豐富的社會來說，無疑是有利的。

老子既把儉樸作為一個「法寶」，不僅僅因為這一「法寶」能夠抑制侈靡之風，它還關係到事業成敗及修身養性的問題。中國歷來有「成由勤儉敗由奢」的觀念，勤儉往往促使成功，奢侈常常導致失敗。勤儉又是一種美德，有助於人淨化德操，使人清正、廉潔、寡欲。所以宋代史學家司馬光在《傳家集》中，引用張文節的話說：「顧人之常情，由儉入奢易，由奢入儉難。吾今日之俸豈能常有、身豈能常存？一旦異於今日，家人習奢已久，不能頓儉，必致失所。豈若吾居位、去位、身存、身亡常如一日乎？」這番話，正是提醒人們要時時注意節儉，以免有朝一日陷於「不能頓儉，心致失所」的尷尬境地。

老子將節儉作為財政管理的一個原則，這是不錯的；但如果僅僅節約開支，而不注重發展生產、廣開財路，那節用也是無源之水、無本之木。光知節用而不知生財，難免財源枯竭、坐吃山空；只知生財而不知節用，必然財富流失、入不敷出。所以說，生財和節用，兩者缺一不可。儒家典籍《大學》中，對生財和節用作了極為精闢的論述：「生財有大道，生之者眾，食之者寡，為之者疾，用之者舒，則財恆足矣。」這就是說，生財要又多又快，食用要又少又慢，才能累積起財富，使國庫得以充盈。

古代以發展生產為主，基本上就是農業生產。因此，古代的生財主要管道是農業。中華民族是以農為本的思想的。早在西周末年，卿士虢文公批評周宣王廢藉禮，指出「民之大事在農」，認為在春耕時節，「王事唯農是務」，明確地將農業生產放在一切事情的首位。戰國初年，李悝在魏國變法，推行的一系列政策中，「重農」是一個重要的部署。他強調「農傷則國貧」，因而採取了一些有效措施，以保證重農政策的實施。此後，商鞅、管仲等政治家，都有關於以農為本的論述和實踐。

我們再以老子的觀點而論。老子說的「三寶」，至今仍有現實意義。無論是柔慈，還是儉樸，到現在都沒有過時，都有繼續遵循的必要。

【名家點評】

明太祖朱元璋評：

久矣其細猶曰其細久矣，肖則失其所以為大矣，故曰若肖久矣其細也夫。夫慈以陳則勝，以守則固；節儉愛費，天下不匱，故能廣也；唯後外其身，為物所歸，然後乃能立成器為天下利。

第六十八章　不爭之德，用人之力

【原文】

善為士①者不武②，善戰者不怒③，善勝敵者不與④，善用人者為之下⑤。是謂不爭之德，是謂用人之力，是謂配天⑥；古之極⑦。

【名家點評】

嚴復評：

士卒之帥也，武尚先陵人也，後而不先，應而不唱。故不在怒，不與爭也，用人而不為之下，則力不為用也。

【注釋】

①士：將帥，統帥。
②武：動武；勇氣。
③怒：憤怒，被激怒。
④與：對鬥，相拚；敵對。
⑤為之下：居人之下。
⑥配天；符合天道。
⑦極；準則，法則。

【譯文】

善於當統帥的人，不輕易動武；；善於打仗的人，不會被敵人所激怒；善於戰勝敵人的人，不與敵人拚個你死我活；善於用人的人，心甘情願居人之下——這叫作不硬與人相爭的「德」，叫作善於利用人，叫作符合天道。這是自古以來的法則。

【延伸閱讀】

老子以軍事家和哲學家的雙重智慧，為帶兵的統帥謀劃了高深的策略。這些策略，既能激勵自己的軍隊的士氣，又能有克敵制勝的充分把握。而真正能夠將這些策略運用自如的人是不多的，所以世上難以找到常勝將軍。

帶兵的統帥，面對瞬息萬變的軍情，可以作出各種相應的靈活對策，盡可能地抓住戰機，把握主動權，不到萬不得已的時候，切莫與敵人拚耗實力。《魏書・侯淵傳》中，載有一個典型的戰例：

北魏大都督侯淵，率領七百騎兵，奔襲擁兵數萬的葛榮部將韓樓。他孤軍深入敵方腹地，挾一股銳氣，在距韓樓大本營一百多里地之處，將韓樓的一支五千餘人的部隊一下子就打垮了，還抓了許多俘虜。侯淵沒有將俘虜全部帶回自己的大營，而是將他們放了，還把繳獲的馬匹、口糧等東西都發還給他們。侯淵的部將都勸他不要放虎歸山，以免增加敵人的實力。侯淵向身邊的將士們解釋道：「我們帶領的這支軍隊僅有七百騎兵，兵力十分單薄，如果跟敵人硬碰硬，敵眾我寡，無論如何都不是敵人的對手。因此不能和對方拚實力、彼此消耗。我將俘虜放歸，用的是離間計，使韓樓對他們疑心，舉棋不定，這樣我軍便能乘機攻克敵城。」將士們聽了這番話，才恍然大悟。侯淵估計那批釋放的俘虜快回到韓樓佔領的薊城了，便率領騎兵連夜跟進，拂曉前就去攻城。韓樓接納曾被俘過的這批部下時，就有些不放心；當侯淵緊接著就來攻城時，便懷疑這些放回來的士兵是給侯淵當內應的。他由疑而懼，由懼而逃，棄城而去沒多遠，就被侯淵的騎兵部隊追上去活捉了。

侯淵以七百騎戰勝數萬兵馬，如果打硬仗、拚實力，那根本不是韓樓的對手。所以，他充分發揮自己騎兵部隊的優勢，攻擊敵人的弱處。更重要的是，他利用放歸俘虜的機會，設計離間敵人，出其不意發動進攻，處處掌握戰場上的主動權，一舉而獲全勝。

老子還強調，明智的統帥，善於「用人之力」，能夠發

【名家點評】

蘇轍評：

聖人不得已而後戰，若出於怒，是以我故殺人也。以我故殺人之。以吾不爭，故能勝彼之爭。若皆出於爭，則未必勝矣。人皆有相上之心，故莫能相為用。誠能下之，則天下皆吾用也。

揮人的各種才能，用於克敵制勝。《淮南子・道應訓》中，載有這樣一個例子：

楚將子發平時留意招攬有一技之長的人，甚至將一位「神偷」也待為上賓。有一次齊國進攻楚國，子發受命領兵迎敵。由於雙方力量懸殊，楚軍三戰三負，節節敗退。楚國的謀士、勇將，全都竭盡全力，但還是無計可施。這時，子發突然想到了這位「神偷」，便讓他出馬。當天晚上，「神偷」潛入齊軍營帳，把齊軍主帥的床帳偷回來獻給子發。子發十分滿意，派使者將床帳送還給齊軍主帥，並對他說：「我們出去打柴的士兵撿到這個床帳，據說是將軍您的用品，所以專程來歸還。」第二天晚上，「神偷」又潛入齊軍營帳，把齊軍主帥的枕頭偷回來獻給子發。子發還是派使者將枕頭送還給齊軍主帥。第三天晚上，「神偷」再次潛入齊軍營帳，把齊軍主帥頭上的髮簪子偷回來獻給子發。子發當即重賞「神偷」，又派使者將髮簪子送還給齊軍主帥。齊軍上下都傳遍了主帥物品被三次偷去的消息，大家都十分驚駭。主帥與幕僚們商量道：「如果今天我們再不撤兵，恐怕楚軍主帥子發就要派人來取我的人頭了。」於是，齊軍不戰而退了。

楚軍的實力明顯弱於齊軍，但楚軍統帥子發善於用人，發揮「神偷」的特長，用偷對方主帥物品的方法，來嚇唬對方，造成對方的心理壓力，乖乖地逃跑了。

老子不主張硬拚，而強調智勝，這樣既不傷自己的元氣，又有獲勝的較大把握。上述兩個戰例中的統帥侯淵和子發，堪稱智勝的典範。

第六十九章　不敢為主，而為客

【原文】

用兵有言：「吾不敢為主①，而為客②；不敢進寸，而退尺。」是謂：行③無行，攘④無臂，扔⑤無敵，執⑥無兵⑦。禍莫大於輕敵，輕敵幾⑧喪⑨吾寶。故抗兵相加，哀⑩者勝矣。

【注釋】

① 主：指戰爭中主動進攻。
② 客：指戰爭中被動防守。
③ 行：行列，行軍；道路。
④ 攘：舉起，伸出；也指戰士的束裝。
⑤ 扔：對抗，攻擊；引、捉。
⑥ 執：握緊，拿著。
⑦ 兵：兵器，武器。
⑧ 幾：接近。
⑨ 喪：失去，喪失。
⑩ 哀：悲哀，悲憤，哀矜。

【名家點評】

嚴復評：

民日即於文明，使非動之以哀，未有能得其致死者也。

【譯文】

用兵者有這樣的說法：我不敢魯莽地採取攻勢，而寧可節制地採取守勢；不敢貿然地前進一寸，而寧可謹慎地後退一尺。這叫作行軍要像沒有行軍，伸出手臂要像沒有伸出手臂，攻擊敵人要像沒有攻擊敵人，拿著武器要像沒有拿著武器。災禍沒有比輕敵更大的了，輕敵就會使我喪失一切。所以在兩軍對陣實力不相上下時，哀矜的一方必定會贏得勝利。

【延伸閱讀】

老子是樸實的、高尚的，但他並不傻。在軍事思想上，他認為不能對敵人太仁慈、太老實，所以便有「行無行」、「攘無臂」、「扔無敵」、「執無兵」等一系列論述。這些論述特出的是一個觀點——「兵不厭詐」。

「兵不厭詐」是兵家慣用的手法，如《三國演義》中所述黃蓋苦肉計、龐統連環計、諸葛亮空城計等，其實都是一種詐術，為的是迷惑敵人，以達到自己預期的目的。使用這些詐術，必須不動聲色。

關澤替黃蓋獻詐降書於曹操，老奸巨猾的曹操將這封信反覆看了十餘次，忽然拍案張目大怒曰：「黃蓋用苦肉計，令汝下詐降書，就中取事，卻敢來戲侮我耶！」便教左右推出斬之。左右將闞澤簇下。闞澤面不改色，仰天大笑。曹操命將他牽回，叱曰：「吾已識破奸計，汝何故哂笑？」闞澤回答道：「吾不笑你，吾笑黃蓋不識人。」曹操問：「何不識人？」闞澤道：「殺便殺，何必多問！」曹操曰：「吾自幼熟讀兵書，深知奸偽之道。汝這條計，只好瞞別人，如何瞞得我！」闞澤曰：「你且說信中哪件事是奸計？」曹操曰：「我說出你那破綻，教你死而無怨。你既是真心獻書投降，如何不明約幾時？——你今有何理說？」闞澤聽罷，大笑曰：「虧汝不惶恐，敢自誇熟讀兵書！還不及早收兵回去！倘若交戰，必被周瑜擒矣！無學之輩！可惜吾屈死汝手！」曹操問：「何謂我無學？」闞澤曰：「汝不識機謀，不明道理，豈非無學？」曹操問：「你且說我那幾般不是處？」闞澤曰：「汝無待賢之禮，吾何必言！但有死而已。」曹操曰：「汝若說得有理，我自然敬服。」闞澤曰：「豈不聞『背主作竊，不可定期』？倘今約定日期，急切下不得手，這裡反來接應，事必洩漏。但可覷便而行，豈可

【名家點評】

王弼評：

進遂不止，行謂行陳也。言以謙退愛慈，不敢為物先，用戰猶行無行。言無有與之抗也，言吾哀慈謙退，非欲以取強無敵於天下也，不得已而卒至於無敵，斯乃吾之所以為大禍也。

預期相訂乎？汝不明此理，欲屈殺好人，真無學之輩也！」曹操聞言，改容下席而謝曰：「某見事不明，誤犯尊威，幸勿掛懷。」闞澤曰：「吾與黃蓋，傾心投降，如嬰兒之望父母，豈有詐乎！」曹操大喜曰：「若二人能建大功，他日受爵，必在諸人之上。」闞澤曰：「某等非為爵祿而來，實應天順人耳。」

由於闞澤的隨機應變，使黃蓋的苦肉計終於得逞，曹操上了當，後來便有魏軍大敗、蜀吳聯軍的勝利。而這苦肉計的導演者，便是東吳統帥周瑜。此公乃使用詐術的高手，常能不露痕跡地騙過對手。

蘇轍評：

主，造事者也。客，應敵者也。

「兵不厭詐」，通常都是行軍隱祕，出奇致勝。但也有虛張聲勢，故意嚇人的。如《後漢書・臧宮傳》記載：

東漢初年，劉秀登基不久，盤踞蜀中的公孫述尚有實力抗衡。有一次，劉秀部將岑彭與公孫述手下的田戎、任滿在荊州對峙，戰事對於漢軍極為不利。當地土著越人企圖乘機叛亂，駐紮於此的漢將臧宮，因為兵力單薄，無法以武力控制局勢。正巧當時轄境內各縣運送糧食，有幾百輛大車前來。臧宮靈機一動，連夜派人將城門門檻鋸斷，讓大車進進出出鬧騰了一整夜。「吱吱嘎嘎」的車輪聲震天動地，傳得很遠很遠。越人頭領聽說車聲響了整整一夜，連城門門檻都磨斷了，以為是漢軍大批援兵已經趕到，連忙牽牛抬酒前來犒勞，不敢再動叛亂的念頭。臧宮列兵排陣，磨刀擦槍，軍威整肅，聲勢浩大，讓越人頭領看得目瞪口呆，直冒冷汗。然後又殺牛斟酒，設宴殷勤款待越人頭領及其隨從，還送給他們許多禮物，加以招撫。從此以後，越人便一心歸漢，平安無事了。

臧宮使的也是「兵不厭詐」的招數。越人因為漢軍兵力不足而起反叛之心，臧宮便利用過境車輛來虛張聲勢，讓越人誤以為漢軍援兵大至。當越人來犒勞時，又故意抖擻軍威以震懾其心，然後設宴款待以安撫其心。恩威並用，使越人又敬又畏，服服貼貼。

臧宮以假造的威勢開場，以真誠的恩惠落幕，採取的正是守勢，可謂深得《老子》「不敢為主而為客」的真諦。

第七十章　知我者希，則我者貴

【原文】

吾言甚易知，甚易行。而天下莫能知，莫能行。言有宗①，事有君②。夫唯無知③，是以不我知④。知我者希⑤，則⑥我者貴。是以，聖人被⑦褐⑧懷⑨玉。

【注釋】

①宗：宗旨，綱領、主張。
②君：主宰，目標、綱領。
③無知：不能理解。
④不我知：不知道我。
⑤希：通「稀」，少。
⑥則：法則，效法。
⑦被：通「披」；指穿在身上。
⑧褐：粗麻衣，粗布衣。
⑨懷：懷藏，懷有。

【名家點評】

嚴復評：

二語對峙，非相從之子母句也。

【譯文】

我的理論是容易理解的，容易實踐的；；但天下沒有人能理解它，沒有人能實踐它。提出理論要有綱領，做成事業要有目標。因為人們不能理解，所以不知道我。知道我的人很少，效法我就顯得難能可貴了。因此，「聖人」穿著粗布衣服而懷裡揣著寶玉，一般人卻不知道。

【延伸閱讀】

老子西出函谷關，為世人留下了一部《道德經》。他談「道」論「德」，說得明明白白，但後人卻你注我釋，弄得玄玄乎乎。於是，老子被罩上了神祕的光環，《道德經》被罩上了玄奧的氣息。其實，老子自己曾坦率地說過：「吾言甚易知，甚易行；天下莫能知，莫能行。」王弼解釋道：「可不出戶窺墉而知，故曰『甚易知』也；無為而成，故曰『甚易行』也；惑於躁欲，故曰『莫能知』也；迷於榮利，故曰『莫能行』也。」老子是不是這個意思呢？只有天知道了！

【名家點評】

蘇轍評：

眾人之所能知，亦不足貴矣。

《老子》關於「知」與「行」的論述，都是圍繞「道」展開的。「知」當然是知「道」，「行」當然是行「道」。但這個「道」並不玄，應該能為人們所理解、所掌握。

老子說得那麼明白、那麼透徹，但人們未必能真正理解他話中的深義。所以老子在出函谷關前，將該交代的都交代了。他是否歸入山林，去當隱士了呢？

隨著封建大一統帝國的建立，野無遺賢成了政治開明的象徵。尤其是自漢武帝「廢黜百家，獨尊儒術」之後，知識份子更樂於接受修身、齊家、治國、平天下的觀念。但每逢亂世或政治腐敗的時代，知識份子通經致用的仕途被堵塞，不得不重新選擇人生道路，有的便採取了避世隱身的態度，即當隱士了。莊子認為，世上真正的隱士有兩類：一類是隱於山谷的「非世之士」，通常是心高氣傲，憤世嫉俗；另一類是隱於江湖的「避世之士」，通常是心平氣和，與世無爭。

魏晉時竹林名士嵇康，當屬「非世之士」。他在《卜疑》一文中，列舉了28種不同的處世態度，以供世人選擇。這些處世態度，可分為入世與出世兩大類。入世的包括：建功立業，「將進伊摯而友尚父」；縱情享樂，「聚貨千億，擊鐘鼎食，枕藉芬芳，婉妾美色」；苟且偷安，「卑儒委隨，承旨倚靡」；仗義行俠，「市南宮僚之神勇內固，山淵其志」；遊戲人生：「傲倪滑稽，挾智任術」等等。出世的包括：隱居山林，「苦身竭力，剪除荊棘，山居谷飲，倚岩而息」；隱居人間，「外化其形，內隱其情，屈身隱時，陸沉無名，雖在人間，實處冥冥」等等。文末，嵇康借太史貞父之口，表明了自己的人生觀：「內不愧心，外不負俗，交不為利，仕不謀祿，鑑乎古今，滌情蕩欲。」

很顯然，嵇康是選擇了出世的處世態度。歸返自然，像老子那樣恬靜寡欲、超然物外，正是他追求的一種理想人生。這種追求，說到底，是不想捲入政治的漩渦、社會的紛爭，而要過一種淡泊閒適的生活。因此，崇尚這種追求的知識份子不少，但像嵇康那樣執著的卻不多。如竹林舊友山濤，原來也一心想隱居山林，但後來還是被封建統治者所網羅，步入仕途，還推薦嵇康出山。為此，嵇康憤然寫了《與山巨源絕交書》，其中用「七不堪」表明自己與禮法和禮法之士的尖銳對立：

臥喜晚起，而當關呼之不置，一不堪也。抱琴行吟，弋釣草野，而吏卒守之，不得妄動，二不堪也。危坐一時，痺不得搖，性復多虱，把搔無已，而當裹以章服，揖拜上官，三不堪也。素不便書，又不喜作書，而人間多事，堆案盈几，不相酬答，則犯教傷義，欲自勉強，則不能久，四不堪也。不喜弔喪，而人道以此為重，己為未見恕者怨，至欲見中傷者；雖瞿然自責，然性不可化：欲降心順俗，則詭故不情，亦終不能獲無咎譽，如此，五不堪也。不喜俗人，而當與之共事，或賓客盈坐，鳴聲聒耳，囂塵臭處，千變百伎，在人目前，六不堪也。心不耐煩，而官事鞅掌，機務纏其心，世故繁其慮，七不堪也。

當不當隱士，並不能說明一個人的品行。老子提倡順應自然，不要矯揉造作。這一點，蘇東坡闡述得最為明白：「欲仕則仕，不以求之為嫌；欲隱則隱，不以去之為高。饑則叩門而乞食，飽則雞黍以延客——今古賢之，貴其真也。」

「真」，就是人性最可貴之處。

【名家點評】

王弼評：

唯深故知之者希也，知我益希，我亦無匹，故曰知我者希則我貴也。被褐者同其塵，懷玉者寶其真也。聖人之所以難知，以其同塵而不殊，懷玉而不渝。

第七十一章　聖人不病，以其病病

【原文】

知不知①，尚矣；不知知②，病③矣。聖人不病，以其病病。夫唯病病④，是以不病。

【名家點評】

唐玄宗李隆基評：

唯聖人所以不病，病者，以其病眾生強知之病，是以不病。

【注釋】

① 知不知：知道就像不知道，表示謙虛。

② 不知知：不知道卻裝作知道，不謙虛、不老實。

③ 病：弊病。

④ 病病：將這種弊病當作弊病。

【譯文】

知道就像不知道，這是高明的。不知道卻裝作知道，這是弊病。只有將這種弊病當作弊病，才能沒有弊病。「聖人」沒有這種弊病，因為重視弊病，所以沒有弊病。

【延伸閱讀】

老子是一個智者，他懂得社會、懂得自然、懂得政治、懂得軍事、懂得哲學、懂得歷史……但他卻好像什麼都不懂得，顯示出一種人所未有的超脫。

要達到老子所說的「聖人」的標準，是很不容易的。有的人恰恰相反，不懂裝懂，不知道裝作知道，這就會引發弊病。人們為什麼會不懂裝懂呢？無非是因為怕承認不懂，被人說自己笨，有失面子。

五代時有個名叫張拙的秀才，請禪月大師帶他參見石霜。石霜見了他後，先是客氣地問道：「秀才尊姓大名？」張拙誠惶誠恐地回答：「鄙人姓張，單名一個拙字。」石霜突然不客氣地說：「覓巧尚不可得，拙又從何而來？」張拙被這一問，突然醒悟，便寫了一首偈詩呈於石霜：「光明寂照遍河沙，凡聖含靈共我家。一念不生全體現，六根才動被雲遮。破除煩惱重增病，趨向真如亦是邪。隨順世緣無掛礙，涅槃生死等空花。」

世人都想聰明一點，唯恐被人罵「笨蛋」。張拙的觀念與眾不同，取名為「拙」，就是自認為很笨。說自己笨的人，不一定真笨；說自己聰明的人，也不一定真聰明。有人只是假裝聰明，看上去好像什麼都懂，其實並未真正懂得社會與人生。

張拙呈於石霜的偈詩，正是他突然領悟後的一點心得。偈語一反佛家傳統的說法，如「破除煩惱」，進入了自由無礙的境界，怎麼還會「重增病」呢？「趨向真如」，認清了一切事物的真實狀況，怎麼會「亦是邪」呢？莫非他要放棄追求「涅槃」這個最高境界嗎？不。偈中強調的是「隨順世緣」。這就是石霜對張拙分析的「巧」與「拙」的關係。連一般人眼裡「巧」的標準都達不到，怎麼稱得上具有慧根的人眼裡的「拙」呢？

老子說：「大直若屈，大巧若拙，大辯若訥。」一個真正超脫的人，不會口口聲聲說自己六根清淨，已見真如之性。所有的真理，都具有普遍性，也都最簡單。所謂「隨順世緣」，也就是老子所說的順應自然、返璞歸真。這既是學佛修行者的準則，也是傳法播道者的法門。要超越世上諸法，首先要超越自己，才能真正做到「無罣礙」。

老子的要求很高，認為知道要像不知道那樣，才真正稱得上高明。

【名家點評】

宋徽宗趙佶評：

聖人素逝而恥通於事，立本而知通於神，有真知也。而常若不知，是以不病。

【名家點評】

明太祖朱元璋評：

此所謂病以憂患而言病。病憂勤、惕厲也。孟子曰：「君子有終身之憂。無一朝之患。」蓋述此意。

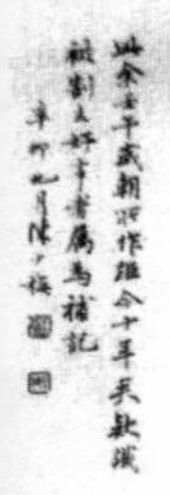

《莊子・知北遊》記載：

有個名叫知的人，北遊玄水，登隱弅之丘，正巧遇上名士無為。他便想與無為多聊聊，說道：「我想請教先生：何思何慮則知『道』？何處何服則安『道』？何從何道則得『道』？」無為彷彿沒有聽到他的問題似的，漠然不答。知看到問不出什麼名堂，就辭別回到白水之南，登狐闋之上，拜訪名士狂屈，並向他問「道」。狂屈說：「你的問題我能回答，告訴你……」話說到這裡，他突然不說了，任憑知怎樣問，他都閉口無言。知沒有得到答案，便來到帝宮，拜見黃帝，順便向他問「道」。黃帝爽朗地回答：「無始無慮始知『道』，無處無服始安『道』，無從無道始得『道』。」知對黃帝的答案很滿意，興奮地說：「還是我與你懂得『道』，無為與狂屈根本不懂什麼是『道』，所以啞然不答——是不是這樣？」黃帝卻不同意：「無為是真正懂得『道』的人，狂屈和他十分相近；而我與你對『道』的認識，倒是非常膚淺的。」

莊子無疑也是一個智者，他透過《知北遊》一文告訴我們：「道」是虛無縹緲的，沒有必要去問，也沒有必要去回答。「道」無法言傳，只能意會。真正懂得「道」的人，絕不會張口閉口說「道」如何如何；而能將「道」說得明明白白的人，未必真正理解「道」。

無為和狂屈都是智者，但他們並不賣弄聰明，所以知反說他們不懂得「道」。聰明人被人看作「傻瓜」的事，是常有的，「大智若愚」嘛！所以洪應明在《菜根譚》中說得好：「鷹立如睡，虎行似病，正是牠攫鳥噬人法術。故君子要聰明不露，才華不逞，才有任重道遠的力量。」

老子一言以蔽之：「知不知，尚矣。」

第七十二章　民不畏威，則大威至

【原文】

民①不畏威，則大威②至。無狎③其所居，無厭④其所生。夫唯不厭，是以不厭⑤。是以聖人自知不自見⑥，自愛不自貴⑦。故去彼⑧取此⑨。

【注釋】

① 民：老百姓。
② 威：威勢。
③ 狎：逼迫，封閉，排擠；開閘門。
④ 厭：壓迫；引申為阻塞。
⑤ 厭：討厭。
⑥ 見：同「現」；顯露，表現。
⑦ 貴：抬高，吹捧。
⑧ 彼：指自見、自貴。
⑨ 此：指自知、自愛。

【名家點評】
蘇轍評：
夫性自有威，高明光大，赫然物莫能加，此所謂大威也。人常息溺於眾，妄畏生死，而憚得喪。萬物之威，維然乘之，終身惴栗之不暇，雖有大威而不自知也。苟誠知之，一生死，齊得喪，坦然無所怖畏，則大威燁然見於前矣。

【譯文】

當老百姓不懼怕你的威勢時，那麼你已經有了很大的威勢。不要排擠他們的居住場所，不要阻塞他們的謀生道路。只有你不壓迫老百姓，老百姓才不會討厭你。因此，「聖人」但求自知而不自我表現，但求自愛而不自我抬高。所以要去掉自我表現、自我抬高的陋習，提倡「自知」、「自愛」的作風。

【名家點評】

王弼評：

清靜無為謂之居，謙後不盈謂之生，離其清靜，行其躁欲，棄其謙後，任其威權，則物擾而民僻，威不能復制民，民不能堪其威，則上下大潰矣。

【延伸閱讀】

老子長期與生活在社會下層的人打交道，了解普通百姓的疾苦，對封建貴族的腐朽生活和專橫跋扈十分反感，並看出這正是導致封建階級滅亡的催化劑。但老子並不希望這一切發生，所以他旗幟鮮明地提出了要理解、關懷、愛護人民群眾的觀點，要統治者不要自以為是，不要貪圖享受，這樣才能保持統治地位的穩固。

《老子》第七十二章的這番話，可以理解為一種統治百姓的權術。統治者要坐穩天下，是很不容易的，沒有權術不行。統治權術，說到底是一種馭人之術，需要恩威並施、剛柔相濟。無論多麼高明的統治者，如果他只用一種方法治理國家，那只能解決部分問題，而且還會留下一定的副作用。太嚴厲了，難免萬馬齊喑，死氣沉沉；太寬厚了，難免人心渙散，約束不住。所以，必須一文一武、一緊一緩、一張一弛、一嚴一寬，互相搭配，各盡其用。在日常生活中，有「黑臉」、「白臉」各種角色；在政治舞台上，也有唱「黑臉」和唱「白臉」的分工。這樣做的目的，無非是為了協調社會、政治氣氛，以利於統治的鞏固。

明代徐禎卿所著《翦勝野聞》中，載有明太祖朱元璋和太子的一段對話：

太子見父親朱元璋時常開殺戒，誅殺功臣，便苦苦相勸。有一天，當他又開口勸諫時，朱元璋一聲不吭，命人拿來一根滿帶荊棘的木杖，扔在地下，要太子去拿。太子顯得很為難，覺得沒法拿。朱元璋便得意地教訓他道：「這根木杖你拿不了吧？我只要將木杖上的刺修剪乾淨，你就很容易拿了。我現在殺的人，都是些危險分子。把這些人除掉，傳給你一個穩穩當當的江山，這是你的福分啊！」太子卻不領情，辯解道：「上有堯舜之君，下有堯舜之民。」言下之

意，只要當皇帝的仁慈，做臣民的便自然會忠心耿耿。氣得朱元璋怒髮衝冠，拿起坐著的竹榻向兒子砸去。太子連忙躲閃，於是父子倆你追我逃，在皇宮中鬧得不亦樂乎，也顧不得什麼體統了。

這個心慈手軟的太子，沒活到登基就一命嗚呼了，所以他始終沒有能理解父皇的良苦用心。朱元璋的心情，只有與他處於同一地位的人才能理解。他先唱「黑臉」，想讓兒子以後唱「白臉」，謀略可謂深遠。但他沒想到過猶不及，把戲演過了頭，弄得人心惶惶，兒子也過早地去世了。他將皇位傳給長孫時，南京朝中早已沒有了「帶刺」的人才，所以當燕王朱棣興兵「靖難」時，也就沒有能夠抵禦的人了。

中國歷史上，像朱元璋這樣的皇帝，並不是絕無僅有的。

清代康熙皇帝，在位61年，為政寬宏，但因此也引出了不少潛在的麻煩，但他又不想在晚年突然改換治國風格。所以，他沒有傳位給與自己風格相似的十四子，而將皇位傳給了冷峻老辣的第四子——雍正。他之所以這樣做，是覺得老像自己那樣唱「白臉」，會被刁頑之徒鑽政策、法律的漏洞。讓雍正這樣善唱「黑臉」的角色上台，便可以名正言順地革除舊弊，清理隱患，大刀闊斧地砍掉「荊棘」，不使江山易姓。

由於康熙「白臉」演罷，雍正「黑臉」馬上登場，相得益彰，各有聲色，為此後乾隆「盛世」拉開了序幕——這便是「白臉」、「黑臉」默契配合的政治藝術，也是一手軟、一手硬的統治權術。臉譜可以更換，不僅不同的角色可以用不同的臉譜，就是同一名角色，只要你有藝術功底，也盡可以今天演殺氣騰騰的武淨大花臉，明天扮溫文爾雅的書生。當帝王的，又何嘗不可？

然而，帝王唱「白臉」、「黑臉」，畢竟只是玩弄權術，是一種權宜之計，所以一定要與相應的政策配套，既不讓奸臣賊子有機可乘，又得讓百姓得到實惠，才能使江山長治久安。對待百姓，要像老子所云「無狎其所居，無厭其所生」，才能不失民心，有穩固的統治基礎。

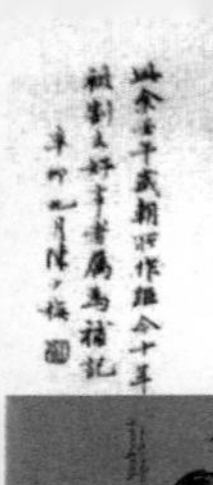

第七十三章　天之道，不爭而善勝

【原文】

勇於敢[1]則殺，勇於不敢則活。此兩者，或利或害。天之所惡[2]，孰[3]知其故？是以聖人猶難之。天之道，不爭而善勝，不言而善應，不召而自來，繟（ㄕㄢˋ）[4]然而善謀。天網恢恢[5]，疏[6]而不失[7]。

【注釋】

① 敢：妄動。

② 惡：厭惡，討厭。

③ 孰：誰。

④ 繟：亦作「坦」，寬坦。

⑤ 恢恢：寬廣，弘大。

⑥ 疏：稀疏，不密。

⑦ 失：遺失，漏掉。

【譯文】

勇而妄動，就會被消滅；勇而不妄動，就能保存自己。這兩種現象，前者有害，後者有利。天所討厭的，誰能知道究竟是什麼原因呢？所以「聖人」也覺得難以預料。天的「道」，不爭鬥而善於取勝，不多說而善於應對，不召喚而自動歸順，寬坦誠厚而善於謀劃。天網十分寬廣，網眼雖然稀疏而什麼也漏不掉。

【延伸閱讀】

老子之所以一再強調「無為」，是因為他有一種強烈的「命運」觀念。他觀念中的「命運」，既是指自然的命運，也是指人類的命運；既是指社會的命運，也是指個人的命運。這「命運」具有規律性的意義，是「道」的安排，人在它的面前是無能為力的。所謂「天網恢恢，疏而不失」，誰也逃脫不了冥冥之中「命運」之網的支配。你想「有為」，也是毫無意義的，因為你無法改變「命運」，只能服從「命運」，適應「命運」。於是，「無為」成了一種無可奈何，與儒家的「天命論」相通起來了。

在科學不發達的古代，人們大多把生死壽夭、富貴貧賤、吉凶禍福等，看作是注定的「命運」，亦即非人類自身所能把握的一種力量在支配著一切。比較有代表性的是儒家的觀點：「死生有命，富貴在天。」孔子甚至說：「不知命，無以為君子也。」

老子雖有與孔子相通之處，但畢竟對「命運」看得比孔子淡泊些，更多地強調「道法自然」，即認為「道」是有決定作用的，「命運」只能展現「道」的原則，而無法主宰「道」的意志。雖然「道」也是既神祕，又玄妙，但它畢竟能應修而得。你只要效法自然，不違背自然規律，就能得「道」，因而也就能排斥「命運」對人世的干預，游離於「命運」的羅網。

無論怎麼說，老子以後的道家學派，乃至後來的道教，都繼承了他有關「命運」的學說，並以自己的理解作了發揮，其中有對「命運」的積極抗爭，但也頗多對「命運」的消極屈從。

莊子是老子之後的道家睿哲，他對「命運」的看法似乎有點無奈。《莊子・人間世》說：「天下有大戒二：其一，命也，……知其不可奈何而安之若命，德之至也。」莊子相信「命運」的力量，並有點「宿命論」。他之所以會持這種觀點，因為他看到，人生在世，逃脫不了利欲的誘惑，而這種誘惑正是冥冥之中「命運」的安排。

《莊子・山木》有這樣一段描述：

【名家點評】

蘇轍評：

不與物爭於一時，要於終勝之而已。天何言哉？四時行焉，百物生焉，未有求而不應者也。神之格思，不可度思。矧可斁思，夫又誰召之哉？譂然紓緩，若無所營，而其謀度非人所及也。

有一次，莊子遊玩雕陵園，看到一隻不同尋常的喜鵲從南方飛來。這隻喜鵲張開翅膀有七尺寬，睜開眼睛有寸把大，從莊子面前一掠而過，擦著了他的額頭，停在前面栗樹林裡。莊子自言自語地說：「你這隻笨鳥，翅膀大而不飛向遠方，眼睛大而看不見東西。」

於是他撩起衣角，輕手輕腳地鑽進栗樹林，拉開彈弓準備射擊喜鵲。但正在這時，莊子卻停手了，因為他看到了這樣一幕：一隻蟬舒適地躲在樹蔭裡，不知眼前面臨著危險，身後有隻螳螂，正高舉著鋸齒般的爪子，準備捕捉牠。而這隻全神貫注地抓蟬的螳螂，沒想到自己身後，正有隻大喜鵲窺視著，準備吞啄自己。馬上就要享受螳螂美味的喜鵲，沒料到樹底下有個人，正拉開彈弓準備擊斃自己。

【名家點評】

朱熹評：

天唯不爭．故天下莫能與之爭．順則吉，逆則凶．不言而善應也，處下則物自歸，垂象而見吉凶，先事而設誡，安而不忘危。

就在這一剎那，莊子猛然驚覺「人和動物一樣，只看到自己眼前的利益，而不知身旁潛伏的危機，一心想危害別人，自己又何嘗不危險呢？」想到這裡，莊子扔掉彈弓轉身就跑，管理栗林的人見他匆匆忙忙的樣子，還以為他是偷栗賊，在後面罵聲不斷地追趕著。莊子一口氣跑回家，足足三天沒出門。

弟子問他為什麼，莊子語重心長地說：「我為了射擊喜鵲而忘掉了自己的處境，就如同看慣了濁水而突然看見清淵，心裡反而迷惘起來了。我曾聽老子說：『到了那個地方，就要遵循那裡的風俗習慣。』現在我因遊玩雕陵而忘了自身的處境，追著一隻喜鵲鑽進栗園，還遭到管理栗林的人一頓辱罵，這樁事情正值得反省啊！」

莊子講這個故事，無非是想說明「命運」是尖刻的，也是公平的。它會擺布人，也會捉弄人。誰要是逐利忘形，或傷害別人，那麼也將會有禍患臨頭，就像螳之捕蟬、鵲之捕螳、人之捕鵲一樣。

奉老子為教祖的道教，是信仰「天命」的。但不少道教學者，都主張有條件地控制「命」，駕馭「命」，並要克服「命」中的厄運，解脫「命」中的煩惱，從而修得幸福的「命」、超脫的「命」。成書於漢魏間的《西升經》，就曾提出「我命在我，不屬天地」的觀點，強調了人的「命」應該由自己來主宰，而無須依賴於外力。

西方睿哲也有《西升經》這種人能戰勝「命運」的觀點。如法國大文豪巴爾札克說過「 惡運，是最好的老師。」美國民主詩人惠特曼則說：「當我活著時，我要作生命的主宰，而不作它的奴隸。」這種敢於向「命運」挑戰的大無畏的精神，不能不使人肅然起敬。

第七十四章　民不畏死，奈何以死懼之

【原文】

民不畏死，奈何以死懼[1]之？若使民常畏死，而為奇[2]者，吾得執[3]而殺之，孰[4]敢？常[5]有司殺者[6]殺。夫代[7]司殺者殺，是謂代大匠[8]斲[9]。夫代大匠斲者，希[10]有不傷其手矣。

【名家點評】

蘇轍評：

政煩刑重，民無所措手足，則常不畏死，雖以死懼之，無益也。

【注釋】

① 懼：恐懼，恐嚇，嚇唬；使人民畏懼，即威嚇人民。
② 奇：與眾不同；引申為行為邪惡詭異。
③ 執：逮捕，抓獲。
④ 孰：誰。
⑤ 常：經常，照例。
⑥ 司殺者：專門管殺人的人；泛指天。
⑦ 代：取代，代替。
⑧ 大匠：木工首領，木匠。
⑨ 斲：砍斬，砍削。
⑩ 希：少。

【譯文】

人民不怕死，何必用死來嚇唬他們呢？如果能使人民都怕死，有敢於搗亂社會、危害國家的，就把他抓起來殺掉，誰還敢再作惡搗亂呢？這樣就要有專門管殺人的人。如果誰代替專門管殺人的人去殺人，就好像代替木匠砍木頭一樣。代替木匠砍木頭的人，很難不砍傷自己的手啊！

【延伸閱讀】

老子對下層人民是很有同情心的。因為他看到，在當時的社會制度下，人民百姓受到殘酷的剝削和壓迫，過的是水深火熱的生活。當然，即使老子再聰明、再慈悲，也無法改變這種現狀，充其量只能發出「民不畏死，奈何以死俱之」的呼籲。

老子之所以用「民不畏死」和「若使民常畏死」來說明問題，是因為自古以來，人都希望生，把生置於一切之上。當然，死既是可怕的，但也可以對它無所畏懼，甚至對它進行戲謔。舉例來說：

【名家點評】

王弼評：

詭異亂羣謂之奇也，為逆順者之所惡忿也。不仁者人之所疾也，故曰常有司殺也。

南宋時，葉衡遭讒罷相，回到家鄉。有一次他生病，許多人登門來探望。葉衡隨便地問客人：「有誰知道死後是快樂呢，還是不快樂？」眾人都搖頭說：「不知道」，但座中有位客人卻肯定地說：「死後一定十分快樂。」葉衡吃驚地問道：「你是怎麼知道的？」這個人得意地說：「這個問題太簡單了，要是死後不快樂，那麼死者一定都逃回陽間來了；而從古到今，沒見一個死人從陰間逃回來，可見死後是很快樂的。」

這種對死的戲謔，並不能說明不怕死，但至少說明對死並不十分畏懼。真正使人感到恐怖的，是老子所說的那些「司殺者」，即專門管殺人的人。比如武則天時代的酷吏來俊臣、周興之流，真是殺人如麻，兩手沾滿了人們的鮮血。

周興是個極為殘酷的人，經常法外立刑，人稱「牛頭阿婆」，將他比作閻羅殿上牛頭馬面的行刑鬼。他用酷刑逼供，用極為殘忍的手段殺人，還公然在衙門口寫上兩行大字：「被告之人，問皆稱枉；斬決之後，咸息無言。」殺了頭當然不會再來喊冤枉。可以想像，這個「司殺者」，造成了多少冤獄！但惡有惡報，有人狀告周興謀反，武則天便派來俊臣處理這一案件。來俊臣不露聲色地與周興一起吃飯，隨便聊道：「如果犯人不肯服罪招供，怎麼辦？」周興便說：「將犯人裝進一個大甕中，周圍用熱的煤炭烘烤，那犯人什麼罪都能招認。」來俊臣馬上讓人按周興的辦法，弄來大甕，燒起炭，命手下將周興捆綁起來，對他說：「請君入甕！」周興殺人無數，自己卻十分怕死，面對自己發明的刑罰——熾熱大甕，嚇出了一身冷汗，連忙服罪。後來他在充軍的路上，被仇人殺死，落了個不得好死的下場。

【名家點評】

嚴復評：

然而天下尚有為奇者，則可知其不畏死。

不怕死的人，也確實有。中國歷史上，就有那麼些志士，為了表示寧死也要辦成某樁事的決心，乾脆將棺材也抬了出來。比如三國時魏將龐德，為了與蜀將關羽決戰，便抬著棺材出兵。明代海瑞向嘉靖皇上疏，為了表示文臣不怕死於諫的決心，差點將棺材扛上了金鑾殿。無獨有偶，與海瑞同時還有個清官，名叫劉璽，也事先備好了棺材，與一貪官鬥法。

嘉靖年間，有些權臣常派人去南方購買貨物，脅迫漕運總督將買的貨物分派各艘官船運回京師，倒賣牟利。這樣一來，運輸量大增，負責做漕運的人員被弄得疲憊不堪。以廉潔奉公著稱的劉璽接漕運總督後，了解了這些情況，便在船上放了一口棺材，等權臣的差人來交涉運貨時，就右手提刀，左手招呼他們過來，正氣凜然地說道：「你們要是不怕死，就將貨物搬上船來，我先殺了你們，然後自殺，就躺在這口棺材裡。我不會為了給你們主子裝貨，而使國家勞民傷財！」

劉璽的正氣震住了他們，這批差人膽顫心驚地逃走了。那些權臣畢竟心虛，最終也不敢加害劉璽。

人都難免一死，怕死也得死，不怕死也得死。不同的是，有人死得重於泰山，有人死得輕於鴻毛，更多的人是死得尋常，無聲無息。老子關於「民不畏死」之說是勸諫統治者不要隨便使用高壓政策，不要草菅人命，不要用死來威脅無辜的百姓。

第七十五章　民之輕死，以其上求生之厚

【原文】

民之饑，以其上[①]食稅[②]之多也，是以饑。民之難治[③]，以其上之有為[④]，是以難治。民之輕[⑤]死，以其上求生之厚[⑥]，是以輕死。夫唯無以生為[⑦]者，是賢[⑧]於貴生。

【名家點評】

唐玄宗李隆基評：

天下之人所以輕其死者，以其違分求生太厚之故，是以輕死。

【注釋】

① 上：君上、君王，統治者。

② 食稅：吞食稅賦；猶取稅，統治者取稅以自養，如同取食物以自養。。

③ 治：治理，統治。

④ 有為：強行妄為，為所欲為。

⑤ 輕：輕視，不怕。

⑥ 求生之厚：過分追求富庶，追求奢侈生活。

⑦ 無以生為：將生命置之度外。

⑧ 賢：勝過，勝於。

【譯文】

人民之所以受饑挨凍，是因為統治者吞食稅賦太多，人民難以維持生計而受饑挨凍。人民之所以難於統治，是因為統治者為所欲為，人民忍無可忍而難於統治。人民之所以不怕死，是因為統治者過分追求奢侈生活，人民起來反抗而不怕死。只有將自己的生命置之度外的人，才比重視生命的人要高明。

【延伸閱讀】

老子不是經濟學家，也不是社會學家，但他十分清楚：百姓人民之所以生活貧困，是因為統治階級貪得無厭的剝削；百姓人民之所以難以統治，是因為統治階級為所欲為的壓迫。在當時的歷史條件下，誰也沒法解決「民之饑」、「民之難治」、「民之輕死」等難題，智慧如老子，也是回天乏術。

老子所說的上述情形，具有普遍意義，在古代經常發生，中國如此，外國也是如此。以古埃及而言，當時人民辛辛苦苦創造的財富，大部分被統治階級以稅收形式掠奪去了，剩下的僅能維持基本生活。這種付出艱苦工作只有微薄收入的不公平現象，造成了古埃及人民心理上的不平衡，他們便透過抗稅來改善自己的生活。

不交稅或少交稅，在古埃及是要受到懲罰的，輕則施以杖刑，重則還要殺頭。但古埃及人民卻寧可受皮肉之苦，甚至冒死亡的危險，以此來換取免稅。他們以抗稅為榮，如果有人在官府面前表現得頑強，給收稅的官員造成麻煩，那他就會得到人們的讚賞和尊敬。反之，如果有人不能展示身上的傷痕，來說明自己怎樣頑強地抗稅，便會無地自容，被人瞧不起。

威爾金森所著《古埃及生活和風俗》中，載有這樣一則故事：

有個人因抗稅不交而被官府逮捕，審訊官生氣地問他：「你為什麼不交稅？」此人露出一副可憐的樣子說：「我繳不起這麼多稅啊！」他的話音剛落，便被按倒在地，棍棒像雨點般地落到了他的身上。儘管他呼天搶地，請求赦免，但都無濟於事，這個杖刑實在是夠他受的了。他一次又一次地請求饒恕，可是審訊官都沒有理睬他，執行杖刑的下屬也毫

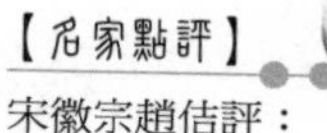

宋徽宗趙佶評：

達生之情者，不務生之所無以為。無以生為者，不務生之所無以為。棄事而遺生故也。棄事則形不勞，遺生則精不虧，形全精復，與天為一，所以賢於貴生。貴生則異於輕死，遺生則賢於貴生。推所以善吾生者，而施之於民，則薄稅斂，簡刑罰，家給人足，畫衣冠，異章服，而民不犯，帝王之極功也。

不手軟，直打得他皮開肉綻，最後實在熬不住疼痛，不得不叫嚷道：「別打了，別打了，我馬上繳稅！」審訊官這才喝住行刑的下屬，教訓道：「你這個刁民！早一點繳稅，也免受皮肉之苦了！」他被釋放了，由一個刑卒押送回家，拿出應付的錢財繳了稅。他向妻子訴說了被官府逮捕不得不繳稅的苦衷，不料妻子卻大聲訓斥道：「你真是個懦夫、蠢貨、怕死鬼！沒想到官府第一次要你繳稅，你便讓他們如願以償了。我原以為，你會在受五、六次打之後，才會說：『我會繳的，別打了』，想不到你這麼不中用。由於你的懦弱，看來我們明年要繳雙份的稅了，真是不知羞恥！」面對妻子的誤解，可憐的丈夫只得解釋說：「不，親愛的，我敢說我是實在忍受不了，才答應繳稅的。你先別忙著責備我，看看我身上的傷痕吧！我雖然不得不繳稅，但他們也夠麻煩的了，他們至少打了我一百下，才得到這些錢財的。」妻子聽了這番話，怒氣才漸漸平息下來，為丈夫表現出來的勇敢和堅強感到驕傲，開始安慰丈夫。

【名家點評】

明太祖朱元璋評：

上以利欲先民，民亦爭厚其生，故雖死而求利不厭。

大多數古埃及人都有抗繳稅收的心願，所以逃稅受到懲罰並不羞恥，羞恥的倒是在受懲罰時表現出來的懦弱。由於人民大眾敢於抗稅的強硬態度，不得不使統治階級上層重新考慮稅收政策。「食稅之多」、「求生之厚」，實在是造成社會不穩定的根本因素。因為人民生活實在太貧困，到了連油都榨不出來的時候，即使以杖笞、殺頭相威脅，也是沒有用的了。

古埃及人民寧可使皮肉受苦，也要千方百計逃稅的行為，是一種無聲的反抗。在當時的歷史條件下，人民群眾都對沉重的賦稅感到不滿，但又沒有能力改變這種現狀，只得採用抗稅這種消極的方法。但這消極中有著抗爭，棍棒下有著堅強。人們之所以讚歎和尊敬不屈的抗稅者，其實是流露了反對壓迫和剝削的心聲。他們希望這樣做，能夠引起統治階級上層的重視，認識到責罰並不能從根本上解決問題。

「夫唯無以生為者，是賢於貴生。」老子這一論點，與古埃及人民，可謂是心有靈犀啊！

第七十六章　兵強則不勝，木強則兵

【原文】

人之生也柔弱①，其死也堅強②。萬物草木之生也柔脆③，其死也枯槁④。故堅強者死之徒⑤，柔弱者生之徒。是以兵⑥強則不勝，木強則兵⑦。強大處下⑧，柔弱處上⑨。

【名家點評】

蘇轍評：

兵以義勝者非強也，強而不義，其敗必速。木自拱把以上，必伐矣。

【注釋】

① 柔弱：柔軟、脆弱。
② 堅強：僵硬、呆板。
③ 脆：脆弱，易折。
④ 枯槁：枯萎乾硬。
⑤ 徒：類屬。
⑥ 兵：軍隊。
⑦ 兵：遭到砍伐。
⑧ 下：下降。
⑨ 上；抬升。

【譯文】

人活著的時候身體是柔軟的，死後身體就變得僵硬了。萬物草木生存時是柔軟脆弱的，死後變得枯萎乾硬了。所以說，堅強的東西是趨於死亡的一類，柔弱的東西是趨於生存的一類。因此，軍隊強大了就無法取勝，樹木粗壯了就會遭到砍伐。強大的事物地位逐漸下降，柔弱的事物地位逐漸上升。

【延伸閱讀】

老子對於矛盾雙方相互轉化的問題，有比較深刻的認識。他提出的「兵強則不勝，木強則兵」的理論，確有其一定的道理。老子看到了柔弱與剛強之間的轉化過程，一些原來柔弱的事物，後來居然戰勝了強大的敵人，因而他的結論是「堅強者死之徒，柔弱者生之徒。」

這種說法，未免太絕對化了。至少，他沒有將垂死的、腐朽事物的柔弱和新生事物的柔弱區別開來。應該承認，新生的事物雖然柔弱，但能由弱轉強；而垂死的事物的柔弱，卻不可能戰勝剛強，且必定走向死亡。

關於柔弱與剛強之間會相互轉化、弱者最終能戰勝強者這一命題，佛家典籍中亦時有論述。比如，《佛本行集經》第三十一卷所述巨虯與獼猴的故事，就很有代表性：

【名家點評】

嚴復評：

老之道貴因，貴不凝滯，唯柔弱者能之。柔弱者，方死方生，故常生；堅強者，不死不生，故全死。

從前，大海中有一條巨虯，牠的妻子懷孕了，想吃獼猴的心。因為這個緣故，巨虯之妻身體羸瘦，痰黃黏稠，戰慄不安。巨虯見妻子身體這樣虛弱，便問：「你是患了什麼病，還是想吃什麼東西？」雌虯說：「我想吃獼猴的心，你能弄到嗎？」巨虯為難地說：「我們生活在大海裡，獼猴生活在山林中，確實很難弄到啊！」雌虯歎口氣說：「那也沒辦法了！我現在只想吃獼猴心，如果得不到，懷中之胎必墮，我的生命也不會久遠了。」巨虯著急地對雌虯說：「賢妻，你暫時等待一下，我現在就設法去弄。」

巨虯從深海游到岸上。岸邊有一棵大樹，名叫優曇婆羅。樹上有一隻大獼猴，正在樹頭摘果子吃。巨虯見獼猴吃著果子，在快到樹下時，就馬上討好地向牠招呼，用美好的語言說道：「善哉！善哉！您在樹上做什麼呀！不是太辛苦了嗎？為了弄點吃的忙上忙下，不覺得疲勞嗎？」獼猴回答：「我倒不覺得疲勞。」巨虯又對獼猴說：「您在這裡，吃些什麼東西？」獼猴告訴牠：「我在優曇婆羅樹上，吃的是這樹上的果子。」巨虬說：「我和您真有緣，看到您就心生歡喜。我想與您交個朋友，互敬互助。如果願意的話，您跟著我，我將渡到海的彼岸，那裡的森林中，有各種各樣樹木，花果豐饒，有庵婆果、閻浮果、梨拘闍果、頗那婆果、鎮頭迦果等。」獼猴問道：「海洋遼闊，難以越渡，我怎樣才能去那裡呢？」巨虬便說：「我背著您，就能將您渡到彼岸。您現在只要從樹上下來，騎到我背上就可以了。」

當時獼猴根本沒提防巨虬別有用心，而且腦袋不開竅，少見少知，聽巨虬說得天花亂墜，便信以為真，高興得從樹上跳下，騎在虬背上，渡海而去。巨虬很得意，心想目的已達到，在快到居處時，便背著獼猴往水下沉。獼猴慌忙問：「好朋友啊，你為什麼突然下沉？」巨虬說：「老實對你說，我妻子懷孕想吃獼猴的心，因為這個緣故，我才將你騙來。」

這時獼猴想道：「嗚呼！我今天真是不吉利，自取滅亡。我現在得想個辦法，才能免遭厄難，不至於白白送命。」想到這裡，便對巨虬說：「仁慈的朋友，我的心留在優曇婆羅樹上，不曾隨身帶來。你當時為什麼不對我明說，不然我就將心帶來給你了。你要嘛送我回去，取了心交給你。」巨虬聽獼猴這麼一說，想想也沒什麼其他辦法，只得又背著牠回去。獼猴等到巨虬靠岸，便奮力一躍，從虬背上跳下，迅速爬到優曇婆羅樹上。巨虬等了好久，還不見獼猴下來，只得又以美言相誘：「親密的朋友，您快下來，跟我一起出海吧！」獼猴心想：「這條巨虬真是愚蠢！」便直截了當地對牠說：「我不會再上你的當了，你快死心了吧！」巨虬只得失望地游走了。

巨虬關懷自己的妻子，實在無可厚非，但牠把自己及妻子的歡樂建築在別人的痛苦上，甚至要別人付出生命的代價，這實在太自私，甚至是太殘酷了。巨虬的目的幾乎就快達到了，巨虬與獼猴相比，前者強大，後者弱小。尤其是在海上，獼猴根本不是巨虬的對手。但牠用智慧騙過了巨虬，使自己重返岸邊，攀上大樹。這時，巨虬再強大，對牠也無能為力了。

由此可見，弱者戰勝強者，是有一定條件的。在大海中，弱小的獼猴根本不能戰勝強大的巨虬；在岸上，強大的巨虬卻奈何不了弱小的獼猴。所以說，老子關於「堅強者死之徒，柔弱者生之徒」的論述，只是在特定條件下才是對的。

第七十七章　天之道，損有餘而補不足

【原文】

天之道①，其猶②張③弓與？高者抑④之，下者舉⑤之；有餘⑥者損⑦之，不足者補⑧之。天之道，損有餘而補不足；人之道⑨則不然，損不足以奉⑩有餘。孰⑪能有餘以奉天下？唯⑫有道者。是以聖人為而不恃，功成而不處，其不欲見⑬賢。

【名家點評】

唐玄宗李隆基評：

天道平於，裒多益寡；人則違天，翻損不足。

【注釋】

① 天之道：自然界的規律。

② 猶：如，像。

③ 張：將弓弦繃緊。

④ 抑：壓低、壓制。

⑤ 舉：抬高、舉起。

⑥ 餘：多餘。

⑦ 損：減損，削減。

⑧ 補：補償。

⑨ 人之道：社會秩序。

⑩ 奉：奉給，供奉。

⑪ 孰：誰。

⑫ 唯：只有。

⑬ 見：通「現」，表現。

【譯文】

天「道」，就像拉弓一樣，太高了壓低一些，太低了抬高一些，太緊了放鬆一些，太鬆了拉緊一些。天「道」是削減有餘的，補償不足的；人「道」則相反，是削減不足的，提供給有餘的。誰能把有餘的東西奉獻給天下人？只有遵循天「道」的人。因此，「聖人」做了好事而不佔為己有，勝利了而不居功自傲，他是不願意表現自己的智慧才能。

【名家點評】

宋徽宗趙佶評：

滿招損，謙得益，時乃天道；人心排下而進上，虐煢獨而畏高明。

【延伸閱讀】

老子哲學思想的一個重要法則，就是「有餘者損之，不足者補之」。他認為這是「天之道」。這種看法，反映出我們祖先思維的一種最深層次的要旨，即保持事物間的平衡及事物內部的平衡。只有保持了這種平衡，事物才能循環發展，圓轉無窮。

「損不足以奉有餘」，必然導致各種腐敗現象，比如行賄，就是其中之一。行賄的對象，往往是有權有勢的「有餘」者，而行賄這一行為，又一定會直接或間接地損害「不足」者的利益。而有些受賄者表面上一本正經，暗地裡卻幹著貪贓枉法、為虎作倀的勾當。

唐代李肇《國史補》中有《崔昭行賄事》一文，對行賄、受賄的描述頗為典型：

裴佶去探望姑媽，正巧他姑父退朝回府，一邊嘆氣，一邊說道：「崔昭算老幾？現在滿朝大臣都在稱讚他，這肯定是他在行賄。這樣發展下去，天下還會太平嗎？」話音未落，看門人來報：「壽州崔使君等候會見。」裴佶姑父聽說崔昭來訪，看門人居然還為他通報，氣得差點用鞭子抽打看門人。裴佶姑父發了陣脾氣後，慢吞吞地換了衣服走向客廳。可是過了一會兒，他卻吩咐獻茶，再過了一會兒，又命廚房備酒宴，還叫下人去給崔昭餵馬，給他的僕人送飯。崔昭走後，裴佶姑媽好奇地問丈夫：「為什麼開始時那麼傲慢，後來卻這樣客氣？」這時裴佶也走了進來，只見姑父一副高興的樣子，和藹地對裴佶說：「你先到書房去休息

【名家點評】

明太祖朱元璋評：

天道損有餘而益謙，常以中和為上；人道則與天道反也。世俗之人損貧以奉富，奪弱以益強也。

吧！」裴佶還沒有走下台階，他姑父就迫不及待地從懷中拿出一張禮單，原來崔昭送來了一千兩銀子的銀票。

裴佶姑父其實也是一個貪官。他原來大罵崔昭，是因為對方還沒來得及向他行賄，所以他要大發雷霆。當崔昭送上厚禮，他便「笑納」了，且馬上改變態度，又獻茶，又留飯，怪不得連妻子都猜不透他為何須臾間發生這麼大的變化。這正是典型的「損不足以奉有餘」啊！

由此，可以看出「損有餘而補不足」的可貴了。

在宋代，進士及第當了京官的孫覺與王安石私交不錯。王安石變法推行新政時，孫覺上奏，提出「青苗法」使人民負擔太重，請求減免，因而被貶到了福州。明代鄭煊所著《昨非庵日纂》記載，孫覺到了福州後，看到許多百姓因繳不起官稅錢，被投入監獄。他雖然非常同情，可是法律無情，也無可奈何。不久，有一個富翁拿出五百萬錢，發願修繕寺廟。孫覺便曉之以理，勸說富翁還是把錢用來替窮人償還官稅，使許多窮人能免受鐵窗之苦。他對富翁說：「這樣做，雖然沒能使寺廟煥然一新，但佛一定會諒解你，保佑你，使你修到更多的福氣。」這個富翁倒也深明大義，把五百萬錢送入官府替窮人繳稅，使福州的監獄顯得空空蕩蕩了。

孫覺真是充滿了智慧！他雖然同情百姓，但不能違反法律不收官稅。他深諳老子「損有餘而補不足」的道理，使「有餘」的富翁心甘情願拿出鉅款幫助窮人，使「不足」的窮人解脫了囚役之苦。這樣做，一不犯法，官府完成了稅收任務；二不違情，富翁、窮人皆大歡喜。可見孫覺此人，不僅為官清正，而且執法行事都很有機智謀略。

第七十八章　弱之勝強，柔之勝剛

【原文】

天下莫柔弱於水，而攻堅強者莫之[①]能勝，以其無以易[②]之。弱之勝強，柔之勝剛，天下莫不知，莫能行。是以聖人云：「受[③]國之垢[④]，是謂社稷[⑤]主；受國不祥[⑥]，是為天下王。」正言若反。

【注釋】

①之：指水。
②易：移易，代替。
③受：承擔，承受。
④垢：屈辱，恥辱、責怨。
⑤社稷：社，土神；稷，穀神。後來用作國家的代稱。
⑥不祥：禍殃，災難。

【名家點評】
唐玄宗李隆基評：
以堅攻堅，必兩堅俱損，柔制強者，則強損而柔全。故用攻堅強者，無以易於水者矣。

【譯文】

天下沒有比水更柔弱的了，而攻克堅強的東西什麼也不能勝過它，任何東西也不能代替它。弱能夠勝強，柔能夠勝剛，天下人沒有不知道這個道理的，但卻沒有人照此去做的。所以「聖人」說：承受得起國家恥辱的人，才能做一國之君；承受得起國家災難的人，才能做天下之王。合乎「道」的話，往往和世俗人情截然相反。

【延伸閱讀】

老子的一種處世智慧，便是以弱勝強、以柔克剛。因此，他對以柔弱的形態展現出來的水極為推崇，讚頌道：

「上善若水。水善利萬物而不爭。處眾人之所惡，故幾於『道』。」「天下莫柔弱於水，而攻堅強者莫之能勝，以其無以易之。」這些論述，展現出老子不爭、無私及以退為進的思想方法。

老子所闡述的以弱勝強、以柔克剛的思想，為後人所廣泛實踐。

如《新唐書・王忠嗣傳》記載：

唐朝天寶年間，安祿山在雄武築城，扼守飛狐塞，陰謀叛亂。他為了增加實力，便要王忠嗣帶領所部去幫他築城。築城有抵禦外寇的正當名義，王忠嗣不能不奉命前去。而實際上，安祿山的目的是想乘機扣下王忠嗣的人馬，用以增加自己謀反的實力。王忠嗣一眼就看透了安祿山的險惡用心，但憑實力無法與他抗衡，便裝出恭順的樣子，故意提前趕到約定的地點。這時安祿山還沒到，他便名正言順地將部隊撤回，從而躲過了安祿山設下的圈套。

【名家點評】

宋徽宗趙佶評：

《易》以井喻性，言其不改。老氏謂水幾於道，以其無以易之也。有以易之，則徇人而失己，烏能勝物？唯無以易之，故萬變而常一，物無得而勝之者。

如果王忠嗣與安祿山硬拚，顯然不是其對手。所以他採取以柔克剛的策略，故意裝作十分聽話的樣子，但是又陽奉陰違，使安祿山既將他恨得牙根發癢，又拿他沒有辦法。

像王忠嗣這種不與對手直接發生衝突的以柔克剛的做法，在歷史上屢見不鮮。

如《明史・循吏傳》記載：

明代南昌有個祝知府，他個性耿直，不畏權貴，為老百姓做了很多好事。有一次，寧王朱宸濠的王府內所養的一隻鶴跑了出來，被老百姓養的狗咬死了。王府的差役跑到知府衙門告狀，要求嚴懲養狗的刁民，而且危言聳聽地說：「這隻鶴身上掛著金牌，是皇帝賞賜的，現在牠被狗咬死了，這條狗的主人該當何罪？」祝知府明知王府的差役是在仗勢欺人，卻不露聲色地判決道：「鶴帶金牌，狗不識字，禽獸相傷，與人何關？」那些狗腿子張口結舌，找不出什麼理由來反駁，只能眼睜睜地看著祝知府將那闖禍的狗的主人放走了。

藩王是皇親國戚，有權有勢，誰也不敢得罪。王府的鶴竟然被百姓的狗咬死，那還了得！所以王府的差役為此到衙門打官司，用藩王的權勢來壓人，想置那條狗的主人於死地而後快。祝知府深知與王府硬頂不行，於是機靈地駁回了王府差役的狀詞，這就是以柔克剛。

水能夠無堅不摧、無剛不克。誠如老子所云，天下沒有比水更柔弱的了，而攻克堅強的東西什麼也不能勝過它，任何東西也不能代替它。

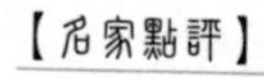

明太祖朱元璋評：

柔弱者生之徒，堅強者死之徒，是以柔弱處上，堅強處下，可知至柔而至剛，至弱而至強。

第七十九章　聖人執左契，而不責於人

【原文】

和①大怨，必有餘怨②，安③可以為善？是以，聖人執④左契⑤，而不責⑥於人。有德司契，無德司徹⑦。天道無親，常與⑧善人。

【名家點評】

唐玄宗李隆基評：

左契者，心也。心為陽藏，與前境契合，故謂之左契耳。聖人知立教則必有跡，有跡即是餘怨，故執持此心，使令清靜，下人化之，則無情欲，不煩誅責，自契無為。

【注釋】

① 和：調和，和解。
② 怨：怨恨，怨仇。
③ 安：怎樣。
④ 執：持有，掌握。
⑤ 契：契券，古代借貸財物的憑證，債權人拿左券。
⑥ 責：責求，索取，催討。
⑦ 徹：賦稅，租賦。
⑧ 與；親近，幫助。

【譯文】

和解了大的怨仇，必定還會有怨仇遺留下來。怎樣才能妥善地解決呢？所以，「聖人」掌握著契券，而不向債戶催討。有「德」之人，掌握著契券而不逼債；無「德」之人，勒索租賦剝削窮人。「天道」不偏愛任何人，只是經常幫助善人。

【延伸閱讀】

老子有一顆與人為善的心。他希望天下太平，人與人之間和睦相處，不要有紛爭，不要有仇恨。而要達到這一步，必須培養起高尚的情操，必須有「德」。只有有「德」之人，才可能行善事、做善人，因而也能得到上天的護佑。

老子認為人與人之間的怨恨、糾紛要解決，但不可能徹底解決。這種說法，在現實生活中屢有印證。舉例來說：

清代曹懷曾出任福建閩縣縣令，素有「循吏」之名。有一天他外出，遇到兩個人在路旁爭論不休，周圍有許多圍觀的人，有的勸解，有的看熱鬧，把路都給堵住了。曹懷身為地方官，遇到這樣的糾紛。不能不出面調解，便命人將他倆帶來問話。一個說：「回稟大人：我在路邊拾到一包銀子，正好五十兩。我拿回家給母親看，母親說：『誰丟了這麼多銀子，說不定還有急用呢！沒了銀子可能會出大事，你快去原來拾到銀子的地方等候失主吧！』我遵照母親的吩咐，馬上趕回這裡守候。果然此人一路找來，我便把拾到的銀子全數還給了他，並請他查點。他拿到我交給他的銀子後，看了半天，不但不謝我，反而說還少了五十兩，要我一起還給他，這不是明擺著想敲詐我嗎？」曹懷便問失主：「你丟的確實是一百兩嗎？」失主說：「千真萬確，我真的丟了一百兩。」曹懷心中已很清楚，就對拾銀子的人說：「他丟的是一百兩，和這包銀子數量不對，說明這是別人丟的。既然到現在還沒有失主來認領，這包銀子就歸你所有了。」接著，曹懷又對失主說：「你丟的那一百兩銀子，過一會兒說不定也有人會來送還的，你不妨就在這裡等候吧！」拾銀子的高高興興地拿著五十兩銀子走了，失主卻張口結舌，不知說什麼才好。對曹懷這樣的處理，圍觀者無不拍手稱快。

曹懷處理這樁拾銀、還銀糾紛，很得體，失主雖有怨恨，但也說不出口。因為這個失主太貪心，拾銀子的還給他丟失的銀子，他覺得不夠，還想敲詐人家五十兩。曹懷明白，要真是拾銀子的扣下了五十兩，為什麼不把這五十兩一

【名家點評】

宋徽宗趙佶評：

聖人循大變而無所涸，受而嘉之，故無責於人，人亦無責焉。契有左右，以別取予，執左契者，予之而已。

【名家點評】

明太祖朱元璋評：

契之有左右，所以為信而息爭也。聖人與人均有是性，人方以妄為常，馳騖於爭奪之場，而不知性之未始少亡也。是以聖人以其性示人，使之除妄以復性。待其妄盡而性復，未有不廓然自得，如右契之合左，不待責之而官服也。

起私吞了，還等候在路邊還給失主呢？既拾到銀子還人，又要扣下一半，這在情理上說不通。可見這兩個人，一個是拾金不昧的君子，一個是卑鄙的小人。因此，曹懷將計就計，在明知失主是誰的情況下，還是將他丟失的五十兩銀子判給了拾銀子的人。曹懷之所以能這樣做，而失主又找不出理由反駁，就是利用了失主所報與原物不符這一漏洞。曹懷這樣做的目的，是要獎勵誠實的人，懲戒奸詐的人。這樣做，從法律上來講是不妥當的，但人們卻認為很合情合理。因為人們都同情忠厚老實的人，憎恨貪得無厭的人。

老子認為，「聖人」掌握著債券，而不向債戶催討，便是有「德」。從現在的觀點來看，這種說法未必妥當。有借有還，乃是人之常情。如今「三角債」之所以這麼多、這麼難討，就是因為有人欠了人家的債，不肯爽快地償還。現在就是有這樣的怪事：欠債的人趾高氣揚，債主卻低聲下氣，唯恐得罪了對方，討不到債壞了帳。這真是咄咄怪事！在經濟活動中，借債是很正常的，不正常的是借了不還，或以不還要脅債主。無論是外債還是內債，公債還是私債，到了償還的期限，債主都有催討的權利，債戶則有償還的義務。討債的未必是惡人，欠債的未必是善人。為善與為惡，不能以債務關係來衡量。

第八十章　小國寡民

【原文】

小①國寡②民；使有什伯之器③而不用；使民重死④而不遠徙⑤；雖有舟輿⑥，無所乘之；雖有甲兵，無所陳之；使民復結繩⑦而用之。甘⑧其食，美⑨其服，安⑩其居，樂⑪其俗。鄰國相望，雞犬之聲相聞，民至老死，不相往來。

【注釋】

① 小：作動詞，使……小。
② 寡：少，作動詞，使……寡。
③ 什伯之器：各種器具，工作效能較高的器械。
④ 重死：重視生命。
⑤ 徙：遷移，遷徙。
⑥ 輿：車輛。
⑦ 結繩：相傳為文字發明前遠古時代人們記事的方法。
⑧ 甘：以……為甘。
⑨ 美：以……為美。
⑩ 安：以……以安。
⑪ 樂：以……為樂。

【名家點評】

純陽子評：

此示小國以自強之道。而欲其返樸還淳也。器多而不用。則糜費節矣。重死而不徙。則民志堅矣。舟車所以致遠。甲兵所以禁亂。不乘不陳，言民瞻依而誠服。無所用此耳。非謂可盡廢也。結繩而用返乎太古。是以裕大豐亨。風俗淳美而不患於民寡也。

【譯文】

國家範圍要小，百姓人口要少。擁有工作效能較高的器械而不使用，使百姓對死亡看得很重而不願遷移。雖然有船和車，卻沒有人去乘坐；雖然有各種兵器，卻沒有人去使用。使百姓回復到結繩記事的遠古時代。讓百姓感到：現有的吃喝很香甜，現有的穿著很華美，現有的居處很舒適，現有的風俗習慣讓人安樂。毗鄰的國家能相互望見，雞和狗的叫聲能相互聽到，百姓直到老死不相往來。

【延伸閱讀】

老子對當時的現實社會生活頗為不滿，但又看不到歷史前進的方向，以為只要丟掉禮治和道德仁義，便可以回到「小國寡民」的理想社會去。在那裡，國家很小，百姓很少，人們安居樂業，豐衣足食，不用兵器，不用舟車，沒有知識，沒有文化，「雞犬之聲相聞，民至老死，不相往來」。老子描繪的，實際上是一幅美化了的人類早期社會的圖景。

老子所描繪的那種純淨、美好而又原始的理想社會，實際上是從來都不曾出現過，當時和今後也都不會出現的。其實，在現實生活中，要讓歷史倒退是不可能的。不過，在世界各國的宗教宣傳中，卻有老子所讚賞的那種社會生活的影子。

《聖經》中描述的上帝安排給人類始祖亞當和夏娃居住的伊甸園，就是一種恬靜的田園生活。

伊甸園裡有河流，分四道流向四方；園內果木茂盛，景色宜人；亞當和夏娃在園中過著無憂無慮的幸福生活；後來，他們因為違背了上帝的命令，偷食禁果，才被逐出了這片樂園。從此，上帝派天使把守住了通往伊甸園的道路，再也不讓人類進到這所樂園中去了。然而，上帝是慈悲的。按照基督教的說法，上帝派遣耶穌為救世主，救贖世人。得救者的靈魂，可以升入天堂，和上帝一起同享永福。

伊斯蘭教信奉的後世極樂境地，也稱作「天堂」，或稱「天園」、「樂園」。

【名家點評】

黃元吉評：

小國寡民，地僻人稀，欲成豐大之邦，敦上禮之俗，似亦難矣。然能省其虛費，裁其繁文，使有什伯人之器而不用，則糜費少而器物多，國家之富可致也。且不縱欲而輕生，營私而罹死，遠遊它鄉，貿居人國，而唯父子相依，兄弟是戀，重死而不遠徙，則康樂和親之世可臻也。以故「媚我君王，念茲土宇」，雖有舟輿，不肯遠適異國，以離父母邦焉。朝廷深仁厚澤，淪肌浹髓，恩同父子，誼若弟昆，是以叛亂頑徒，悉化為良善，雖有甲兵，亦無所陳之矣。

伊斯蘭教描述，這個樂園是一個有樹木遮陰，流有乳河、酒河、蜜河和水河的美麗清涼的花園。這裡的人們，吃美味可口的鮮果和飲料，穿綢緞的衣服，睡舒適柔軟的床榻，以金銀和珍珠做裝飾，有大眼睛的美女和童男陪伴，生活無憂無慮，見面互相道「平安」，可以盡情享受阿拉給予的物質和精神的賞賜。

伊斯蘭教認為，只有虔信者和經末日審判後，確認的行善者，才能以這個樂園作為後世生活的歸宿。

佛教則說，積德行善、一心念佛的人，死後就能往生西方極樂世界。

那裡有莊嚴的殿宇、美妙的景色、豐富的物質，人民身心清淨、健康長壽，沒有群魔擾亂的痛苦，享有永脫輪迴的快樂。佛教宣稱，升到極樂世界的眾生──只有托生蓮胎之樂，沒有住胎出胎的生苦，只有承受光明相好之樂；沒有由壯而老的老苦，只有享受悠然自在之樂；沒有生病患疾的病苦，只有接受壽命無量之樂；沒有四大分散的死苦，只有相會法侶親朋之樂；沒有眷屬生離死別的愛別離苦，只有普受友誼撫愛之樂；沒有斷絕情誼的怨憎會苦，只有安享萬事如意之樂；沒有事與願違的求不得苦，只有深諳五蘊皆空之樂，沒有色、受、想、行、識的五陰熾盛苦。

上述「八苦」，在極樂世界都不存在。但要往生這片樂土，必須止惡從善，信佛念佛。

基督教、伊斯蘭教和佛教，是當今世界的三大宗教，其教義思想互不相同，但卻有一個共同點，即都有類似老子理想社會的描述。這種理想社會，可以是天上的，也可以是地上的。比如佛教所傳的地上樂園，叫作「郁多羅拘盧」。「拘盧」是阿利安人的一族，所住的地區也叫作「拘盧」，

【名家點評】

李函虛評：

客有欲為國大民眾者，使有億兆人之器而不用，斯其用必愈足矣。擬將返古還初也。太上則不然，舉小以例大，言其小而大者可知。夫國小民寡，使有什伯人之器而不用，則其用必愈多矣，何難返樸還淳乎？故使民不用其器，唯寶其身。只居本土，弗徙他邦。

在今印度德里以北一帶。這裡曾有過古樸平靜的生活，因此成為後世所懷念的理想的社會環境。

宗教家們之所以要宣揚符合其宗教教義的理想社會，是因為其宗教創始人對自己所處的時代的社會不滿。他們看到了現實中的許多黑暗、不公及人民的痛苦，所以便設想出一個使人民能夠安居樂業的美好世界，並以此作為宗教追求。

老子不是宗教家，也不是救世主。但他作為大思想家和代言人，有一種強烈的使命感，要為統治者提出一個理想的社會圖景。雖然他的構想是一種倒退，並不理想，但這畢竟是他對當時現實社會的一種抨擊——無奈的抗爭。

第八十一章　善者不辯，辯者不善

【原文】

信言①不美，美言②不信。善者③不辯④，辯者不善。知者⑤不博⑥，博者不知。聖人不積；既⑦以為人⑧，己愈有；既以與人⑨，己愈多。天之道，利而不害；聖人之道，為⑩而不爭。

【注釋】

① 信言：真話，實話，誠實。
② 美言：華麗的語言，巧言。
③ 善者：優秀者。
④ 辯：自我誇耀，能說會道。
⑤ 知者：有學問、有才能的人；由於專一，故不廣博。
⑥ 博；賣弄淵博；所接觸者廣，故不能專攻深知。
⑦ 既：盡力，盡量。
⑧ 為人：幫助人。
⑨ 與人：給予人。
⑩ 為：施為，幫助。

【譯文】

真誠的語言不華麗，華麗的語言不真誠；優秀者不自我誇耀，自我誇耀者不優秀；有學問的人不賣弄淵博，賣弄淵博的人沒學問。「聖人」沒有什麼積蓄，盡力幫助他人自己就越富有，盡量給予他人自己就越充足。天之「道」是：有利於萬物生長而不去傷害它；「聖人」之「道」是：做了好事而不與人們爭功。

【名家點評】

李函虛評：

信、善、知，皆主立言，說此，全經結義也。篤實之論，一真而已，不尚虛華以悅世。求悅世者，虛華也，非篤實也，故曰：「信言不美，美言不信。」繼術之嘉，一是而已，不尚穿鑿以惑人。求惑人者，穿鑿也，非繼述也。故曰：「善者不辯，辯者不善。」通達之文，一理而已，不欲氾濫以逞才。求逞才者，泛濫也。非通達也，故曰：「知者不博，博者不知。」而又從立德、立功。以全此經之大用。積者，積善也。聖人不言積善，只立己之大功、大德。而功無不宏，德無不普，故以功德為人，己愈有其功德。更以功德與人，己愈多其功德。道以默運為生成，故有利而無害。聖人之道，以無心為造化，不與人爭積善行，故其大與天同。

【延伸閱讀】

老子有清醒的頭腦，所以他充滿睿智，觀察事物目光敏銳，提出問題深刻透徹。他臆測到在事物的辯證發展過程中，一些現象會掩蓋其本質，因而就觀點鮮明地將這種現象和本質之間的關係，作為帶有普遍的規律性來揭示。

我很欣賞老子「善者不辯，辯者不善」的說法。因為人世間的許多誤解，不是能透過「辯」消除的；在特定的情況下，「不辯」反而是最好的說明。在這方面，漢代公孫弘分寸掌握得極好。

公孫弘在沒有出道之前，生活很清貧，後來做了丞相，但生活依然十分儉樸，吃飯只有一個葷菜，睡覺只蓋普通棉被。就因為這樣，大臣汲黯向漢武帝參了一本，批評公孫弘位列三公，有相當可觀的俸祿，卻只蓋普通棉被，像一名小文書那樣寒酸，實質上是使詐以沽名釣譽，目的是為了騙取儉樸清廉的美名。漢武帝便問公孫弘：「汲黯所奏是否屬實？」公孫弘回答道：「汲黯說得一點沒錯。滿朝大臣中，他與我交情最好，也最了解我。今天他當廷指責我，正是切中了我的要害。我位列三公而只蓋棉被，生活水準和小吏一樣，確實是故意裝得清廉以沽名釣譽。如果不是汲黯忠心耿耿，陛下怎麼會聽到對我的這種批評呢？」漢武帝聽了公孫弘的這一番話，反倒覺得他為人謙讓，就更加尊重他了。

公孫弘有沒有使詐以沽名釣譽，不是本文所要闡述的話題。他面對汲黯的指責和漢武帝的詢問，一句也不辯解，並且全都承認，這就是一種智慧！一般人聽到別人批評指責自己，往往會沉不住氣，不是反擊，就是辯解，免不了一場唇槍舌戰。然而，汲黯指責他「使詐以沽名釣譽」，這個罪名不同於其他罪名，它的麻煩在於，無論被指責的對象如何

【名家點評】

黃元吉評：

此章總結通部，示人《道德》一經，皆真實無妄之言，不得以文詞不美，將此經置之高閣，而不論不議也。須知道本無名，強名曰道；道本無言，有言皆障。然為教化眾生，不得不權立虛名，以為後學津梁。既有言矣，則言必由衷，發皆中節。此誠篤實之論。酌於古而不謬，準之今而咸宜。無虛飾，無妄吐。不須文采，何事繁多；單傳直指，立見性天。言而信也，不求美焉。

辯解，旁觀者都已先入為主地認為他也許在繼續「使詐」。由於有了這種不信任的氛圍，所以如果公孫弘越是表白自己沒有「使詐」，就越會被人認為是在「使詐」。更何況像公孫弘這樣位居丞相，而生活如此儉樸，確實有悖於官場的常情。按照我們今天的觀點來看，一個高官甘願以生活儉樸來騙取清廉的美名，即使是「使詐以沽名釣譽」，也比那些窮奢極侈、醉生夢死的官僚要好。

然而，公孫弘所處的時代，畢竟與今天大不相同。在那個時代，不要求他這樣位列三公的大官，吃飯只有一個葷菜，睡覺只蓋普通棉被；他這樣做了，反倒蒙上了一個無法辯解的「使詐」的汙名。公孫弘深知這個指責的份量，如果讓皇帝有一個自己在「使詐」的成見，一定對自己不利。於是，他馬上採取了十分高明的一招：先是不作任何辯解，承認自己確實在「使詐」，確實想沽名釣譽。這樣一來，至少使指責者無法攻擊他繼續在「使詐」，因為承認自己「使詐」，等於表明自己「現在沒有使詐」。由於「現在沒有使詐」的無聲表白，被指責者及旁觀者都認可了，所以也就減輕了自己所承認的「使詐」罪名的分量；甚至還能於無形之中，完全洗刷掉這個罪名。

公孫弘的高明之處，還在於不僅不對指責的內容進行辯解，而且還對指責自己的人大加讚揚，認為他是「忠心耿耿」。這樣一來，便給皇帝及同僚們這樣的印象：公孫弘確實是「丞相肚裡能撐船」，度量大，勇於接受別人的批評，勇於自我解剖，勇於承認錯誤。真正是虛懷若谷，頗具涵養。

老子「善者不辯，辯者不善」的論題於今仍有一定的現實意義。一個夸夸其談、自我誇耀者往往是胸無點墨之點水蜻蜓，得不到別人的信任和尊敬；而一個埋頭苦幹、三緘其口者往往才是真才實學的知識智囊，能夠博得廣泛的同情和美譽。

純陽子評：

此章勉人約德而廣業也。信，誠實無偽。美，悅人聽聞。善者訥言敏行。辯者易言多咎。知者達於事理。博則馳騖聞見以為奇而已。

健康養生小百科好書推薦

圖解特效養生36大穴

NT：300（附DVD）

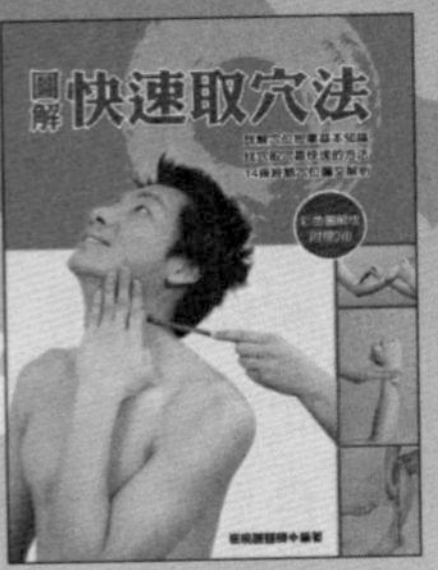

圖解快速取穴法

NT：300（附DVD）

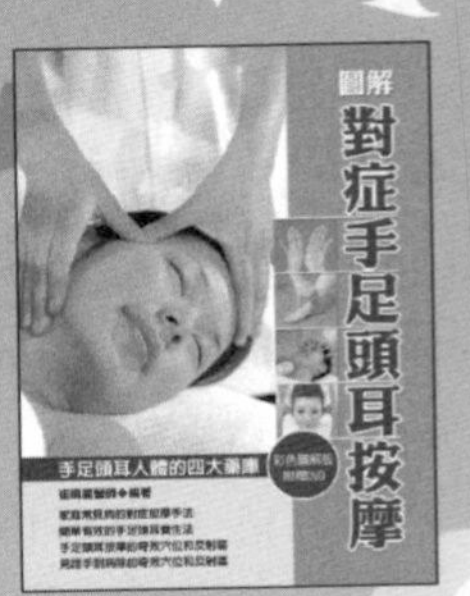

圖解對症手足頭耳按摩

NT：300（附DVD）

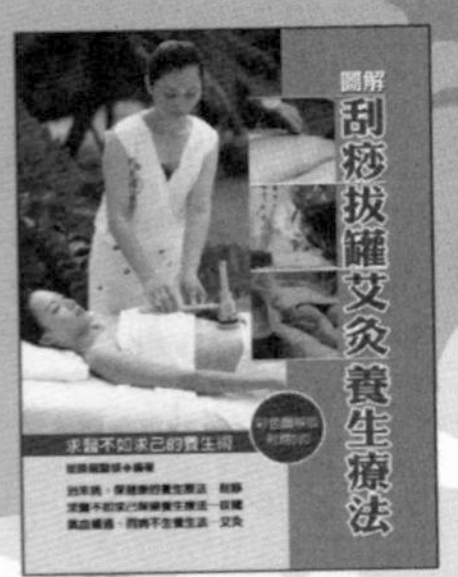

圖解刮痧拔罐艾灸養生療法

NT：300（附DVD）

一味中藥補養全家

NT：280

本草綱目食物養生圖鑑

NT：300

選對中藥養好身

NT：300

餐桌上的抗癌食品

NT：280

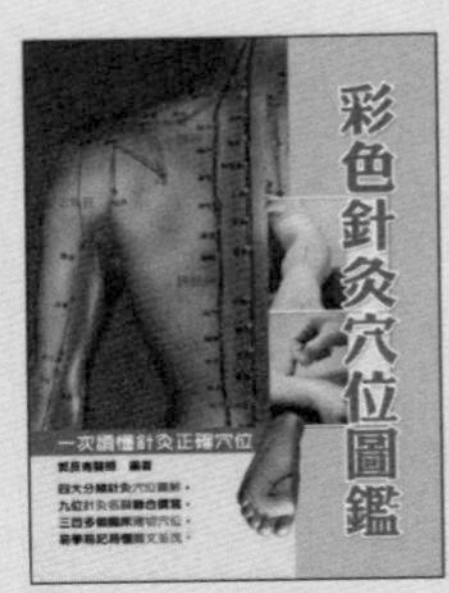

彩色針灸穴位圖鑑

NT：280

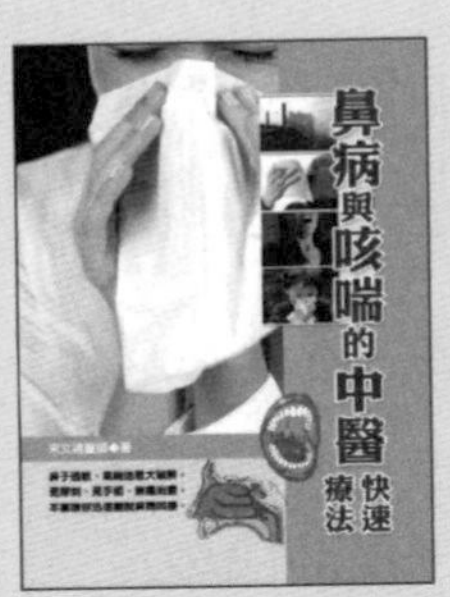

鼻病與咳喘的中醫快速療法 NT：300

拍拍打打養五臟

NT：300

五色食物養五臟

NT：280

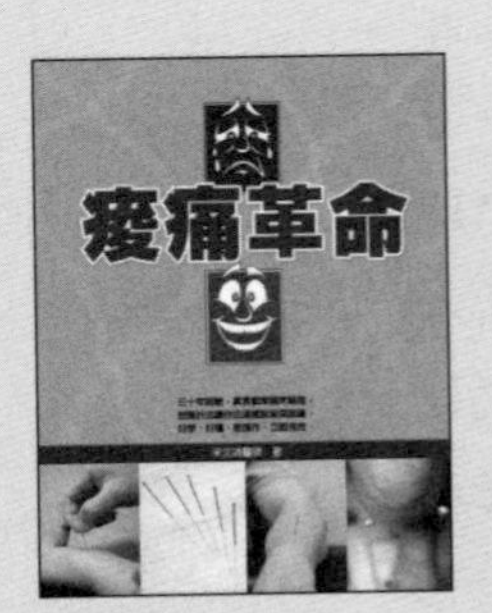

痠痛革命

NT：300

你不可不知的防癌抗癌100招 NT：300

自我免疫系統是身體最好的醫院

NT：270

心理勵志小百科好書推薦

全世界都在用的80個關鍵思維NT：280

學會寬容
NT：280

用幽默化解沉默
NT：280

學會包容
NT：280

引爆潛能
NT：280

學會逆向思考
NT：280

全世界都在用的智慧定律 NT：300

人生三思
NT：270

陌生開發心理戰
NT：270

人生三談
NT：270

全世界都在學的逆境智商NT：280

引爆成功的資本
NT：280

每個人都要會的幽默學
NT：280

潛意識的智慧
NT：270

10天打造超強的成功智慧
NT：280

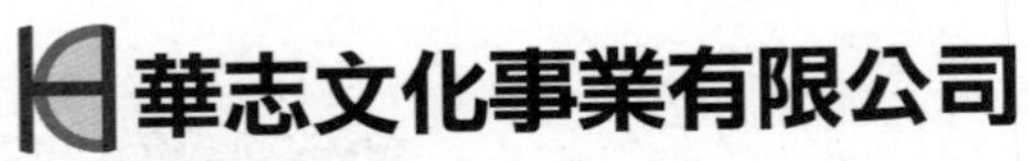

HUACHIH CULTURE CO., LTD

116台北市文山區興隆路4段96巷3弄6號4樓
E-mail：huachihbook@yahoo.com.tw　電話：(886-2)22341779

【圖書目錄】

書號	書名	定價	書號	書名	定價
		健康養生小百科 18K			
A001	圖解特效養生36大穴（彩色）	300元	A002	圖解快速取穴法（彩色）	300元
A003	圖解對症手足頭耳按摩（彩色）	300元	A004	圖解刮痧拔罐艾灸養生療法(彩）	300元
A005	一味中藥補養全家（彩色）	280元	A006	本草綱目食物養生圖鑑（彩色）	300元
A007	選對中藥養好身（彩色）	300元	A008	餐桌上的抗癌食品（雙色）	280元
A009	彩色針灸穴位圖鑑（彩色）	280元	A010	鼻病與咳喘的中醫快速療法	300元
A011	拍拍打打養五臟（雙色）	300元	A012	五色食物養五臟（雙色）	280元
A013	瘦痛革命	300元	A014	你不可不知的防癌抗癌 100 招（雙）	300元
A015	自我免疫系統是最好的醫院	270元	A016	美魔女氧生術（彩色）	280元
		心理勵志小百科 18K			
B001	全世界都在用的80個關鍵思維	280元	B002	學會寬容	280元
B003	用幽默化解沉默	280元	B004	學會包容	280元
B005	引爆潛能	280元	B006	學會逆向思考	280元
B007	全世界都在用的智慧定律	300元	B008	人生三思	270元
B009	陌生開發心理戰	270元	B010	人生三談	270元
B011	全世界都在學的逆境智商	280元	B012	引爆成功的資本	280元
B013	每個人都要會的幽默學	280元	B014	潛意識的智慧	270元
B015	10天打造超強的成功智慧	280元			
		諸子百家大講座 18K			
D001	鬼谷子全書	280元	D002	莊子全書	280元
D003	道德經全書	280元	D004	論語全書	280元
		休閒生活館 25K			
C101	噴飯笑話集	169元	C102	捧腹1001夜	169元
		生活有機園 25K			
E001	樂在變臉	220元	E002	你淡定了嗎？不是路已走到盡頭，而是該轉彎的時候	220元

E003	點亮一盞明燈：圓融人生的 66 個觀念	200 元	E004	減壓革命：即使沮喪抓狂,你也可以輕鬆瞬間擊潰	200 元
E005	低智商的台灣社會：100 個荒謬亂象大解析，改變心態救自己	250 元	E006	豁達：再難也要堅持，再痛也要放下	200 元
命理館 25K					
F001	我學易經的第一步：易有幾千歲的壽命，還活得很有活力	250 元			
口袋書系列 64K					
C001	易占隨身手冊	230 元	C002	兩岸簡繁體對照手冊	200 元

【純電子書目錄（未出紙本書）】

書號	書名	定價	書號	書名	定價
			人物館		
E001	影響世界歷史的100位帝王	300元	E002	曾國藩成功全集	350元
E003	李嘉誠商學全集	300元	E004	時尚名門的品牌傳奇	280元
E005	世界最有權力的家族	280元			
			歷史館		
E101	世界歷史英雄之謎	280元	E102	世界歷史宮廷之謎	280元
E103	為將之道	280元	E104	世界歷史上的經典戰役	280元
E105	世界歷史戰事傳奇	280元	E106	中國歷史人物的讀心術	280元
E107	中國歷史文化祕辛	280元	E107	中國人的另類臉譜	280元
			勵志館		
E201	學會選擇學會放棄	280元	E202	性格左右一生	280元
E203	心態決定命運	280元	E204	給人生的心靈雞湯	280元
E205	博弈論全集	350元	E206	給心靈一份平靜	280元
E207	謀略的故事	300元	E208	用思考打造成功	260元
E209	高調處世低調做人	300元	E210	小故事大口才	260元
E211	口才的故事	260元			
			軍事館		
E301	世界歷史兵家必爭之地	280元	E302	戰爭的哲學藝術	280元
E303	兵法的哲學藝術	280元			
			中華文化館		
E401	中華傳統文化價值觀	260元	E402	人生智慧寶典	280元
E403	母慈子孝	220元	E404	家和萬事興	260元
E405	找尋中國文化精神	260元			
			財經館		
E501	員工的士兵精神	250元			

國家圖書館出版品預行編目資料

道德經全書 / 老子原作；司馬志編. -- 初版. --
新北市：華志文化, 2013.08
面；　公分. --（諸子百家大講座；3）

ISBN 978-986-5936-49-5（平裝）

1. 道德經　2. 研究考訂

121.317　　102012259

華志文化事業有限公司
系列／諸子百家大講座003
書名／道德經全書

原　　著　老子
編　　者　司馬志
執行編輯　林雅婷
美術編輯　簡郁庭
文字校對　陳麗鳳
企劃執行　康敏才
總 編 輯　黃志中
社　　長　楊凱翔
出 版 者　華志文化事業有限公司
電子信箱　huachihbook@yahoo.com.tw
地　　址　116台北市文山區興隆路四段九十六巷三弄六號四樓
電　　話　02-22341779
印製排版　辰皓國際出版製作有限公司

總經銷商　旭昇圖書有限公司
地　　址　235新北市中和區中山路二段三五二號二樓
電　　話　02-22451480
傳　　真　02-22451479
郵政劃撥　戶名：旭昇圖書有限公司（帳號：12935041）
電子信箱　s1686688@ms31.hinet.net

出版日期　西元二〇一三年八月初版第一刷
售　　價　二八〇元

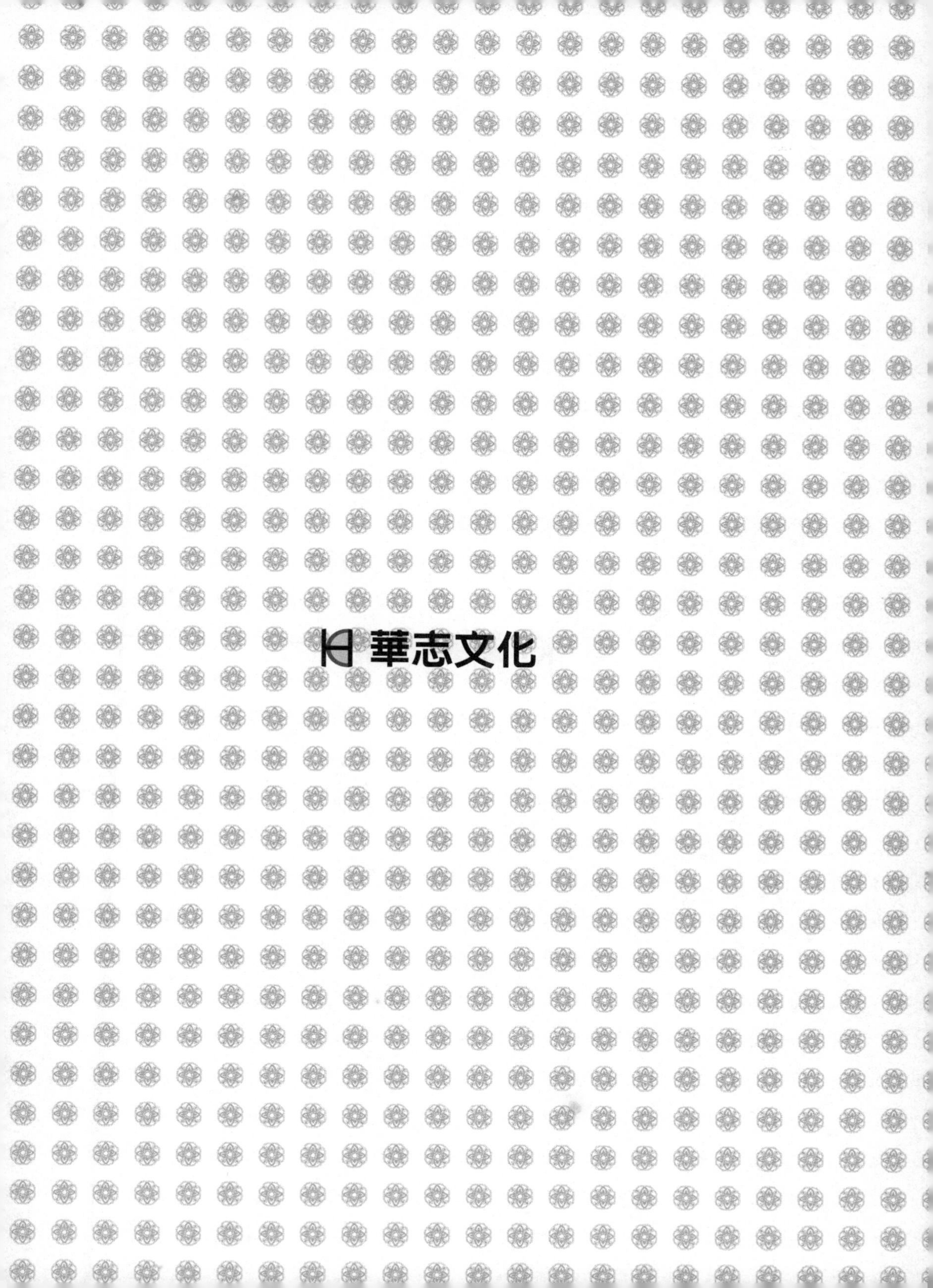
華志文化

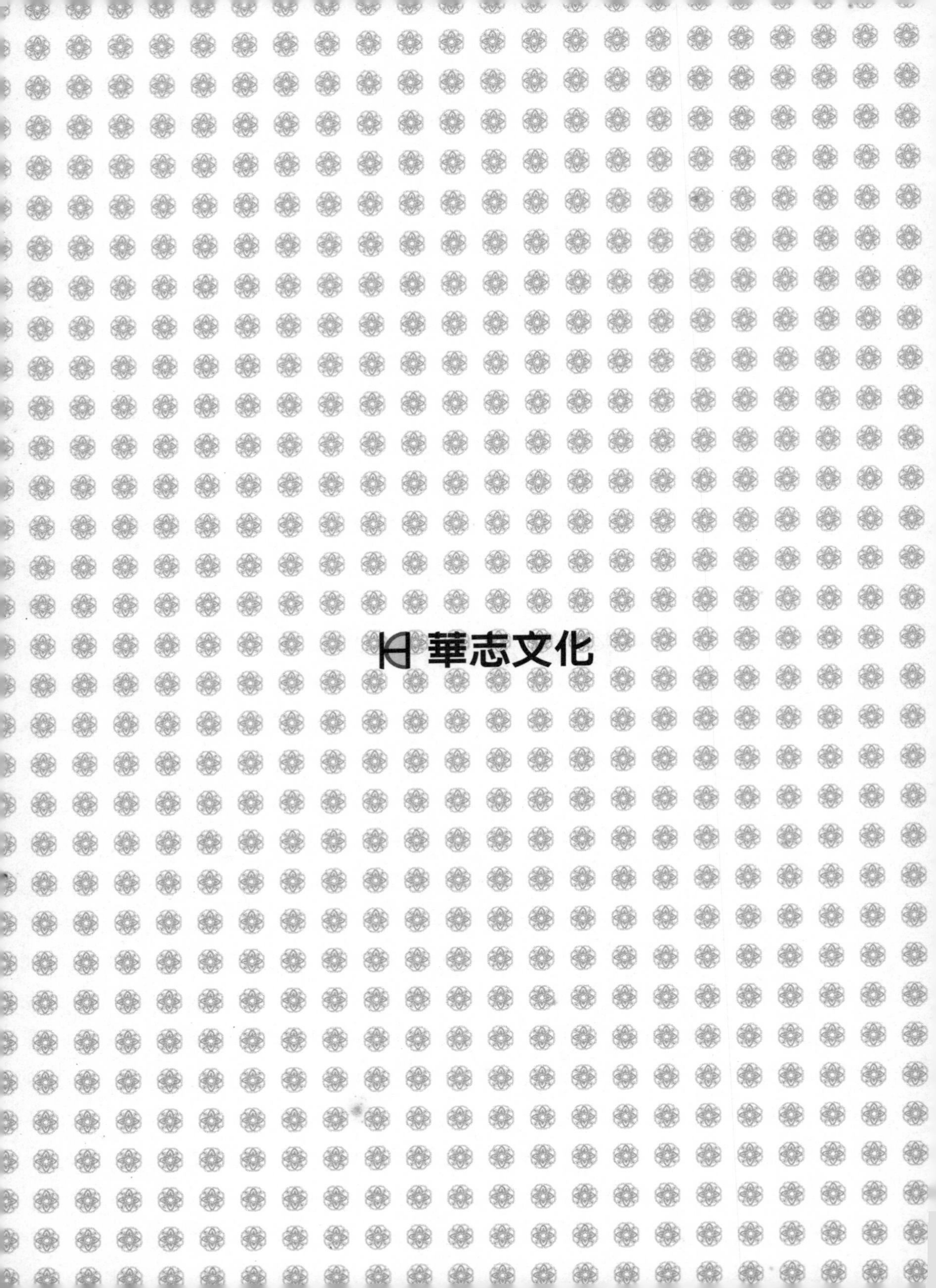
華志文化